www.fast-print.net/store.php

Llanwynno - Trysorfa O Atgofion

Hawlfraint © Alan J Meats 2013-04-29

ISBN 978-178035-585-6

Argraffiad cyntaf 2013 gan
FASTPRINT PUBLISHING
Peterborough, England.

Gyda deunydd crai o'r llyfr "Llanwynno" gan Henry Lewis a "The history of Llanwynno" gan Thomas Evans

LLANWYNNO

Trysorfa O Atgofion

CYNNWYS

CYFLWYNIAD

Addasiad wedi ei dalfyrru ryw ychydig yw'r llyfr hwn o'r gyfrol wreiddiol a gyhoeddwyd yn Gymraeg yn y flwyddyn 1949 gan Henry Lewis a elwid "Llanwynno". Fe'i cyfieithwyd i'r Saesneg gan Thomas Evans y flwyddyn ddilynol dan y teitl, "A History of Llanwynno". Sylfaenwyd llyfr yr Athro Lewis ar gyfres o erthyglau a ymddangosodd mewn cylchgrawn wythnosol yn Aberd⌃ar yn y blynyddoedd yn arwain at 1887 – gwaith William Thomas, neu Glanffrwd, fel yr adwaenid ef orau. Fel y dywed Henry Lewis:-*"Nid hanes plwyf fel y cyfryw yw'r ysgrifau hyn yn disgrifio plwyf brodorol Glanffrwd ond darlun byw iawn o fywyd amryfal ac amryliw yn un o blwyfi mawr Morgannwg pan oedd y bywyd hwnnw'n drwyadl Gymraeg. Yn sicr mae i'r gwaith ei werth "hanesyddol", yn arbennig oherwydd ei fod yn bwrw golwg eglur a chynnes ar ddiwydrwydd, diddanwch a difyrrwch cymdeithas a garai Glanffrwd yn angerddol. Disgrifir ynddo gymeriadau ac arferion a chwaraeon, adroddir ofergoelion a llên-gwerin, a rhoir cipolwg ar ddechrau diwydiant yn y plwyf a roddodd fod i gymuned ddiwydiannol gyfarwydd y cymoedd erbyn diwedd y bedwaredd ganrif-ar-ddeg."*

Ganed William Thomas, Glanffrwd, yn Ynys-y-bwl yn 1843, yn fab i John Howell Thomas, mab William Thomas Howell, Blaennantyfedw. Bu'n ysgolfeistr am bum mlynedd cyn cael yr alwad i weinidogi dros y Methodistiaid Calfinaidd a mynd yn fugail Siloam, Gyfeillion, ger Trehafod. Ymhen tua blwyddyn troes I'r Eglwys Wladol a'i ordeinio yn 1875. Ei swydd gyntaf oedd fel curad yn West Carnforth, Durham. Oddi yno aeth yn gurad i'r Wyddgrug, ac ymhen deunaw mis fe'i penodwyd yn Ficer Corawl Llanelwy yn 1978 ac yn Brif Ficer yn 1888. Yn fuan wedyn cafodd pwl o'r parlys a bu farw ar Hydref 3ydd. 1890. Claddwyd ef ym mynwent Llanwynno.

Bu tri chymhelliad i gynhyrchu'r llyfr hwn. Yn gyntaf, fel rhywun a gafodd ei feithrin yn yr ardal a ddisgrifir gan Glanffrwd ond a ymfudodd wedyn i ochr arall yr afon Llwchwr, mae ei gynnwys yn dwyn arwyddocâd arbennig. Fel Glanffrwd oedd yn dwyn ar gof yr argraffiadau a wnaeth ei ardal frodorol arno "yn nhir estron Gogledd-Ddwyrain Cymru" lle y bu farw yn 1890, gallaf ymuniaethu â'r alltud yn ysgrifennu'n hiraethus am ei gartref. Yn ail, ymddangosai imi for eisiau i'r ieithwedd farddonol, flodeuog a ddefnyddia'r awdur,(nid yw hyn yn syndod o gofio ei gyfnod), gael ei symleiddio a'l wneud yn fwy hwylus i'r darllenydd a hynny heb golli ei "flas rhamantaidd". Yn drydydd, ac mae hwn yn gymhelliad cwbl bersonol, ar ôl blasu a chael fy mwydo ar ysgrifeniadau Glanffrwd fel myfyriwr ifanc o'r iaith Gymraeg, dewisais ef fel un o amryw lyfrau a oedd i'w cynnwys yng Ngwobr Goffadwriaeth Archddiacon Lawrence Thomas a roddwyd mi, er fy syndod tragwyddol, wrth orffen fy hyfforddiant diwynyddol.

Wedi ymddeol fel ofeiriad plwyf yr Eglwys yng Nghymru yn y flwyddyn 2007 a meddwl dros y gwasanaethau di-rif a gymerwyd dros oes o weinidogaeth gyhoeddus, ni allaf feddwl am wasanaeth mwy teilwng na'r fraint o rannu trysorau plwyf oedd yn annwyl gan offeiriad arall o'r Eglwys Anglicanaidd gyda llu o ddarllenwyr eraill – p'un ai os oes ganddynt, fel minnau, ddiddordeb amlwg, neu ynteu eu bod yn ymuno â mi wrth honni taw ei thrigolion hi sydd yn bywiogi hyfrydwch portreadu unrhyw gymuned.

Mae'r eironi yno'n amlwg. Magwyd Glanffrwd ar hyd llanw'r Anghyd-ffurfiaeth radicalaidd a ysgubodd Dde Cymru ar y pryd ond newidiodd ei deyrngarwch o fod yn weinidog Eglwys Rydd i fod yn offeiriad yr Eglwys Anglicanaidd, yn galaru wrth weld distryw harddwch y wlad a bryntni'r dyfroedd gloyw, crisialaidd ei blwyf. Y gwir yn awr yw y buasai wrth ei fodd i weld fod y pendil wedi troi bron yn llwyr a bod y porfeydd gwyrddlas y canodd Glanffrwd gymaint o glod iddynt yn hiraethus ar ddiwedd y bedwaredd-ar-bymtheg wedi dychwelyd eto "yn laswellt gwyrdd gartref." Gymaint y byddai ef yn mynd yn ei hwyl i lawenhau am y tro newydd ar fyd ei fro. Yn y cyfamser, mae'r cymeriadau a bortreadir ganddo, sydd yn fy nhyb i, yn cynnwys y pethau mwyaf gwerthfawr yn y drysorfa o atgofion hon, yn goroesi hynt y canrifoedd yn ddi-ymdrech.

Boed bendith arnoch wrth ddarllen(neu ail-ddarllen) "y perl bach hwn o hanes gymdeithasol rhan arbennig o Dde Cymru wedi ei gyd-blethu â'r fath galeidosgop o gymeriadau amrywiol.

Hoffwn gofnodi fy niolch di-dwyll i Mr Brian Davies, Curadur Amgueddfa Pontypridd, am ei gefnogaeth tuag at gynhyrchiad y gyfrol hon ac am fod mor garedig â darparu lluniau i'w cynnwys ynddi. Hoffwn ddiolch hefyd i Lyfrgell Tref Pontypridd am fod mor amyneddgar wrth drin benthyciwr "tymor hir" ac i Mrs Enfys Tanner am ymgymryd â'r gwaith o fwrw golwg cywirol dros y deunydd.

A.J.M. Porth Tywyn, Sir Gaerfyrddin. 2013

TROEDNODYN:- Ar ddechrau ei atgofion mae Glanffrwd yn gofyn y cwestiwn, "Pwy oedd Gwynno?" Rhaid cyfaddef bod y sant yma yn goleuo cannwyll a'i gosod dan lestr! Y mae'r cyfeiriadau ato yn brin a digon bratiog. Cynigiaf y tameidiau hyn o wybodaeth. Ymddengys oddi wrth un traddodiad fod Gwynno yn un o "Pump Saint Kaiau" sef pum sant Caio, y coffheir ei enw yn "Gynwyl Gaio" yn Sir Gaerfyrddin. Cofnodir brodyr Gwynno fel Gwyn, Gwynoro, Celynin a Ceitho. Enwir plwyf Llanpumsaint yn Sir Gaerfyrddin ar sail ei goffhau ar ôl y pum sant hyn i gyd, oedd yn feibion i Gaio. Eto i gyd, dywed traddodiad arall taw mab i Gildas oedd y sant. Ym Mhlwyf Llantrisant yn Sir Forgannwg ceir coffhad am dri sant, Tyfodwg(a gedwir yn yr enw plwyfol Ystradyfodwg yng Nghwm Rhondda, ac y cyfeirir ato'n fynych gan Glanffrwd), Illtyd a Gwynno. Yn y rhan fwyaf o Galendrau hynafol dethlir Gŵyl Sant Gwynno ar Dachwedd 1af. sef Gŵyl yr Holl Saint; yn un ohonynt y dyddiad yw Ionawr 7fed. Cynhelir yr Ŵyl ym mhlwyf presennol Llanwynno ar Sul olaf mis Hydref.

Troednodiadau ar awduron y deunydd crai

HENRY LEWIS

Yr oedd Henry Lewis yn Athro'r Adran Gymraeg ym Mhrifysgol Abertawe o 1921 i 1954 ac yn ysgolhaig Celtaidd o fri. Yr oedd diwylliant "y cymoedd" yn agos i'w galon. Wedi ei fagu yng Nghwmtawe priododd deulu a'i wreiddiau ym mhlwyf Ystradyfodwg. Yn ddiau bu'r cysylltiad priodasol hwn yn ei ddenu at waith Glanffrwd. Ar wahân i'w waith fel ysgolhaig Celtaidd, yr oedd ei waith llenorol toreithiog yn cynnwys golygu ysgrifeniadau o ddiddordeb lleol megis "A bailiff's companion" a "The Glamorgan of Matthews Ewenni".

THOMAS EVANS

Er taw o Ogledd Cymru yr hanodd ei deulu, ganwyd Thomas Evans yn Abercynon a daeth yn ysgolfeistr yno. Ar ôl gwasanaethu ar staff Ysgol Ganol Abercynon penodwyd ef yn bennaeth Ysgol Iau Abertâf yng Nghwm Cynon. Aelod pybyr o'r Bedyddwyr Cymraeg ydoedd ac yn organydd medrus. Ar wahân i'w lyfr "Hanes Llanwynno" (cyfieithiad i'r Saesneg) ysgrifennodd ddau lyfr gwreiddiol sef "The History of Abercynon" a "The History of Miskin Higher or the Parishes of Llanwynno and Aberdare."

ALAN MEATS

Gwasanaethodd Alan Meats fel curad ym Mhlwyf Pontypridd, Santes Catrin, gyda chyfrifoldeb arbennig dros gylch Glyncoch. Yr oedd yn ficer ym Mhlwyf Rheithorol Ystradyfodwg a chyn-ebrwyad Plwyf Aberdâr, Sant Ffagan. Mae'r plwyfi hyn yn rhan o, neu'n gorori ar, blwyf gwreiddiol Llanwynno, a ddisgrifir yn y gyfrol hon.

Ymddeolodd o waith plwyf fel ficer Penbre â Llandyry yn 2007 wedi gwasanaethu fel Ficer Felinfoel am 12 mlynedd. Penodwyd ef yn Ganon Trigfannol Cadeirlan Tyddewi yn 1994.

PLWYF LLANWYNNO

Milltiroedd

Dengys y brychni y tir sydd dros 900 a droedfeddi.   Dangosir ffiniau'r plwyf fal yr oeddynt, yn ôl pob tebyg, yn amser Glanffrwd.

10

PENNOD 1

LLANWYNNO A'R ARDALOEDD CYFAGOS

[Yr hyn a geir yn y llyfr hwn yw cyfres o ysgrifau am hanes Llanwynno a ymddangosodd yn wreiddiol yn y papur wythnosol "Tarian y Gweithiwr" yn Aberdâr yn 1888. Daw'r darlun o Lanwynno a bortreadir yma o'r cyfnod hwnnw ac yng nghof yr ysgrifennwr.]

Dichon nad oes yn perthyn i'r "hanes" yma ryw afael ar amseriad na threfn ar y cynnwys. Eglurir hyn gan y ffaith fod fy meddwl, wrth droi'n ôl i hen Lanwynno, yn dod â chynifer o wynebau a digwyddiadau yn fyw i'm cof fel y bydd fy nychymyg yn cael ei danio wrth fy nymuniad i feddwl amdanynt. Gwell gan rai ysgrifennu enw'r hen blwyf ar ei ffurf Seisnigaidd, "Llanwonno". Enw'r sant a rydd ei enw ar y plwyf yw Gwynno ac nid Gwonno, fel y bydd y rhain yn mynnu. Dywedaf hyn oherwydd i'r sant gael ei fedyddio fel Gwynno ganrifoedd cyn i'r fath bobl gyfeiliornus hyn gael eu geni! Mae cof byw gennyf geisio rhwystro rheolwyr ysgol Llanwynno rhag mabwysiadu'r enw "Gwonno" ar ddelw swyddogol yr ysgol, ond dygodd y diweddar John Andrew Wynn hen fap o'r plwyf oedd yn dangos y ffurf Seisnigaidd hon fel yr un gywir. Fodd bynnag, digwyddodd fod yn fy meddiant fap hŷn na hwnnw yn cynnwys ffurf enw'r sant fel "Gwynno". Ond pa ffurf bynnag a gymerodd yr enw yn y gorffennol, yr oedd yn rhaid i ysgol Llanwynno gael delw teilwng ac, yn

11

anffodus, y mae ei llyfrau, ei harwyddion a'i deunydd ysgrifennu i gyd yn cadw at yr ffurf anghywir hyd heddiw.

Pwy oedd Gwynno? Un o'r cymeriadau selog hynny a gododd ymysg y Cymry pryd troesant eu cefnau ar y Derwyddon a phaganiaeth a glynu wrth ffydd Iesu o Nasareth. Nid oes sôn am iddo fod wedi cyflawni gwyrthiau. Nid erys dim gwaith o'i eiddo onis ceir mewn rhyw hen lyfr Lladin yn llyfrgell fawr y Vatican yn Rhufain. Fel y mae, dim ond yr enw Gwynno sydd gyda ni. Ni wyddys hyd yn oed ym mhle y cleddir ef. Ond erys hen eglwys Gwynno:-

"Hen eglwys Wynno hyglod, - a godwyd
I gadw i'r Duwdod
Wasanaeth melys hynod,
A llawer glân allor Ei glod."

Y mae Daearwynno hefyd nepell o'r hen eglwys. Mae'n debyg fod Gwynno yn byw yn y ffermdy hon a'i fod yn berchen tir o'i gwmpas yn ogystal â darn o Fynydd Gwyngul a adawodd naill ai i'r eglwys neu i dlodion y plwyf. Ond hwyrach bod hyn, fel sawl mater arall, wedi newid yn nhreigliad amser. Awyddocaol yw'r ffaith taw'r ffermdy agosaf i'r eglwys yw Daearwynno. Ni wyddys p'un ai Gwynno'r sant neu ynteu tlodion y plwyf sydd biau'r tir. Ni chredaf fod yr un geiniog yn dod oddi wrth dir Daearwynno at gynorthwyo tlodion y plwyf. Rhennir pum punt y flwyddyn, sef rhodd oddi wrth fferm gyfagos y Dduallt, ymysg deg o dlodion na dderbyniant gymorth y plwyf. Dosberthir pob "chweugain" [*sef deg swllt –* *Awdur]* ar Ŵyl Sant Tomos yng nghyntedd yr eglwys.

Cofiaf yn dda am yr amser pan nid oedd digon o dlodion i dderbyn yr arian a bu'n rhaid i'r dosbarthwyr chwilio'r plwyf am bobl a fyddai'n ddigon caredig i gymryd y "chweigien". Paham y dewisiwyd Dydd Gŵyl Sant Tomos? Gan ei bod yn syrthio ar Ragfyr 21ain credaf ei fod yn werth deg swllt i gerdded o unman yn y plwyf i ddrws yr eglwys ar ddiwrnod byrraf y flwyddyn! Ond yn ddiweddar mae plwyf Llanwynno wedi gweld llawer o newidiadau mawr. Mae'r sŵn a'r prysurdeb, y stŵr a'r cyffro sydd wedi cymryd lle'r tawelwch a'r distawrwydd parhaus yn ddigon i beri i Wynno godi o'i fedd a rhoi melltith ar y sawl a dorrodd ar unigrwydd y plwyf ac aflonyddu ar un o hen lefydd diarffordd Natur. I'r diawl â'r cyfan!

Mae'r afon Ffrwd yn galaru ar ôl ei gloywder gynt a'r afon Clydach fel petai'n ceisio ffoi rhagddi ei hun i ymguddio rhag cywilydd ym mynwes yr afon Tâf. O! Lanwynno annwyl! Gymaint iti gael dy oddiweddyd gan draed y gelyn o'r diwedd. Sathrwyd ar sancteiddrwydd dy feysydd hardd, gyrrwyd dy adar melys eu cân ar ffo, gweryrodd y march tanllyd (sef, y trên) ac ysgrechian fel mil o foch trwy dy lefydd agored, prydferth. Mor deg, mor dawel, mor bur, mor llonydd, mor annwyl oeddit ti cyn i'r anturiaethwyr gloddio trwy dy dir! Ond bellach yr wyt, wel, fel pob man arall lle mae glo'n teyrnasu. Mae'n drueni nad oes neb yn ddigon beiddgar i ddod â'r môr i Ynysybwl! Ie, mae Ynysybwl yn tyfu i bentref mawr a phoblog ar hyd glannau'r Clydach.

Ar y tir gwastad islaw i Ynysybwl saif Glynmynach. Mae'r rheswm am fabwysiadu'r enw hwn yn amlwg i'r golwg o hyd. Ni wyddys dim am y mynach. Ond ni fuasai'n ormod o waith i'r dieithriaid a'r pererinion adael llonydd i'r enw hyd yn oed os methu gadael llonydd i'r tir a wnaethant. Dygai'r hen enw Glynmynach gofion am lawer o feddyliau, - sibrydion o flynyddoedd gynt. Mae'n sawru o gyfnod arbennig yn ein hanes a ganfyddir o'n blaen yn union fel y mae llawer hen dai y deuir o hyd iddynt mewn tref yn dangos i'r tai newydd o'u cwmpas fod rhywbeth gwerth ei weld wedi eu rhagflaenu hwy. Ond mae Glynmynach wedi mynd heibio, o leiaf mae wedi newid y tu hwnt i bob adnabyddiaeth. Robertstown, os gwelwch yn dda! Ie! Robert's Town. Dyna sarhâd, ynte! Nid oes na swyn, na harddwch, na chymeriad, nac urddas, yn perthyn i'r enw! Ac yn Saesneg hefyd! Diolch am hynny! Buasai'r ffurf Gymraeg arni "Tref Robert" yn arswydus! Gelwid y lle gynt yn Black Rock. Codwyd tŷ newydd a rhoddwyd yr enw Glynmynach arno. Saif y tŷ hwn o hyd, ond un o dai Robert's Town ydyw, yn enw dyn! Cyn hir bydd enw'r afon Clydach ei hun yn cael ei droi'n llediaith Saesneg! Di-galon yw masnach ar ei gwaethaf! Ni ŵyr hon ddim am serch at wlad, iaith, fryn na dyffryn. "Glo, haearn, aur, arian yw ei hiaith hi! Felly mae hen blwyf Llanwynno dan oruchwyliaieth newydd. Ychydig o flynyddoedd yn ôl gallesid rhifo eneidiau plwyf Llanwynno o gopa Mynydd Gwyngul hyd at droed Graig -yr-Hesg ac o lannau'r Tâf a'r Cynon hyd at lannau'r Rhondda ym Mlaenllechau ac Ystrad, ond yn awr mae hyd yn oed Ynysybwl wedi mynd yn dwmpath morgrug ac mae hen broffwydoliaeth led aflednais am y lle wedi cael ei gwirio yn ein mysg:-

> *"Ynys-y-bŵl, lle del ar don*
> *Lle araf ar lan afon,*
> *Fe ddaw angel o waith dynion,*
> *Ac a'i briw i gyd o'r bron."*

Wel, wel, Ynysybwl, mor annwyl imi. Llanwynno fel yr oedd cyn i fwg y trên ei dywyllu, mor annwyl imi. Dyna fel y cofiaf amdani.....Fy hen le chwarae! Bro hec-a-cham-a-naid fy mhlentyndod; rhoddwn lawer am dy gael eto fel yn y dyddiau gynt; ond

"Ni ddaw yn ôl ddoe i neb."

Yn y penodau nesaf dychwelaf at yr hen enwau a chymeriadau y deil fy serch a'm cof berthynas rhwng Llanwynno a mi trwyddynt. Dyma enwau rhai ohonynt:- Rhys ac Als, Twm y Gof a'i frawd Wil, Lewis o'r Fforest, Williams o'r Glog, Twmi Ben-rhiw, Edwards Gilfach Glyd, yr hen Williams Gelli-lwch, Meudwy Glan Elai, Bili a Jinnie Llys-nant, Dewi Haran, Evans Mynachdy, Ieuan ap Iago, Evan Moses, ac amryw eraill o hen breswylwyr y plwyf na fuont, efallai, byth allan o olwg mwg simneiau'r plwyf ond, serch hynny, ond a adawsant eu hôl a llwyddo i'n diddanu ni.

PENNOD 2

Y BRYNIAU

Mae elfen farddonol i'r amrywiaeth fawr o olygfeydd o gwmpas Llanwynno. Ewch am dro o Bontypridd trwy galon y plwyf i gyfeiriad Aberdâr a bydd llawer llecyn teg a golygfa hardd yn galw am eich sylw. Dyna i chi Graig-yr-Hesg yn ymyl tref Pontypridd. Dylai'r trigolion fod yn falch ohoni. Mae ei gwedd arw fygythiol yn y gaeaf yn fawreddog ac aruthrol ac yn y gwanwyn pryd mae'r coed yn las a'r tyfiant yn ymgripian dros yr hen feini llwyd a'r coed wedi eu gwisgo yn eu ffresni gwyrdd. O! Daw yn bur farddoniaeth gyda bod Berw'r afon Tâf yn debyg i lyn o ysbrydoliaeth bur, yn byrlymu a suo'n ddibaid wrth ei throed. Nid oes angen mynd i'r Alban neu'r Swistir chwaith i weld y fath olygfeydd rhamantaidd. Sefwch ger Graig-yr-Hesg a Berw'r Tâf. Ewch i ben y bryn o'r enw y Graig, a chewch weld un o'r golygfeydd harddaf erioed - Dyffryn Tâf yn ymestyn o'ch blaen fel petai'n rhoi gwahoddiad i chwi fynd i Gaerdydd trwy ddolydd sydd fel gardd yr Arglwydd; dyna i chi ochr Mynydd Eglwysilan fel un o furiau natur yn amddiffyn y dyffryn; y ffermdai fel teisi calch i wneud i'r llethrau loywi; ysbryd barddoniaeth yn crwydro'n ddi-gymell ar y gopa tra mae'r clogwyni'n ddigon i danio calon dyn. Nac anghofiwch am fentro i ben Graig-yr-Hesg, chwi drigolion Pontypridd; cewch fwynhau golygfeydd fydd yn esmwytho'r ysbryd, a'r un pryd, yn rhoi min i'r archwaeth ar gyfer cinio!

Ychydig ymhellach ymlaen, yn nes i ganol y plwyf, yr ydych yn dod at waelod y Glôg. Tueddir i feddwl amdano fel twmpath cynlluniedig, ond nid yw felly o gwbl. Mae'n rhy ysblennydd i fod yn waith halogedig dynion. Mae mor grwn wrth sylwi arno, onid e'? Saif megis maen clais wedi ei wisgo â phorfa, a defaid yn pori ar ei lethrau a'i gopa. Gwaith natur ei hun ydyw. Saif hen feini llwyd, gan edrych allan rhwng y coed, ac o'i ochr, distyllir dŵr cyn oered â'r iâ, mor bur â'r nef ac mor hyfryd â neithdar y duwiau. I mi y mae'r hen Dwyn fel cartrefle hud a lledrith ac mae'n anodd llunio darn o farddoniaeth neu dynnu llun yn y dychymyg heb fod Twyn-y-Glôg yn rhuthro i mewn iddo. Tybed na ddaw'r rheilffordd a'r glo a'r mwg i ymyrryd â'r hen Dwyn yn awr, ar ôl dod â'u trwynau i mewn i ganol y plwyf. Os deuant, bydd yn beth ffiaidd ac yn bechod o'r mwyaf.

Wrth fynd ymlaen ychydig yn uwch trwy'r plwyf, deuir at Foelydduallt. Nid yw mor hardd â Thwyn-y-Glôg ond mae iddi hithau ei gwylltineb a'i phrydferthwch arbennig. Yr argraff a wnaeth arnaf pan oeddwn yn blentyn oedd ei bod fel petai'n ceisio ei gorau i edrych dros fryncyn Ffynnon-dwym a'r Wern-goch i gael cip ar ryw hen Foel arall oedd â'i thraed yn yr afon Cynon. Bu Moelydduallt yn lle i ymchwilio am dorri glo ers cyn cof. Gwelir llawer o dyllau yn ei hochrau. Byddai'r hen bobl yn gwneud twll a hwyrach ddod o hyd i lo, ond pan fyddent yn gweld golau'r dydd yn colli wrth fynd i'r twll, dechreuid twll newydd nes i'r hen Foel fynd yn dyllau i gyd. Fodd bynnag, fe saif yn gadarn eto! Mae Hywel Ddu wedi tyllu iddi ac wedi llwyddo i fynd ymhellach dan ei gwreiddiau na neb o'i flaen. Pryd gwelais y twyn ddiwethaf, yr oedd Hywel wedi codi pabell yng nghilfach y tir yr oedd wedi ei durio. Sylwais ei fod wedi gosod ei dabernacl i lawr yn yr union fan lle y byddai pobl ers talwm yn arfer gweld ysbryd - Ysbryd Ysgubor y Clun y gelwid ef. Dichon taw wrth olau nwy y gweithiwyd yno. Bu'r ysbryd yn blino'r hen drigolion am amser maith a bu dychryn mawr wrth adrodd hanes amdano. Yn eu diniweidwrydd ni wahaniaethwyd rhwng fflam las-olau'r nwy ac ysbryd rhyw adyn oedd wedi crogi ei hun wrth un o ganghennau Coed-y-foel. Bu hen Ficer Jones yn ceisio bwrw allan yr ysbryd a'i rybuddio i aros am fil o flynyddoedd er mwyn cludo dŵr o'r Môr Coch mewn cogr. Wedi cyflawni'r gamp yma, gwneid rhaff wedi ei gwlychu gan dywod y môr i'w chyflwyno i'r plwyfolion fel cloch-raff i Eglwys Wynno. Dyma ddisgrifiad o'r ysbryd hwn ac ysbrydion eraill y fro gan un o hen feirdd y fro:-

"Mae ysbryd yn trigo ar Gefnyrerw,
Ysbryd rhyw adyn a dorrodd ei wddw,
Ac ysbryd yn cadw wrth Sgubor y Clun,
Ysbryd hen gybydd a laddodd ei hun."

Nid ymhell o Foelydduallt, ond rywfaint y tu ôl iddi, saif y Pistyll Golau. Rhaeadr brydferth iawn yw hon sydd yn disgyn i lyn lled isel. Uwch ei ben y mae Mynydd Gwyngul a hen eglwys y plwyf - man gorffwys i gymaint o drigolion y plwyf. Mae'r hen eglwys a'i mynwent sanctaidd yn ymnythu dan gripyn o graig sy'n ymwthio allan o ochr yr hen Fynydd Gwyngul yn eitha sydyn. Dyma le tangnefeddus - y gwynt yn rhuo neu'n suo ar gopa neu yng nghesail y mynydd, heb na mwg, na pheiriant na churo morthwyl, dim ond sŵn traed teithwyr neu chwibaniad y bugail i dorri ar dawelwch a distawrwydd y fynwent hon ym mron y mynydd. Mae'r Pistyll Golau'n atseinio ei nodau bas wrth ymlifo i ddyfnderau'r glyn ac mae sŵn cwympo'r rhaeadr hon yn cydseinio ag ysbryd yr hwn a saif yma'n syllu i lawr ar dir cwsg cymaint o genedlaethau o bobl Llanwynno. Yma y gorffwys gweddillion llawer a gollodd eu bywydau mewn mwy nag un danchwa yng nglofeydd Blaenllechau. Cân awelon mwyn Mynydd Gwyngul "requiem" wrth fynd drostynt, tra bydd y Pistyll yn y glyn islaw yn cadw cyfeiliant mawreddog wrth dreiglo dros y Darren, gan wynnu ac ewynnu fel rhyw Niagara fach. Dyna ddull doniol oedd gan bobl gynt o roddi enwau ar lefydd! Maent bob amser yn eu lle yn eu dewis. Mor ddisgrifiadol a chywir yw'r enw "Pistyll Golau." I lawr mewn pant du yn y dyffryn dan ganghennau derw tew a phrysglwyni'r lle, mae'r Pistyll yn wyn, yn ewynnog, yn goleuo'r gilfach i gyd, pan fydd yn ei nerth a'i ynni, yn cyfateb yn llwyr i'w enw.

Cyrhaeddir yn awr wylltineb y mynydd-dir a'r teithiwr yn cael dweud gyda'r afr,

"Gwlad rydd a mynydd i mi."

Mae'r Fforch-don yn y golwg a'r afon Clydach yn cychwyn ar ei hynt fel llygedyn yn ymagor rhwng tyweirch a mawn ond toc yn ymestyn yn llinyn ariannaidd ac yn ymsymud fel peth byw i gyfeiriad Caerdydd. Mae'r enw Fforch-don yn ddisgrifiadol iawn. Mae'r tir yma yn ymfforchi i fyny ar gefn glas y mynydd, yn dir go groyw, - yn "don deg" fel y dywedir ym Morgannwg, hynny yw, nid yn weundir gwlyb. Nid yw'r

Gogleddwyr yn arfer y gair "ton" i olygu "pridd heb ei droi". Anodd weithiau yw eu cael hwy i ddeall gwir ystyr y gair. Ond cyffredin iawn ydyw ar lafar trigolion Morgannwg.

Waeth inni droi'n ôl yn awr heb ddringo i Fynydd Bach; oddi yma cawn olwg iawn ar Ddyffyn Cynon o Mountain Ash i fyny i Hirwaun. Nid yw Aberdâr mor hardd o le yn awr ag oedd hi i fugeiliaid y Mynydd Bach ddau gan mlynedd yn ôl, cyn i domenni glo greithio wyneb y plwyf. Heddiw dim ond glo, mwg, ager a duwch cyffredinol yw yr hyn a welir o gopa'r Mynydd Bach a theimlir ei bod yn amser troi'n ôl i edrych ar lesni'r hen blwyf a fygythir gan yr un dynged. Gan adael yr afon Cynon ar y chwith, megis neidr sydd wedi ymhalogi yn llwch glo'r dyffryn, cerddwn ymlaen hyd gribyn y mynydd-dir uwch ein pennau â'n hwynebau'n ôl at Bontypridd. Glynwn wrth ochr ddwyreiniol y dyffryn, gan droi ein cefn ar Ynysybwl a saif fel padell yng nghanol y wlad. Safwn yn awr ar ben Tarren-y-foel neu Foelygelli. Odditanom gwelwn y lle rhyfedd a elwir Navigation yn awr, Basin cyn hynny, ac Ynysfeurig gynt. (Gelwir y dref Abercynon erbyn heddiw). Gelwir ef Aberdare Junction hefyd. Mae'r enwau Saesneg hyn wedi eistedd yn anesmwyth ar y lle. Credaf fod bwriad i adfer yr enw Cymraeg oblegid sonnir am Ynysfeurig School erbyn hyn.

Gallaswn adrodd llawer o bethau am y lle ond bodlonaf ar un nodyn lled bersonol. Yr oedd gan fy nhad-cu, William Thomas Howell, brydles tir yn Ynysfeurig a dynnwyd allan yn ôl y dull Cymreig hen-ffasiwn - i barhau tra bo dŵr yn llifo yn yr afon Cynon a thra byddai'n talu pedair punt y flwyddyn. Druan ohono! Yr oedd yn hoff o'i beint, ac un diwrnod, dan ddylanwad y cwrw, gwerthodd y brydles i rywun am £20. Pan fyddaf yn mynd heibio i'r lle yn awr a gweld popeth yn nwylo dieithriaid, mae'n orchwyl galed i ddweud, "Bendith ar yr hen ŵr a chwaraeodd y fath dric ar ei ddisgynyddion." Ond rhaid imi aros fel morwyn Tŷ-draw a ollyngodd fwcedaid o laeth i'r llawr, gan ymgysuro wrth feddwl ei bod hi'n amhosibl ei godi'n ôl drachefn. "Ni wiw wylo am laeth a gollwyd." Ond dyma ni bellach ar ben Tarren y Gelli. Ar un ochr inni llifa'r afon Tâf, ar y llaw arall llifa'r afon Cynon, a rhwng y ddwy, daw mil o swynion i'n golwg. Yma ceir Paradwys yr heliwr. Lawer tro bûm yn hela cadno yma ac wedi clywed sawl gwaith,

> **"Ochrau'r Darren fach ar dorri**
> **Eco'r Tali Ho didewi"**

Cartref llwynogod Morgannwg yw Tarren-y-foel a Choed-y-parc. Bu trigolion Llanwynno yn helwyr brwd erioed ac yn eu mysg ceir hyd heddiw ambell i Nimrod go gadarn. Nid yw cri'r heliwr, na chorn-galw'r Glôg na chyfarth melys yr helgwn wedi tewi yn Llanwynno, tra mae'r ysgyfarnog yn rheoli caeau'r Gelli a thra mae Reynard yn cymryd ei ddewis o luniaeth pluog yn Nharren-y-foel, hyd yr oes hon.

PENNOD 3

YNYSYBWL, Y PENTREF A RHAI O'I GYMERIADAU

Y tebyg yw y bydd Ynysybwl yn tyfu i fod yn lle mawr a phoblog cyn hir. Y mae golwg y lle eisoes wedi newid yn sylweddol ac ymhen ychydig o flynyddoedd eto bydd y trawsffurfiad mor llwyr fel na fydd dim olion o'r hen le tawel, llonydd a adnabyddid gynt ar ôl. Soniais gynnau ei fod yn sefyll mewn padell ddofn a'r bryniau'n codi'n uchel ar bob ochr iddo. Mae'r haul yn gorfod dringo'n lled uchel cyn ei weld yn cyffwrdd â rhan isaf y dyffryn. Mae bryn Maes-y-Gaer, ochr Tyle'r Fedw a'r Gelli yn ei gysgodi rhag gwynt llym y dwyrain. Cwyd Craig Buarthcapel tua'r gorllewin, ac yn uwch i fyny Twyn Fanheulog, ac yn uwch drachefn ceir Mynydd Gwyngul. Rhwng y mynydd hwnnw a thir tua'r Gogledd cawn gipolwg ar diroedd y Mynachdy a'r Dduallt, y ddau hyn yn sefyll ar dir uchel. Felly ymnythai hen bentref Ynysybwl ar waelod cysgodol y dyffryn, tra mae'r afon Clydach yn llifo'n dawel dan y geulan oedd yn cysgodi'r lle. Mae'r afon Ffrwd yn rhuthro i lawr i gwrdd â hi, yn wylltach ei thymer ar ôl cael ei blino gan y felin, y creigiau a'r pistyllau o'i chwmpas. Yma yn Ynysybwl mae'r afonydd Clydach a Ffrwd yn cusanu ei gilydd, yn ymlifo gyda'i gilydd nes i'r Tâf eu llyncu mewn un traflwnc ger Glyncoch, bellach o fewn golwg i dref Pontypridd. Ystyrrid yr afon Tâf gan yr hen drigolion fel afon fawr a pheryglus, oherwydd codai yn sydyn ar ôl glawogydd a stormydd taranau y mynydd-dir. Ysgrifennodd un o hen rigymwyr y plwyf am hanes bywyd y Tâf mewn triban, fel hyn:-

"Mae Tâf yn afon nwydus
Ofnadwy o gynhyrfus
Mae wedi dygyd bywyd cant,
Mae'n cerdded pant echrydus."

Yn awr bod y Tâf wedi dwyn bywyd y Clydach, rhaid ei gadael a dychwelyd i Ynysybwl fel yr oedd gynt yng nghyfnod ei dangnefedd a'i dawelwch naturiol, nid fel y'i gwelir heddiw, wedi i'r "march tanllyd" (sef y "peiriant stêm") ei ddeffro a'i sarnu, wedi halogi ac ysbeilio ei ogoniant a'i ddistrywio, gan lyncu ei naws farddonol heb gydwybod a phlygu ei harddwch teg. Yr hen labwst! Braidd na roddaf felltith arnat am ddod i fygwth cartrefi tawel yr adar, y pysgod a'r ysgyfarnogod rhwng y Clydach a'r Ffrwd. Hwylus distrywio rhywbeth, ond nerth dwyfol sy'n eisiau i'w greu! Ni all neb byth ail-greu Ynysybwl fel yr oedd:-

"Humpty Dumpty sat on the wall
Humpty Dumpty had a great fall
All the King's horses and all the King's men
Couldn't set Humpty Dumpty together again."

Hwyrach taw sefyllfa ddaearyddol y lle a roddodd yr enw Ynysybwl arno. Sut bynnag naturiol fyddai ei alw Ynys-y-Pwll. Yn Saesneg gelwir ef Bowling Green. Ys gwn i pwy a Seisnigeiddiodd yr enw, ond yn ddiau gwnaeth hwnnw gamgymeriad. Mae'r enw Ynys-y-Pwll wedi parhau ar lafar pobl ers cyn cof, ond yn weddol ddiweddar, dechreuwyd chwarae ffurf ar y gêm Ffrangeg "boule", i roi'r ffurf Gymraeg arni, "bwl". Felly ni waeth diolch i neb am roddi enw Saesneg ar y lle. Daeth yr enw "Ynysybwl" yn enw cyffredin ar yr holl ardal i fyny at Dai'r Plwyf a'r cylch cyfagos.

Dywedir i'r hynafiaethydd Camden, a elwir "Strabo Lloegr", ymweld ag Ynysybwl pan oedd yn casglu defnydd at ei hanes a elwir "Britannia" ac iddo gysgu dros nos yn y cylch- yn yr Hen Dafarn, mae'n debyg. Yr oedd Camden yn ddyn dysgedig iawn ac wedi dysgu Gaeleg, Cymraeg a Hen Saesneg i'w gymhwyso at ei waith. Cyhoeddwyd ei lyfr cyntaf "Britannia" yn 1586 a'i waith arall, "Anglica Normanica Cambria" yn 1603. Debygwn i taw ar gyfer yr ail lyfr yr ymwelodd ag Ynysybwl, a'i brif reswm am ddod oedd ymweld â'r Mynachdy. Dadsefydlwyd y mynachdy yn ystod teyrnasiad Harri'r Wythfed, efallai ryw ddeugain neu hanner can mlynedd cyn ymweliad Camden. I ba le yr aethpwyd â'r llyfrau a'r hanes am y lle, dybiaf? Yr oedd y Mynachdy yn amaethdy gwych iawn pan ymwelodd Camden ag ef; cawsai'r mynaich a'r lleill oedd yn preswylio yno eu troi allan - rhai i ddilyn gwahanol alwedigaethau ac eraill i'w galw adref i fynwent Gwynno. Bydd gennyf ragor i'w ddweud am y Mynachdy eto. Gwell imi ei adael dros dro ar nodyn eitha personol. Pan ddifuddiwyd y mynachdy, yr oedd dau fynach, oedd yn frodyr, yn byw yno. Howell, mab Howell, a Llywelyn, mab Howell, oeddynt. Y mae fy nheulu i, Howelliaid Cwmcynon, a theulu Llywelyn o Ffarm y Fforest, yn ddisgynyddion o'r ddau frawd hyn. Wedi iddynt adael y Mynachdy priodasant ddwy chwaer a chredaf i Howell (yr wyf i'n ddisgynydd iddo) dreulio ei ddyddiau yng Nghwmcynon, a'r brawd arall, Llywelyn, drigo ar ochr y Fforest a rhywle arall yn Sir Frycheiniog. Sut bynnag, bu'r Howelliaid fyw'n hir a buont yn meddu ar dir o Abercynon hyd Gwmcynon Uchaf, ger Mountain Ash. Ond dyma ni'n crwydro o Ynysybwl. Awn yn ôl yn awr.

Sefydlwyd ffair flynyddol yn Ynysybwl, pa mor hir yn ôl nid wyf wedi darganfod eto, ond bu'n enwog iawn. Deuai pobl o ymhell a deuid ag anifeiliaid i'w prynu a'u gwerthu. Yn wir mewn un Almanac digon hen gelwir hi "Ffair brynu a gwerthu Ynys-y-pool", i'w gwahaniaethu oddi wrth ffair adloniant bur. Cynhelid hi ar Fawrth 16eg. Heblaw prynu a gwerthu, ceid digon o ymladd. Yma ceid prawf ar nerth a medr pobl ifanc y plwyf. Yma darganfyddid p'un ai dynion Ynysybwl neu ddynion Blaenllechau, neu ynteu ddynion y Rhondda Fach, oedd gryfaf. Yma yn aml penderfynid y ffrae rhwng dynion Llanfabon a dynion Llanwynno, ac yn fynych byddai eisiau ar ddynion Llanwynno "dalu'r pwyth yn ôl" ar ddynion Llantrisant. Ceid y materion i gyd yma eu datrys heb os nac onibai ar noson y ffair.

Y ffair hefyd oedd man cyfarfod gwahanol deuluoedd i benderfynu achosion ymryson lleol. Ar ôl i fechgyn Llwynperdid gael dau lygad du bob un a thrwyn fel pen dafad a cholli o fechgyn y Dduallt eu trwynau o'r bron, heb sôn am dorri dwy neu dair asen, byddent yn dychwelyd adref wrth eu bodd a byddai heddwch am flwyddyn. Yn y ffair hon hefyd trefnid cystadleuaeth ladd gwair yr haf, ac weithiau, râs filltir y flwyddyn i'w chynnal ar Fynydd Gwyngul o'r Heol Las i fyny. Yr oedd bri mawr ar rasus rhedeg yn y plwyf oddi ar ddyddiau Griffith Morgan neu Guto Nyth Brân, y cyflymaf a'r ysgafnaf ar droed a welwyd erioed yn y holl wlad hon. Cawn siarad amdano yn nes ymlaen.

Deuai llawer o borthmyn i Ffair Ynysybwl, yn cyrraedd yn aml y nos cyn y Ffair a chwaraeid llawer i dric direidus â hwy gan bobl y lle, oblegid yr oedd pobl Ynysybwl yn hynod am eu digrifwch a'u dawn i chwarae pêl, a chyn hynny, am chwarae bando ac ymgodymu (neu "restlo"). Yr oedd lle addas iawn i'r gweithgareddau hyn yn Ynysybwl. Barnwn i taw y cae chwarae enwocaf yn y wlad oedd Cae bach y Fedw a gweunydd yr Ynys i lawr at y Pandy, gan fod y lleoliad yn ddelfrydol i chwarae bando a phêl-droed.

Yr oedd siopwr a'i wraig yn byw yn Ynysybwl â'u henwau Rhys Dafydd ac Als, neu, fel y cyfeirid atynt hwy fynychaf, "Als, gwraig Rhys, gŵr Als." Cadwent siop mewn tŷ bychan lle mae Aberffrwd yn sefyll yn awr. Yr oedd gwedd yr un mor rhyfedd arnynt hwy ag ar y siop. Tua dau bwys o ganhwyllau bach ac ychydig o bethau mân defnyddiol eraill oedd holl gynnwys y siop. Buasai hanner coron yn talu am y cyfan! Ac eto, yr oedd cymaint ofn ar Als i'r siop fynd ar dân fel y gwrthododd werthu matsis pryd daethant allan gyntaf. Dyn go dal, go arw ei olwg oedd Rhys. Cymro i'r carn ydoedd, yn wledig o ran gwedd, gyda nodweddion trigolion Ynysybwl yn eiddo iddo, yn bendant. Yr oedd yn hollol ddi-niwed oddieithr pe byddai yn digwydd cael ffrae ag Als –"oblegid ei chyndynrwydd hi," meddai ef, ond, oblegid ei diniweidrwydd hi, meddaf fi. Bu ffrae ffyrnig rhyngddynt un tro ynglŷn â chwestiwn y lleuad. Cododd Als yn fore iawn un dydd ac, wedi edrych allan, gwelodd y lleuad yn cilio. Meddyliodd taw lleuad newydd ydoedd a dweud wrth ei gŵr beth a welsai. Mawr fu'r ymryson a'r dadlau rhyngddynt. Ebe Rhys, gan feddwl datgan ei air olaf, "Pwy a glywodd sôn erioed am leuad newydd yn y bore bach?" Ebe Als, "Fi welws hi â'm llygaid fy hun, a baw iti,

Rhys Dafydd." Ni chafodd yr un ohonynt y fuddugoliaeth; aeth Rhys yn ôl at ei waith fel crydd ac aeth Als ati i bwyso gwerth dimai o drwynlwch i Meri Rhys o'r Tai Newydd.

Y ffrae nesaf fu rhyngddynt oedd wrth rannu pwys o ganhwyllau yn ddau hanner pwys. Daethai gwas o Ffynnondwym i'r siop i nôl hanner pwys o ganhwyllau a digwyddai pob pwys gynnwys dwy gannwyll ar bymtheg. Bu'r broblem yn ormod o faich i Als, am na allai yn ei byw rannu'r pwys yn ddau. Yr oedd Rhys yntau mewn tipyn o benbleth. Mynnodd ef roddi wyth cannwyll mewn un hanner pwys a naw yn y llall, ond barnodd Als fod hyn yn annheg ac yn un-ochrog. Penderfynodd hi dorri un gannwyll yn ei hanner a gosod wyth a hanner ymhob pecyn. Wrth dorri'r gannwyll â chyllell grydd Rhys, torrodd y gannwyll yn ddarnau mân. O hynny ymlaen penderfynwyd gwerthu'r canhwyllau yn ddimai yr un neu yn bwys y cyfan. Bu Rhys mewn tymer ddrwg am ddyddiau wedyn. Cofiaf glywed am Als yn cerdded i Bentwyn i brynu mochyn cyfan. Wrth gyrraedd y lle, dywedodd fod Rhys wedi ei hanfon yno i brynu'r mochyn ond i gynnig pum swllt a chwech amdano, neu, pe na chawsai hi'r mochyn am y swm yna, i gynnig chwe swllt. Yn naturiol bu'n well gan bobl Pentwyn dderbyn chwe swllt na phum swllt a chwech!

Ymwelodd Als un tro â'r Tŷnewydd ym mis Mehefin gan edrych ymlaen at gael teisen"ŵyl" i de. Cafodd de a theisen ond nid y deisen"ŵyl". Ar ôl yfed ei the taflodd y gwaddodion dros ei hysgwydd ar y carped. Gwnaeth gwraig y tŷ awgrym gynnil iddi fod llestr iawn i ddal gwaddodion ar y ford. Ni ddeallodd Als mo'r awgrym. Mynnodd hi ei bod yn fwy cyfleus i'w taflu ar y carped gan fod mwy o le yno i'w dal. Felly arhosodd gwaddodion pedwar cwpanaid o de y nos honno ar garped Tŷnewydd. Druan o Als! Mor ddiniwed, mor araf ei meddwl, ac eto mor fodlon ar ei byd ydoedd! Gwyddai lawer am lysiau a phlanhigion, sut i'w casglu a'u cadw'n sych a sut i'w harfer ar amser clefyd. Cofiaf yn dda am iddi roi te wermod yn feddyginiaeth i'r gath, Mocyn, oedd wedi colli blas ar ei bwyd. Y tebyg yw ei bod wedi bwyta gormod o gwningod ac wedi colli'r awydd i fwyta rhagor. Sut bynnag, bob Gwanwyn byddai'n rhaid i'r gath oddef yr un feddyginiaeth. Dywedir gan rai iddi orfod cymryd brwmstan a thriagl du yn yr Hydref er mwyn puro ei gwaed. Ni wyddai Rhys ddim am hyn. Hwyrach taw bechgyn direidus yr ardal a luniodd y stori!

Yr oedd meddwl Als yn llawn hen atgofion a digwyddiadau am yr hen bobl. Yr oedd ei chred mewn ysbrydion yn llenwi ei meddwl. Credai'n ddi-sigl iddynt alw heibio, yn enwedig ar Noson Galan Gaeaf, pan welid hwy ar bob llwybr yn y wlad. Câi Als ei hun gryn ddychryn ac aflonyddwch gan yr un ysbryd oedd yn cerdded o gwmpas clwyd Cae'r Defaid. Dyma'r ysbryd a sicrhaodd iddi am fodolaeth ysbrydion eraill. Ni all neb ddechrau deall pa helynt fu ar yr hen fenyw, druan, oherwydd yr ysbryd hwn, ond cymerodd ffurf asyn, yn gweryru a gweithredu yn union fel asyn dan ganghennau derwen fawr Cae'r Defaid. Digwyddodd fod asyn mileinig a byr ei dymer ym Mynachdy yr amser hwnnw a welsid gan bobl ger y fan lle y gwelsai Als yr ysbryd. Gan fod yr un asyn yma yn arfer codi braw ar bobl y tai cyfagos, tybiai llawer taw'r ysbryd a welodd Als wrth ddychwelyd o Gelliwrgan ydoedd, sef, pryd trechodd y nos arni a'i dychrynu. Ond parhaodd i gredu bod ysbryd yn byw yno ac o ran hynny ei fod yno byth.

Hyd yn hyn, wedi pwysleisio gwendidau Als wyf i. Ond er gwaethaf ei hanwybodaeth a'i diniweidrwydd amlwg, yr oedd yn berchen amryw rinweddau ac yn ei ffordd fach ei hun meddai ar ddigon o allu. Bu farw mewn oedran mawr. Bychan oeddwn i ar y pryd, ond byw yw'r cof gennyf amdani. Mae achos da imi gofio am y ffon oedd yn ei chynnal hi wrth grwydro'r wlad. Cefais ergyd go drwm ar fy mhen lawer tro gan y ffon yna. Ni ddywedaf pam imi dderbyn y fath gosb! Mae Als, druan, a Rhys, yn gorffwys bellach wrth Eglwys Wynno â'u pabell o bridd wedi ymgymysgu â phridd Mynydd Gwyngul. Mae cred gennyf fod Rhys yn hanu o Lanilltyd Fawr ac mai ym mhlwyf Ystrad (sef Ystradyfodwg) y gwelodd Als gyntaf oleuni dydd. Cymdogion tawel hynaws oeddynt ac os oedd eu gwendidau yn achos gwên gan rai, yr oedd eu natur diniwed a'u rhinweddau yn peri i'r sawl a'u hadwaenai orau eu caru a'u parchu. Mor Gymreig oedd eu golwg a'u dull o fyw! Nid oedd ffasiwn yn cyfrif dim iddynt. Gwisgent hosanau gwlân du a dillad gwlân cartref, wedi eu llunio yn y ffordd fwyaf gwladaidd posibl, ac eto, yr oedd golwg taclus a threfnus arnynt trwy'r amser. Barnaf fod yr hen ffordd Gymreig o fyw yn llawer gwell na dulliau'r oes hon. Ni wyddai Als air o Saesneg, am wn i, er bod Rhys efallai yn medru siarad tipyn o'r iaith. Yn y cyfnod hwnnw, ar wahân i ryw fymryn o dresbas, nid oedd yr iaith Saesneg wedi treiddio'n bellach na Phontypridd. Caraf glywed amdanoch, drigolion dedwydd, uniaith, unplyg Llanwynno. Yr ydych yn aros yn serchus yn fy nghof.

PENNOD 4

CHWILIO AM LO A CHALCH

Bu cyrchu i lannau'r Ffrwd i ddarganfod glo ar ochr ddeheuol y Mynachdy am flynyddoedd lawer. Mae'r hen lefel ar agor o hyd, yn rhannol, a gweithir glo'r un haen mewn lefel arall yn is i lawr ar lan yr afon gan Mr Daniel Thomas o Bontypridd. Nid oedd yr hen lefel ond twll cyfyng – braidd y medrai asyn a'i lwyth ddod trwyddo-ond llwyddodd llawer pwn o lo i ddod allan o'r twll i gadw trigolion y dyffryn a'r mynydd-dir yn gynnes yn ystod y gaeaf oer a garw. Yr oedd fy nhad-cu wedi cymryd tir y glo ar brydles nes i'r diweddar Mr Evans ei gwerthu wedyn i Alaw Goch Ynyscynon (wedyn Meisgyn). Ni weithiwyd glo yn y lefel hon o'r pryd y gwerthwyd y tir nes i'r Bardd o Aberdâr ei hail-agor, pan ddaethpwyd o hyd i offer megis mandrel, rhawiau, morthwylion, geingiau, lampiau a llestri olew. Buasai'r eitemau hyn yno am ugain mlynedd, mwy neu lai, heb i neb ond ysbryd fy nhad-cu fod wedi eu gweld. Yn y lefel hon dodwyd asyn i weithio a dynnodd fwy o sylw nag unrhyw un o'i frodyr clustfawr. Adnabyddid ef ymhell ac agos a, chan fod pobl o'r bryniau, y Ffaldau, Bwllfa, Maerdy, a llefydd anghysbell eraill wedi dod i'r lefel i ymofyn glo, bu sôn am yr asyn ar hyd ac ar led. Ef oedd yr asyn mwyaf gwarthus a welais erioed. Cafodd lawer i gurfa gan fy nhad-cu am gyflawni pethau na fuasai neb yn meddwl y byddai asyn yn breuddwydio am eu gwneud. Yn fynych, ar fore Llun, pryd yr oedd Dic, yr asyn, i fod i gyrraedd y lefel, byddai wedi mynd ar grwydr. Byddai'n mynd ar un o'i "ymweliadau"ar y Sul, gan fwriadu peidio â dychwelyd mewn pryd i'w waith ar Ddydd Llun. Bryd arall gwelais ef yn ymguddio am ddyddiau yn y prysgwydd yn ymyl y lefel heb i neb feddwl ei fod mor agos, a phawb o'r plwyf yn chwilio amdano. Dim asyn, dim glo! Gwyddai Dic trwy brofiad beth oedd o'i flaen. Yr oedd lambastio Morgan Jones wedi ei baratoi, ond byddai'n rhaid cyflawni'r gamp o gael bod o fewn ergyd carreg i Dic gyntaf. Hir a ffyrnig fu'r frwydr yn y coed rhwng asyn a meistr. Ni ellid eu gweld, dim ond clywed sŵn y "slish, slash", bloedd rheg, he-haw-haw fawr a charlam gwyllt trwy ddrain a phrysgwydd a helfa arall trwy goed glan yr afon. Ymhen ysbaid o amser deuai'r frwydr i ben, a bu heddwch. Ond gwae'r neb a geisiai ymyrryd. Ni feiddiai neb ddweud drwg am yr hen asyn wrth Morgan ond ni chredaf fod gronyn o barch gan Dic at neb ar y ddaear ond efallai at Morgan Jones! Cofiaf yn dda am amryw driciau drwg yr hen asyn.

Daethai un o'r plwyfolion, o'r enw Dafydd Rhys, i helpu i dorri glo am wythnos neu bythefnos yn y gaeaf, sef pryd oedd fwyaf y galw amdano. Un diwrnod yr oedd Dafydd wedi cychwyn allan gyda Dic a'r ddram yn gynnar yn y prynhawn. Yr oedd Morgan Jones wedi dweud wrthynt am gychwyn tra byddai'n olau dydd. Aethant allan yn ddigon hynaws. Cymerodd Dafydd Rhys ei ginio o fara a chaws a chyrchodd Dic at wair y porthdy. Ar ôl bwyta a gorffwys dipyn, paratowyd i ail-gychwyn i mewn i'r lefel. Sylwodd Dafydd, sut bynnag, fod arwyddion o anfodlonrwydd mawr i gyfeiriad clustiau Dic. Aeth ato yn wyliadwrus, gan fwriadu ei gydio yn ei ben a'i arwain i gychwyn ar ei daith dan-ddaearol. Plygodd Dic ei glustiau, cododd ei flew fel llew rheibus ac aeth y ffrwgwd yn ben ben. Dafydd oedd y cyntaf i gyffwrdd â'r llawr a Dic yn ceisio ei orau i roi cic iddo. Gwaeddodd Dafydd trwy'r lle yn ofnadwy. Parhaodd yr helynt am awr neu ragor tra oedd Dafydd yn gwaedu'n sylweddol o'i anafiadau. O'r diwedd daeth cymorth a llwyddwyd i annog Dic i gychwyn yn ôl i'r talcen glo lle yr oedd Morgan Jones yn aros amdanynt. I mewn â hwy, ond ni welwyd arwydd ohonynt yn cyrraedd y pen pellaf. Ar ôl blino aros am eu dychweliad, meddyliodd Morgan am fynd i chwilio amdanynt. Aeth allan ychydig o bellter a dod o hyd i'r ddau mewn sefyllfa enbydus. Yr oedd Dafydd wedi mynd allan o'r ddram, gan feddwl am agor y drws yr oedd yn rhaid iddynt fynd trwyddo. Gwelodd Dic ei gyfle ac wrth i Dafydd fynd heibio iddo, gwasgodd Dic ef yn galed yn erbyn ochr y lefel glo, fel na allai symud y naill ochr na'r llall. Yr oedd fel tafell o deisen ddi-ymadferth, ac i wneud pethau'n waeth, yr oedd ei lamp wedi diffodd! Pan gyrhaeddodd Morgan y lle, yr oedd wyneb Dafydd wedi troi'n las a bu agos iddo golli ei anadl. Y geiriau a arferai Dafydd eu defnyddio lawer tro am Dic oedd:-"Chreda' i ddim taw mwlsyn yw a, na chreda i wir,'d oes dim bosib taw a, yr w i yn meddwl taw'r hen fachan yw a, odw i yn wir, dyna chi."

Tro cas arall a wnaeth Dic oedd ymosod ar hen gaseg Llysnant. Yr oedd Bili wedi dod i gael pwn o lo ac, wedi cyrraedd tipyn yn gynnar, gollyngodd yr hen gaseg i bori. Yr oedd hi'n mynd ar ei hen sodlau hefyd. Ymhen rhyw ennyd clywyd sŵn olwynion yn troi a gwelwyd clustiau Dic yn dod i'r golwg. Dygwyd y llwyth i'r llorfa, gollyngwyd Dic ac aeth y dynion i lenwi'r pwn o lo.

Gwelsai Dic yr hen gaseg yn cnoi peth o'i wair ef ar ochr arall y porthdy. Aeth yn syth ati a gafael yn ei thrwyn â'i ddannedd. Aeth yn ffrwgwd erchyll rhyngddynt a'r hen gaseg yn sgrechian fel mochyn dan gyllell y cigydd, gan gicio a chnoi â'i holl nerth. Brysiodd Bili i gynorthwyo 'r gaseg ac aeth yn frwydr fwy ffyrnig rhwng Bili a Dic nag oedd rhwng Dic a'r gaseg; cwympodd Bili dros yr ymyl i'r nant a chododd Dic ar ei draed blaen i gwympo ar ysgwyddau Bili. Erchyll oedd gwaedd Bili wrth lanio â'i wyneb yn y dŵr. "Paid, y diafol gwyn dy drwyn, paid, 'nai di!" Gwaeddodd Bili tra oedd cymaint o chwerthin wedi cael y blaen ar bawb oedd yn gwylio'r helynt fel na fedrent symud llaw na throed i'w helpu, er mor beryglus oedd ei sefyllfa. Ond daeth diwedd i'r stŵr pan roddwyd curfa ofnadwy i Dic a Bili'n gweiddi, "Beth i chi gwell? Mae i grôn e fel lleder! Mor drwchus ag un y diafol!"

Diau fod y pethau hyn yn edrych yn wirion iawn i rai pobl ond i'r sawl sy'n cofio'r amser hwnnw, bydd y fath helyntion yn galw i gof droeon digrif fel y rhain, oedd yn rhan o fywyd o amgylch llorfa lo'r Mynachdy. Bu cymaint o enwogrwydd gan Dic yn y plwyf fel na fyddai ond yn deg roi tipyn o hanes ei fywyd. Ni wyddai neb am oedran Dic ond rhaid taw patriarch ymysg y tylwyth asynol ydoedd. Gwerthwyd ef yn ei oedran mawr i weithio yn un o byllau glo Cefnpennar. Beth ddaeth ohono, druan? Yr oedd William Ty'n- y-wern a Dic wedi cysgu llawer noson yn y porthdy. Byddai William yn llunio ambell i driban. Ysgrifennodd feddargraff i Dic, er imi gredu bod William wedi marw o flaen Dic yn y diwedd ac mae beddau'r ddau wedi mynd bellach i anghof. Dyma'r beddargraff:-

"Y mwlsyn gwaetha'i dymer
A fu erioed o'r hanner;
Fe gnôdd, a chiciodd fwy na'i lwyth
Anystwyth yn ei amser.

Os bydd ef farw rywbryd,
Y cythral pendew enbyd
Rhowch ei ysgerbwd brwnt i'r brain,
A'i groen i chwain Llanilltud."

Cafwyd llawer o ddigrifwch wrth ymgynnull yn Llorfa'r Glo. Byddai trigolion o fannau di-arffordd y plwyf yn cyfarfod yno i adrodd hanes y lle i gyd; adroddid straeon, cenid caneuon, a chyfansoddid ambell i driban wrth bentan y porthdy. Yr oedd yn fan cyfarfod poblogaidd ac yr oedd pawb ar y cyfan er eu lles o'i herwydd. Yr oedd cyfnod y ceffylau pwn yn un dedwydd. Hyd yn oed os oedd yn ddull anghyfleus i gludo nwyddau, diau gennyf ei bod yn cyfateb i anghenion yr oes honno yn llawn cystal ag y mae dull yr oes bresennol yn cyfateb i'n hanghenion ni.

Man cyfarfod arall oedd yr odyn calch. Cofiaf glywed sŵn traed llawer o geffylau'n mynd heibio yn fore iawn ryw adeg o'r flwyddyn. Yr oedd ceffylau Daearwynno yng ngofal Siôn Arnold. Yr oedd rhai wedi dod o Flaenllechau a Ffynnon-dwym â thri neu bedwar ceffyl pwn dan ofal un dyn yn go fynych. Cyrchid at Odyn Ynysdŵr, rhwng y Bont a'r Basin, neu at Odyn Gwernygerwn, ger Trefforest, i gael calch. Mawr fyddai'r cyffro weithiau pan oedd yr afon Tâf yn gorlifo. Nid oedd pont y pryd hynny, dim ond rhyd i gyrraedd Ynysdŵr o Lanwynno. Cofiaf unwaith am lifogydd mawr tra yr oedd ceffylau Ffynnon-dwym yn croesi wrth y rhyd. Syrthiodd y pynnau, llosgodd y calch yn y dŵr a bu agos i Morgan Morgan foddi. Llwyddodd y ceffylau i groesi rywfodd ond gadawyd Morgan ar y clwt. Cyn hir gwaredwyd ef o'i sefyllfa beryglus. Arferid codi'n fore iawn adeg calchu. Yn y lleoedd mwyaf anghysbell arferid codi toc ar ôl canol nos ac erbyn dal y ceffylau a rhoi'r ystarnau a'r cydau yn eu lle yn ddiogel a chael dysglaid da o fara llaeth i frecwast, yr oedd yn amser cychwyn am yr odyn. Bu chwerthin mawr a throeon digrif wrth ddod i lawr o Flaenllechau a Daearwynno, weithiau ar gam tawel, bryd arall ar drot cyflym, droeon ar garlam gwyllt, yn ôl ysbryd y dynion a'r ceffylau. Ar un achlysur bu chwerthin mawr pan godwyd yr hen Ifan Morgan ar gefn un o'r ceffylau ar hyd y mynydd; ond yn lle croesi'r mynydd yn araf, aeth y ceffyl ar garlam di-ymatal, a'r hen ŵr yn yr ystarn yn gweiddi, "Wo Wat-Wo Wat, gwellti!"

Mae'r dull hwn o galchu wedi diflannu ac ychydig o bobl sy'n cofio amdano'n awr. Daeth y cert, neu'r drol, fel y dywedir yn y Gogledd, i'w arfer. Yr oedd hwn yn llawer mwy cyfleus ond nid hanner mor Gymreig a rhamantus â'r hen geffylau pwn. Wrth gynyddu, collir yr elfen wreiddiol; wrth fynd yn ffasiynol, collir rhywfaint o serchusrwydd ac wrth fynd yn llai cartrefol, collir llawer o naws a difyrrwch bywyd y mynydd-dir.

Cofiaf am y cynnwrf a gafwyd pryd aethpwyd â'r gwlân o Lanwynno i'r Pandy ym Machen, cartref y bardd, Gwilym Ilid. Dygid y gwlân o'r ffermydd i lawr at yr Ysgubor Isaf a chludid hi yn wagen fawr Mynachdy a chert neu ddau hefyd. Yn ystod y dydd fe gâi ei fwndelu i wneud llwyth mawr, a rywbryd yn ystod y nos, byddai'r siwrnai i Fachen yn dechrau ar ei hynt. Byddai amryw o hen ffermwyr y plwyf yn teithio gyda'r gwlân ar gefn eu merlod. Yn eu plith byddai Walter Nantyrysfa, oedd yn enwog iawn, Evan o Ddaearwynno hefyd, Twmi o'r Mynachdy, Dafydd o'r Dduallt, Siencyn Gelliwrgan a Thomas Blaenllechau,a.y.b. Byddai llawer o helynt ar y ffordd ac ar ôl cyrraedd Machen, - weithiau ar nodyn difrifol, ond gan amlaf ddigrifol iawn, - yn ystod y pererindod gwladaidd hon.

Bu llawer o sôn am hypnotiaeth, oedd yn rhywbeth hollol newydd y cyfnod yna. Yr oedd un neu ddau ym Mhandy Machen yn honni bod â'r gallu i hypnoteiddio eraill. Penderfynodd Walter Nantyrysfa roi prawf ar ryw hypnotist, trwy herio'r dyn i weithio ar hen ddant oedd wedi diflasu Walter am amser hir ac i gyflawni hynny heb achosi poen iddo. Meddyliodd y dyn ei fod wedi dodi Walter i gysgu, felly, gan osod ei fys yn safn Walter, cyffyrddodd â'r dant poenus. Caeodd dannedd Walter yn dynn am y bys. Er gwaethaf gwaeddiadau aruthrol y dyn, ni fynnodd Walter ollwng ei ddannedd! Ni wyddys eto yn union pwy a gafodd ei hypnoteiddio, Walter neu'r dyn? Yn sicr yr oedd mwy o olion dannedd Walter ar y dyn nag oedd o hypnotiaeth ar Walter.Dyn byr, corfforol, crwn, oedd Walter, yn marchogaeth ar gefn merlen fach Gymreig; lawer tro bûm yn eistedd yn fore iawn y tu ôl iddo ar y gaseg fach ar ben y Mynydd gwyllt yn ymyl Coed Aberaman yng nghartref hafaidd yr ŵyn a'r defaid. Byddai Walter yn disgyn oddi ar ei ferlen a dal ambell i oen gyda chymorth y ci ac yn poeri sudd dybaco i lygaid yr oen os sylwodd fod rhyw ddolur arno. Braidd yr oeddwn yn fwy nag wyth mlwydd oed pan oeddwn yn ymuno â Walter am y crwydriadau mynyddig hyn. Er gwaethaf treiglad amser, mae pob cam a gymerais a golygfa a welais yn aros yn fyw yn fy nghof. Gadewch imi

roi terfyn ar y pennod hwn trwy gynnwys pennill neu
ddau i Walter yn deyrnged fach i 'r hen ffermwyr:-

"Breswylwyr hoff y bryniau gwyllt
'Rwy'n hoffi cofio'ch troeon gynt,
Ar ôl y da, a'r ŵyn, a'r myllt
Yr aech drwy haul, a glaw, a gwynt;
Ni feddech chwi ddysgeidiaeth gref,
Ond adnabyddech anian fwyn,-
Arwyddion haul a gwedd y nef,
A si ffynhonnau dan y twyn!

Gorffwyswch, hunwch yn y tir
Mor dda a garwyd gennych gynt;
Mae awel Mynydd Gwyngul hir
Er gwaetha'r mwg yn bêr ei hynt;
Murmured hon ei dwyfol si
Uwchben eich beddau wrth y Llan,
A lled obeithio yr wyf fi
Gael byth orffwyso yr un fan!"

PENNOD 5

HEN ARFERION

Arferiad arall a dynnodd bobl o wahanol rannau o blwyf Llanwynno at ei gilydd oedd "Y Cymorth". Byddai Cymorth Lladd Gwair, Cymorth Aredig, Cymorth Medi, i gyd dan y drefn hon. Deuai llawer ynghyd oddi yma ac oddi draw i ddangos cyfeillgarwch a chymdogaeth dda felly. Yn ddigon aml, byddai llawer o sbri a dadlau ar gael ar yr achlysuron hyn. Bu llawer o gystadlu am y ffordd yr aed ati i ladd gwair, gweld pwy oedd yn ben wrth dorri'r lletaf, y gwastataf a'r tecaf. Bu llawer o farnu a thrafod am yr ystod wair, yr awch, y bladur a'r dull o sefyll gan y torrwr. Yr oedd hwn-a-hwn yn cadw gwell min ar ei bladur ond nid oedd yn sefyll yn gywir yn ei ystod. Yr oedd y llall yn rhy grwm ei gefn; ni fyddai hwnna byth yn llwyddiannus fel "gweirwr" am fod ei gwman yn rhy hir! Byddai rhywun arall yn methu yn y cae agored ac un arall yn methu wrth dorri ger y clawdd. Byddai rhywun o brofiad mawr yn rhydd oddi wrth yr holl fethiannau hyn. Byddai llawer yn meddwl mor uchel am ei dad, ei frawd neu ei gyfaill fel na fynnai roddi'r flaenoriaeth na'r clod i neb arall. Un tebyg oedd Iantws o'r Llechwen yn wastad; i hwn nid oedd neb i gymharu â'i frawd Rhys. Yr oedd Rhys wedi bod yn weirwr da yn ei ddydd ond bellach yr oedd wedi tynnu mewn oedran a mynd yn wan. "Pwy sy'n cario'r dorch yn y Cymorth ar Waun y Llechwen heddiw, Iantws?" ebe ffrind wrtho, pryd oedd Rhys, druan, yn rhy hen i droi ei bladur o gwbl. "O! Rhys y m'awd dwto wir," ebe Iantws yn hyderus.

Yr oedd y cynulliadau hyn o les mawr mewn sawl ffordd. Tynnid y trigolion at ei gilydd a cheid cyfle i ddangos eu serch at eu cymdogion a'u medr fel gweirwyr a medelwyr. Caeau enwog at y perwyl yma oedd y 9- erw a'r 7- erw yn Ffynnon-dwym; y 9- erw a'r 5- erw yng Nghilfach-rhyd a'r 7- erw yn Nhyle'r Fedw, caeau Coedcae'r Gwair a Gwaun y Castell ym Mynachdy, yn ogystal â rhosydd y Dduallt a Daearwynno. Gallwn adrodd llawer o straeon doniol a helyntion am y rhain, ond i osgoi gor-fanylu, bodlonaf ar gyffwrdd â rhai o'r gweirwyr enwocaf yn y plwyf sydd wedi rhoi heibio'r bladur, y rhaw a'r gaib a mynd i orffwys ar ôl eu diwrnod caled o waith. Yna bydd tarren yr eglwys yn ymrhyddhau o'i gwadnau wrth sŵn treiddgar yr Archangel pan ddaw'r alwad, "Ni bydd amser mwyach."

Yn ei ddydd ystyrrid Evan Rhys yn weirwr di-ail. Efe oedd tad y bardd, Merfyn. John Thomas, fy nhad i, un o feibion Blaennant-y-fedw, oedd y cryfaf a'r cyflymaf a welais wrthi erioed. Bu Mr Evans Mynachdy yn enwog iawn hefyd am ladd ystod o wair. Honnai'n fynych y gallai ladd erw o wair a chneifio cant o ddefaid yr un diwrnod. Yr oedd ei frawd, William, yn weirwr da pan oedd yr awydd arno, ond prin y gwelid ef ar ei orau. Ystyrrid Evan Jenkins, Tyle'r Fedw, yn un medrus gyda'r bladur, ond waeth heb enwi rhagor. Yr oedd y plwyf yn magu bechgyn cryf, cedyrn a buasai'n anodd cwrdd â'u gwell mewn unrhyw blwyf, p'un ai lladd gwair neu fedi, chwarae pêl, hela cadno neu unrhyw weithgarwch arall yr ymgymerid ag ef. Cofiaf am un Cymorth Lladd Gwair lle yr oedd Twm y Gof wedi cael gwahoddiad i gynnull y gwair ac wedyn i gael cinio. Mae cof gan lawer heddiw am Twm. Ni welwyd corff mwy lluniaidd gan neb erioed. Yr oedd fel derwen gron, deg, yn tyfu ar ganol y ddôl. Bu yn dal hefyd - tua chwe throedfedd - ac ni wyddai am faint ei nerth ei hun. Gwelais amryw o gryddion yr Ynys yn peri iddo ddal hen ferlyn Siencyn Buarth-y-Capel a'i daflu i'r ffos, dim ond i gael y boddhâd o'i godi allan eto! Tynnodd yr anifail allan rywfodd ond bu agos i'r ddau foddi yn y llaid a'r dŵr yng Nghlawdd y Wern. Derbyniodd Twm ddau chwart o gwrw gan Dafydd Caerfyrddin am gyflawni'r wyrth hon. Gwyddai pawb pa mor ddedwydd oedd hi ar Wil y Gof, brawd Twm, y noson yna, ar ôl llwyddo yn yr orchest arwrol hon, er bod mawn a chlai o'r ffos wedi ei orchuddio am ei drafferth.

Yn y Cymorth Lladd Gwair hwn darparwyd cinio mawr i'w fwyta allan ar garped o wair ar y Waun. Gwnaethpwyd paratoadau mawr yn cynnwys lliaws o ddanteithfwydydd. Bu Tomos y Gof ag awch bwyd aruthrol ac ni chymerai ond maint swmpus i'w ddigoni. Yr oedd amryw o fechgyn direidus yn fodlon ar fynd heb eu cinio os byddai hynny yn llwyddo i gael Twm i fwyta eu cyfran hwy hefyd. Bu gwylio manwl arno gan lawer; aeth rhai mor bell â chynnig betiau na fedrai'r gof mawr fwyta wyth cinio! Hyd yn oed tra'r oedd y siarad a chymryd betiau yn para yr oedd y danteithion yn gyflym ddiflannu. Toc dechreuodd Twm edrych yn anghyfforddus â'i wyneb yn cochi, ei lygaid yn sefyll allan, a'i anadl yn byrhau, ond nid oedd ef wedi rhoi'r gorau iddo eto. Cadwai Twmi'r Potiwr lygad craff arno ond heb ddweud gair eto. Ofer oedd dechrau gofyn am ei farn ef ar archwaeth fawr Twm. Rhoddai ei farn pryd y gwelai orau. Pryd hynny, ceid ganddo wledd o hanesion, llawn sylwadau miniog yn aml. Y cyfan a ddywedodd ar y foment honno oedd, "Dau ddyn sy'n y plwyf hyn all fyta cino rwbeth yn debyg i gino, - Lewis o'r Fforest a Thwm y Gof, ond os bydd eisia cino ar Twm ar ôl y dydd heddi, 'do's neb all wed o bwy stwff y mae'i stymog e' wedi gneud, y mochyn bolog, trachwantus; trylwch e', neu fe hollta yn siŵr." Ei dreiglo drosodd a throsodd fu'n rhaid trwy'r rhan fwyaf o'r prynhawn. Diau iddo ddweud ar ôl bwyta gormod (megis rhywun arall o blwyf cyfagos oedd yn eiddo archwaeth fawr), "Ga'i dreigliad fach eto?" Serch hynny, bwytaodd Twm lawer o giniawon wedyn! Tasai meddwl Twm mor iach â'i gorff, buasai'n gawr o ddyn yn feddyliol ac yn gorfforol. Ond fel sydd yn digwydd mor fynych, yr oedd Natur wedi bendithio ei gorff ar draul ei ymennydd, a oedd yn fwy meddal na'r cyffredin. Yr oedd pawb yn hoff ohono ac yn ei ffordd ei hun yr oedd yn ddigon cyfeillgar ac yn falch i wneud cymwynas i ryw gymydog. Un o rai diniwed y plwyf ydoedd, ac os byddai'n dodi cam o'i le, byddai'r cryddion direidus neu rywun arall, yn siŵr o wneud yn fawr ohono. Y mae yntau ers blynyddoedd bellach yn gorffwys gyda'r mwyafrif yng nghysgod tarren Eglwys Wynno. Pryd y gwelir ef nesaf, ni fydd ganddo nac anaf na bai ar ei gorff na'i enaid. Bydd ei gorff anferth yn cynnwys ymennydd gref, fedrus ac nid oes amheuaeth y cawn weld Tom y gof fraich ym mraich â'r angylion.

Treuliodd ef a'i frawd, Wil, eu bywyd ym mhentref bychan Ynysybwl, heb fynd ond ychydig iawn o olwg mwg y lle, y ddau'n cael byw am oedran teg. Diniwed fu'r ddau ohonynt. Gof y plwyf oedd Wil a phedolwyd llawer ceffyl ganddo yn ei oes. Gweithiodd ar yr einion trwy'r amser; eto i gyd, yr oedd ei enillion yn fach - prin ddigon i'w gadw'n gyffforddus. Yr oedd yr hen efail a'r eingion a'r morthwyl fel rhan ohono ef ei hun. Nid oedd â'i fryd ar balas gwell na'r efail, na hapusrwydd mwy na chael eistedd wrth yr eingion, neu gerdded o gwmpas y tŷ, ar hyd yr afon, o amgylch yr ardd, heb fawr o ddim i'w wneud. Yr oedd yn hoff iawn o adrodd straeon digrif, diniwed, yr oedd wedi llunio llawer ohonynt ar ei feddwl erbyn bod ei gyfaill, Twmi Penrhiw, yn mynd yno i'w hen gaseg gael ei phedoli. Bu clywed y ddau yn cellwair gyda'i gilydd yn ddifyrrwch mawr i ymwelwyr siop y gof. Y mae'r ddau ers tipyn yn naear mynwent Eglwys Wynno. Ni bu dau ddyn mwy diniwed erioed yn y plwyf na dau â llai o elyniaeth at eu cyd-ddynion, na dau â llai o hoffter at waith caled! Treuliodd Wil ei holl fywyd yn yr un lle sef Efail Ynysybwl. Tua diwedd ei oes trefnwyd iddo symud i Efail Cwmclydach i gael amser mwy hamddenol ac i fod yn gwmpeini i'r hen bobl Morgan a Rachel Jones. Aeth i'w wely un noson, gan feddwl codi fore drannoeth i hel pethau at ei gilydd a symud o hen fangre ei febyd, ei ganol oed a'i hen ddyddiau; ond erbyn y bore yr oedd ei ysbryd wedi cefnu arno, gan adael ei gorff tal, tenau ar ôl, i'w gipio nid i Gwm Clydach ond i feddrod ei dadau a chwsg tawel mynwent Eglwys Wynno. Felly y bu fyw a marw William Morgan y gof yn efail fechan Ynysybwl.

"Y morthwyl, a'r eingion, a'r efel
Adawodd ar waelod y Cwm,
Lle treuliodd hir fywyd yn dawel
Er nad oedd ond bywyd lled lwm;
Mor hapus â brenin yr ydoedd
Â'i hen ffedog leder o'i flaen,
Ond huddug a lludw blynyddoedd
Oedd wedi tywyllu ei raen."

Ers blynyddoedd bu llawer o gyrchu tua'r felin i ddyrnu ceirch, neu yn iaith y plwyf "cwyro" 'r ceirch. Ychydig, os dim, o hyn a wneir yn awr. Byddai ceirch y gwahanol ffermydd yn cael eu cludo, bob un yn ei dro, i'r odyn i'w crasu. Dygid llawer i lwyth i odyn melin y mynachdy i'w crasu. Pan fyddai'r ceirch wedi cael eu troi a'u trafod nes mynd yn ddigon cras, yna deuai'r amser i'r "gwyro". Dygid y ceirch o'r odyn i'r felin. Gosodid hwy yn y "pin", fel y gelwid ef, troid y dŵr ar yr olwyn neu y rhod a gwahenid rhwng yr eisin a'r ceirchyn. Defnyddid cynfasau gan rai i godi gwynt at y pwrpas yma. Trwy ddau ddrws agored y Felin, llenwid gograu croen o'r ceirch wrth iddynt ddod trwy'r felin a'u gosod yn nwylo Evan Phylip a fyddai'n gollwng y gograid o geirch yn ffordd y gwyntyllwyr. Yn y modd hwn chwythid yr eisin i ffwrdd, gan adael y gronynnau pur i gwympo'n ddiogel i'r llawr. Byddent yn barod cyn hir i'w gwneud yn flawd ceirch. Byddai tomen o eisin bob amser yn ymyl y felin ac ar ochr arall y nant yr oedd cae a elwid Singrug, neu Eisingrug, â'i enw yn deillio o'r arfer o "wyro" (neu rwbio)'r ceirch, pan deflid yr eisin o'r felin i'r cae. Cofir am Evan Phylip gan lawer. Dyn bach sionc, cochlyd, ydoedd. Yr oedd bob amser yn drefnus ei olwg. Prin byddai ei draed yn cyffwrdd â'r llawr, gan mor ysgafn y cerddai, ond gwae'r hwn a ddeuai i'r felin gydag esgidiau brwnt! Byddai mynediad allan hwnnw yn gynt na'i ddyfodiad i mewn. Boed yn y tŷ neu yn yr odyn neu yn y felin, byddai'n hynod o ofalus am ei ymddangosiad. Yr oedd, fel y dywedir yn nhafodiaith Llanwynno, "mor loyw â phin mewn papur". Ceid cryn ddigrifwch wrth ei wylio ef yn sylwi ar esgidiau "ambell i glamp o lanc o'r wlad" ac yn dweud wrth hwnnw mewn llais cras, cynhennus, "Anghyffredin iawn mor lân yw dy facsa di."

Ac yna, yn iselu ei lais, yn dweud yn araf, "Cera i sychu dy drâd yn y glaswellt oco, ac etrych ffordd yr wyt ti'n dansial, y clwbyn clustgyfan; wyt ti'n'y nghlywed i, eh?"

Bu'n hynod o fyr ei dymer. Byddai'n tanio'n gyflym fel fflam a gellid meddwl wrth glywed ei lais cryf, cynhyrfus, ei fod yn ddyn cecrus. Ond mewn gwirionedd, yr oedd yn ddyn da, cyfiawn, onest a chywir ym mhob peth, ac er y gallai ei dymer fod yn wyllt a'i olwg yn ymosodol ar brydiau, gwyddai pawb a'i adwaenai'n dda fod anian dda ganddo a bod tynerwch gwirioneddol dan ei wyneb erwin. Bu'n frenin ar y felin ar lannau'r Ffrwd am lawer o flynyddoedd; yno byddwn yn ei weld ac wrth gofio amdano, yr oedd ef a'r felin yn anwahanadwy. Yr oedd yn hoff o'i "fygyn o'r cetyn cwta" (sef ei bib), hoff o straeon, hen ganeuon a phenillion. Hefyd yr oedd yn meddu ar lais canu mwyn a pheraidd oedd â bri mawr arno trwy'r ardal. Ni wn i am ddim teulu oedd yn fwy adnabyddus am genedlaethau na'r teulu hwn am ansawdd a soniaredd eu llais canu. Dyna Evan Phylip o'r Felin i chi!

Yn fynych iawn byddwn yn ei glywed yn canu â dagrau ar ei ruddiau a chân ar ei wefusau yr un pryd ac yr oedd mwyneidd-dra ei lais a thynerwch ei fynegiant yn eithriadol. Disgynnai ei acenion naturiol, soniarus ar yr enaid fel gwlith meddal noson hafaidd. Ond rhaid dweud ffarwel i Evan; mae ei ddiwrnod gwaith hir drosodd, ond melys yw cofio amdano. Mae olwyn y felin yn troi o hyd a'r Ffrwd yn neidio o Bwll y Crochan dros bistyll y felin fel gynt, yn sibrwd yn fwynaidd ar ddiwrnod braf neu'n ewynnu'n ffyrnig wrth orlifo. Bellach mae llais Evan wedi distewi a'i gadair yn wag. Ni ddaw na llif, na storm, na diwrnod hafaidd, teg, na throad rhod fawr y felin byth â'i lais yn ôl i'r odyn a'r felin.

O! Chwi awelon melys Mynydd Gwyngul a Thwyn Bryn Bychan, fe grwydrwch dros feddau cysegredig! Fe fyddwch yn suo byth uwchben man gorffwys llawer o gymeriadau teilwng i'w cofio. Fe fyddwch yn chwarae o gwmpas gorffwysfa bridd llu o bererinion hynod gynt. Ond nos da, Evan Phylip, nos da! Bydded i chwi a Mari gysgu hun y cyfiawn er mwyn codi i statws uwch na'r odyn, y delyn, y felin a'r maes ymhen hir a hwyr.

PENNOD 6

O AMGYLCH Y FFRWD

Ni wn i sut y daeth yr afonig brysur sy'n llifo o Fynydd Gwyngul i lawr i Ynysybwl i'w foddi yn y Clydach i'w galw wrth enw mor ddibwys â "Ffrwd." Ond dyna fel y mae. Ffrwd yw ei gwir enw, fel y mae'r llall yn dwyn yr enw Clydach a'r afon ar ochr ddwyreiniol y plwyf sydd â'r enw Tâf. Rhaid bod rhyw nodwedd yn perthyn iddi sy'n cyfrif am y ffaith bod pobl gynt wedi ei henwi yn Ffrwd, ar wahân i afonydd eraill. Yn sicr nid ystyrrid y ffrydiau eraill sy'n mynd i'r Tâf o'r mynydd, sef, Y Cynin, Nant y Nawer, Nant Ty'n y Wern a Nant Mynachdy i fod yn addas i fabwysiadu'r enw "Ffrwd" iddynt. Mae'r afonig hon yn hynod am ei hoerni, â'i thymheredd yn llawer is na sydd yn perthyn i'r afon Clydach. Mae'r esboniad yn rhwydd. Byr yw ei siwrnai i gyd o'i tharddle ym Mynydd Gwyngul i ymuno â'r Clydach. Ni fydd amser iddi sugno i mewn wres yr haul wrth deithio rhwng ei cheulannau i'r Cwm. Hefyd ar hyd ei thaith mae ei gwely dan gysgod coed ac ar ei hynt fer mae llawer o ffynhonnau yn llifo iddi. Mae ei tharddle mewn mawndir oer, llawn o dyllau dwfn a pheryglus, sy'n esbonio pam ei bod hi'n ddoeth i gadw draw oddi wrth y lle hwn ar ddiwrnod niwlog neu noson ddi-leuad. Mae hanes drist am sut y bu i un o'r pyllau enwog hyn lyncu asyn â llwyth o goed glo ar ei gefn a hynny heb adael eu hôl wedyn. Yr oedd yr asynnod hyn yn dwyn eu llwythau dros y mynydd a dyma un yn crwydro dipyn oddi ar y ffordd, gan chwilio am ryw laswellt melys pan ddiflannodd yn sydyn. Adroddai John, y cludwr, yr hanes â'r dagrau ar ei ruddiau am sut y bu i'r asyn grwydro o'r ffordd, ac yntau y mwyaf cyfrifol ohonynt i gyd, a sut yr aeth y creadur bach i dragwyddoldeb mewn eiliad. Yn sicr, pe gellid cloddio i lawr trwy'r mawn, ceid bod yr asyn a'i lwyth mewn cyflwr da, wrth gofio nad oes perygl i ddim bydru'n gyflym mewn mawn. Ymhen hir a hwyr bydd rhyw ddaearegwr hwyrach yn gwneud darganfyddiad mawr a dod â ffosil braf i'r wyneb o'r creadur bach a fu farw mor ddi-symwth ym mlaen y Ffrwd. Yn ymyl y lle hwn y mae ffynnon sy'n debyg o ran rhinwedd ei flas i eiddo dyfroedd Llanwrtyd Wells. Cyrchai llawer ati gynt ond mae wedi cael ei hesgeuluso'n ddiweddar. Pan welais hi ddiwethaf yr oedd perygl o'i cholli yn y glaswellt, y brwyn a'r mawn-dir. Unwaith yfodd hen wraig o'r plwyf bedwar gwydraid o'r dŵr, paham, ni wn i, oni fyddai ar yr egwyddor "lladd neu iacháu". Fodd bynnag trôdd allan i fod heb ddrwg oblegid deuai hi'n lled fynych wedyn i yfed yr un faint o ddŵr. "Diolch am y dŵr," ebe hi, "Ie," ebe un arall, "ac am ddigonedd ohono!"

Yn agos i'r ffynnon, tua blaen y Ffrwd, saif ffermdy bach o'r enw Rhyd-y-gwreiddyn. Hen dŷ cefngrwm ydoedd, fel pe buasai wedi cael damwain ers oesoedd a thorri asgwrn ei gefn dan lwyth mawr o dô gwellt. Ni feiddiaf ddweud sawl clencen o wellt oedd yn gorwedd ar hen geibr Rhyd-y-gwreiddyn. Clywais Mr Morgan Jones Rhiw-yr-ychen yn dweud unwaith taw dyma'r lle y cynhaliwyd y gwasanaeth cyhoeddus cyntaf yn cychwyn Mudiad Anghyd-ffurfiaeth yn yr ardal. Yr oedd dysg, moesau a chrefydd ar drai yr adeg honno. Un noson arbennig, wrth drafod yn y Seiat y testun, "Rhedwch yr yrfa a osodwyd o'ch blaen," penderfynwyd gan bawb, yn ôl a ddywedir, redeg o gwmpas gwaun Rhyd-y-gwreiddyn er mwyn ennill yr hawl i fywyd gwell a pherffeithiach! Yr oedd Morgan Jones dros ei bedwar ugain pan adroddwyd hyn wrthyf ac yr wyf yn meddwl imi ei glywed oddi wrth ei dad-cu oedd wedi mynychu'r Seiat. I'w ddyfynnu ymhellach, "Yr oedd crefydd yn ei fabandod y pryd hynny yn Llanwynno ond nid hir fu hi cyn ei flodeuo a magu pobl selog, ffyddlon yn y plwyf.

Mae'n werth dilyn y Ffrwd i lawr ar ei hynt i lawr at ei genau. Llifa o'r mynydd at droed Melin-y-cwrt i lawr i Gwm Downs, yna trwy fwlch cyfyng, lle unig â golwg go arw arno. Rhed ar hyd ceulan caeau'r Mynachdy a llethrau coediog Fanheulog, i'w chysgodi, ei dal yn eu gafael tywyll nes ymlifo trwy fieri, drain a phrysgoed, yn ewynnu'n swnllyd i drobwll yma a thraw, yn codi ei dymer wrth osgoi ambell i garreg fawr neu ruthro dros ei phen, yna'n disgyn gyda fflatsh, ac i ffwrdd â hi trwy'r hen "Olchfa", gan floeddio canu dan y derw ac ymatal ychydig wrth nesáu at waelod Craig-y-Rickets, heibio i Bont-Pren Arthur, ac yna dwysáu rywfaint dan Darren y Glwyd Drom, a'r hen goeden fawr dan lwyth o iorwg yn ysgwyd ei breichiau bygythiol dros y dŵr. Pan mae'n gorlifo, mae'n ymosod yn rymus yn erbyn yr hen graig, ac ar y geubren sydd wedi gorwedd dan y darren ers blynyddoedd maith. Oddi yma llifa heibio i Ffynnon Illtyd a thrwy Olchfa Buarth-y-Capel a Chwmfelin, yn syth ymlaen i Bwll-y-Crochan lle y mae'n berwi'n gyffrous dan un o greigiau mwyaf y wlad. Gan adael Pwllycrochan a Llun Troed Arthur mae'n gollwng peth o'i dŵr er mwyn troi'r olwyn a dyna lle mae'n llamu'n wallgofus dros y graig i lawr i Bwll y Felin. Wedyn ymlifa yn ei llid heibio i'r Ardd Isaf a Gardd yr Efail, gan ymwylltu ychydig o flaen Aberffrwd ac yna, yn ddisymwth llyncir hi dan un traflwnc mawr gan yr afon Clydach i ddod â'i thaith gythryblus i ben.

Hynt debyg sydd gan lawer i bererin o ben bwy'i gilydd. Wrth ddianc o byllau'r mynydd, daw i dywyllwch Cwm Downs neu'n dynn wrth geulan yr afon ac ymlaen ag ef o bwll i bwll o'r naill berygl i'r llall, nes cyrraedd yr aber gyda phob cynnwrf wedi dod i ben. Ni all llawer o bobl weld ond ychydig o obaith am dangnefedd a thawelwch nes bod terfysg bywyd drosodd wrth yr aber, pryd nad yw amser yn cyfrif bellach a bydd rhawd bywyd ei hun wedi gorffen

> *"Pan fyddo prynhawn hyn o fywyd yn nesu,*
> *A'm huan ar fyned i lawr."*

Efallai y byddai'n well inni fynd i lawr ychydig, gan ein bod wedi cyrraedd Aber y Ffrwd. Ar y chwith i'r afon Clydach mae Cae Bach y Fedw yn ffinio gyda'r gweunydd eraill dir Tŷ-Draw neu Gilfach Glyd. Mae rhai'n fyw o hyd sy'n cofio am yr hen Dŷ-Draw, â'i furiau a'i do yn wyn fel yr eira, oherwydd ei fod yn cael ei wyngalchu o'r brig i'r bôn bob blwyddyn. Prynwyd y lle gan y diweddar Mr David Edwards a adeiladodd dŷ newydd gwych yno, yr hen Dŷ-draw yn rhoi lle i'r tŷ newydd a'i enwi Gilfach Glyd. *(Yr un David Edwards y gwelir llun ohono yn hongian yn hen ysgol y pentref. Cyflwynwyd y llun yn 1946 gan ei ŵyr, Y Barnwr Kirkhouse Jenkins.)*

Fe anwyd David Edwards yn 1801 a bu farw yn 1885. Trawsffurfiwyd gwedd y tŷ a'r tiroedd dan oruchwyliaeth rymus y perchen newydd. Plannwyd coed yn y mannau mwyaf anniben a di-gynnyrch, ar yr hen dwyni a'r ceulennydd oedd wedi bod yn aros yn anffrwythlon ers yn hir. Erbyn heddiw gorchuddir y fferm gan goed hardd. Ychydig, neu ddim, o'r hen fferm a welir oddieithr yr hen ysgubor. Saif yn union lle y bu erioed wrth odre'r Talar Gwyn ar hyd Heol Ifan Hywel. To cerrig llwyd ydyw. Er gwaethaf y newidiadau i gyd, mae'n cadw ei naws Gymreig o hyd, fel petai'n gwrthdystio yn erbyn y pethau newydd o'i amgylch. Nid yw Gwaun Tŷ-Draw i'w weld mwyach. Cofir amdano am ei "gwair mân." Lle gwlyb, mawnog a'i glaswellt yn fyr ac yn sur oedd y waun hon. Fodd bynnag ar ôl ei chloddio a'i gwrteithio aeth yn ddôl iraidd. Gwnaeth Mr Edwards gryn nifer o newidiadau yn ei amser. Newidiodd y tir garw i dir toreithiog, llewyrchus â golwg paradwysaidd arno. Saif Maes-y-Gaer yn ddi-gyfnewid o hyd. Diau ei fod yn rhwydd deall pam y gadawyd llonydd i'r hen "gaer". Ymladdwyd mwy nag un frwydr chwerw arni, oherwydd saif mewn sefyllfa strategol i unrhyw fyddin. Yma y gwersyllai byddin Cymry'r mynydd-dir pryd daeth y Normaniaid i fyny trwy ddyffryn Tâf. Yma y gorchfygwyd y gormeswyr fel ag a ddigwyddodd ym mhlwyf Gelli-gaer, heb iddynt ennill fawr o dir ond ym Mro Morgannwg. Pan ddeuent i'r Bryniau, byddai "gwŷr y ceffylau bychain" yn rhy wydn a chyflym iddynt allu eu trechu'n llwyr. Gwersyllodd Owain Glyndŵr a rhan o'i fyddin ym Maes-y-Gaer un tro, lle cafodd wrthwynebiad cryf gan rai o wŷr Morgannwg. Gwelir eto feddau'r sawl a laddwyd yn gorchuddio gweunydd Tyle'r Fedw. Os câf ganiatâd, agoraf rai ohonynt cyn hir. Bydd eisiau rhagor o ymchwil i Faes-y-Gaer.

Gelwir yr heol sy'n arwain o Ynysybwl i Mountain Ash dros grib Maes-y-Gaer yn Heol Ifan Hywel, ar ôl un o'm cyn-dadau, un o'r Howelliaid Cwm Cynon, a disgynydd i'r ddau frawd o fynaich y cyfeiriais atynt eisoes. Yn nyddiau Ifan Hywel adeiladwyd y ffordd blwyf gyntaf o Ynysybwl i Bentwyn, a dan ei ofal ef y cyflawnwyd y gwaith. Er ei fod wedi marw yn hir yn ôl bellach, cedwir cof amdano trwy enw'r ffordd. Mae wedi magu rhyw anfarwoldeb trwy'r heol hon. Am wn i, y mae'r heol hon cystal cofeb ag unrhyw gôf-golofn o farwor ac, o bosib, yn well ac yn fwy parhaus. Cerfiwyd ei enw ar y ffordd fawr y bydd traddodiad a llafar bro yn ei chadw'n fyw o oes i oes.

Ond mae'n bryd yn awr mynd yn ôl i'r Clydach ac ymadael â Gilfach Glyd gydag un gair o goffadwriaeth am y diweddar berchen. Yr oedd Mr Edwards yn ddyn cryf, galluog a synhwyrol iawn a fu fyw hwyrach ychydig o flaen ei oes, sef oes ei wlad. Gwnaeth lawer o ddaioni ac mae gwedd newydd Tŷ Draw yn aros heddiw yn dyst i'w allu fel diwygiwr amaethyddol ac i'w benderfyniad arwrol, di-droi'n ôl a hynny yn erbyn pob math o rwystrau. Dyn mawr ydoedd o ran ei gorff. Pryd byddai rhyw bryder yn ei aflonyddu, arhosai cwmwl mawr ar ei aeliau a gwelid y duwch trwmllyd yma'n symud dros ei holl wyneb. Ni welais neb erioed yn meddu ar fynegiant ar ei wynepryd a fyddai'n amrywio gymaint. Pan fyddai mewn tymer dda, ymloywai ei wyneb dan wên debyg i belydrau mwyn yr haul. Disgleiriai bywyd a serchogrwydd o'i lygaid ac arhosai hawddgarwch yn lle cymylau du ar ei aeliau mawr, meddylgar; adroddai stori ddoniol, gan chwerthin yn dwymgalon. Chwarddai droeon a throeon, a'i chwerthin yn treiglo fel ton fawr nes atseinio o'i gwmpas ac yntau'n cael yr un boddhad wrth y sŵn ag eraill yn ei gwmni. Yr oedd yn gryf fel Samson ond yn fwynaidd fel merch fach. Ymgynhyrfai a mynd yn ddigofus pan fyddai "yn y cythraul", ond ymdoddai ei angerdd megis cawod Ebrill. Nid oedd y nwydau gwyllt yma ond yn dystiolaeth i gryfder ei bersonoliaeth a dyfnder ei deimladau. Byddai cerdd dda, stori ddiddorol, emyn ddwys neu ryw bwl o'i gydwybod yn meddalu ei galon yn ddi-symwth a gwelid llif o ddagrau'n llenwi ei ddau lygad mawr, treiddgar. Er gwaethaf yr hwyliau cyfnewidiol hyn ar brydiau, nid adwaenwn neb yn fwy cynnes ei galon na mwy gwlatgar nag ef. Tueddai i fod yn ddi-feddwl o ran ei leferydd a pharai hyn i rai feddwl ei fod yn ŵr traws a gormesol, ond nid felly ydoedd. Yr oedd yn gas ganddo ragrith a beiddiai ddweud ei feddwl heb wahaniaethu rhwng brenin a chardotyn. Yr oedd yn ddarllenwr mawr a myfyriwr dyfal a chanddo wybodaeth eang â'i gof yn drysorfa gyfoethog o bob math o bethau. Cymro dysgedig, gwlatgarol, rhonc ydoedd. Ymserchai yn ei iaith frodorol, carai'r awen, yn addoli gwlad ei dadau. Gymaint sydd arnom ei golled! Di-amau bod olion o'i bersonoliaeth i'w gweld o hyd o gwmpas Gilfach Glyd ond "ei le nid edwyn ddim ohono mwy." Yn sicr gadawodd gerddi da ar ei ôl tra yr oedd yng nghwmni ei gyfaill mynwesol, y bardd diweddar, Alaw Goch. Gwag yw Tŷ-Draw hebddo. Trist yw meddwl ei fod wedi gorfod symud o'i gadair-freichiau at ei wely dirgel ym mynydd-dir Gwynno. Beth a wnâf? Ai wylo uwchben ei fedd? A fyddai o les imi lefain dros ei feddrod? Na! Dyma fangre gorffwys! Ewch yn dawel a pharchus at ymyl y bedd. Plannwch flodau yno i lawenhau tristwch y fynwent, i sirioli pruddglwyf yr hen ywen, i lefaru, fel y llefara blodau, am "ddyddiau gwell", am doriad gwawr newydd, am fore o haf di-gwmwl, am etifeddiaeth well, nefolaidd na'r un a adawyd, am hinsawdd gynhesach na'i gartref annwyl ei hun, ac "am fywyd ac anllygredigaeth yn y goleuni tragwyddol." Ffarwel, David Edwards. Nid oes eisiau gosod y gair "Yswain"ar ôl dy enw. Boed bendith arnat, ac atgyfnerthed di i gyfarch y bore pan fydd:-

"Dorau beddau y byd
Ar un gair yn agoryd."

PENNOD 7

HELA

Yr oedd hela'r wiwer yn ddifyrrwch i lawer o bobl yn y plwyf flynyddoedd yn ôl, yn enwedig ar Ddydd Nadolig. Cofiaf y tro cyntaf imi gymryd rhan mewn helfa wiwer fel bachgen bach. Am bump o'r gloch y bore aethom i gyd i'r Plygain yn yr hen gapel oherwydd bore Nadolig ydoedd. Darllenais bennod i agor y gwasanaeth. Yr oedd yr hen gapel wedi ei addurno â chanhwyllau o bob lliw, wedi eu haddurno'n brydferth gan y merched. Yr oedd rhes o ganhwyllau wedi eu gosod o gwmpas y sêt fawr a'r mwyafrif o seddau eraill, oll yn brydferth iawn. Yr oedd Daniel Rhyd-y-Gwreiddyn, Shadrach o'r Llechwen a Williams Llwynperdid wedi llunio math o ganhwyllyr allan o glai a ddaethai o ffynnon Fanheulog, a'i hongian gan gadwyn hir wrth ganol nenfwd y capel. Yr oedd y cyfan yn olygfa hardd, yn ddarn o addurnwaith graenus a dynnodd gryn sylw. Edrychai'r hen gapel yn gynnes dan olau'r canhwyllau. Yn awr yr oedd yn amser dechrau'r oedfa. Cyhoeddwyd emyn gan Joseph Davies, "Wele, cawsom y Meseia". Yna adroddais y bennod a ddysgodd fy mam imi; wedyn rhoddwyd emyn allan gan George Davies, -

**"Tair, tair,
Arglwyddes feichiog dda eu gair,
Arfaeth, addewid, ac hefyd Mair a.y.b."**

Canu bywiog iawn a gafwyd. Yna cododd Richard Williams ar ei draed i dorri pen un o'r canhwyllau oedd yn llosgi ychydig ormod. Dyma bawb yn edrych ag ofn arnynt rhag i rywbeth ddigwydd i'r ffriliau hardd o'i chwmpas. Rywfodd bu Richard yn eitha trwsgl wrth geisio dodi trefn ar bethau oherwydd yn sydyn dyma'r addurniadau'n dechrau fflamio, yn ffurfio rhyw fath o goelcerth yn ymyl yr hen gwpwrdd. Mewn eiliad yr oedd cannwyll addurnedig Mari Tynewydd wedi llosgi allan ac arogl drwg yr hen bapur yn hofran dros y capel. Edrychodd Mari Tynewydd ac Ann, merch Richard, yn ddu ar yr hen ŵr oedd wedi diffodd y gannwyll cyn pryd. Ar ôl i George Davies offrymu gweddi, cyhoeddwyd emyn gan Siencyn Buarth y Capel yn ei ffordd wladaidd arbennig ei hun. Dyma'r emyn:-

"Mewn bywyd mae gwasnaethu Duw,
Dydd gras ac Iachawdwriath yw,
Tra dalio'r lamp i losgi ma's
Yr adyn gwaethaf all gael gras."

Yr oedd pawb o'r farn, petai'r golau wedi llosgi allan cyn gynted â chanhwyllau Mari Tynewydd, ni fyddai fawr o gyfle meddu'r gras yma gan lawer o bobl. Yr oedd pawb yn wên i gyd tra oedd Siencyn yn offrymu gweddi fer am "gi byw yn well na llew marw". Cynhwysid yr ymadrodd yma yng ngweddiau Siencyn bob amser a byddai'n rhoi diolch hefyd am grefydd "oblegid," meddai, "ond busa crefydd bwswn wedi briwa 'nghorff a'm hesgyrn yn rags cyn hyn!" Yna daeth i'w therfyn gydag "Omen" fawr, gan na allai gael ei dafod o gylch y gair "Amen."

Allan â ni o'r Plygain i glywed rhai o'r bechgyn a'r dynion ifanc yn trefnu cyfarfod wedi brecwast i fynd i hela gwiwerod yng nghoed Tyle'r Fedw a Choedcae Siasper. Penderfynais fynd gyda hwy am y tro cyntaf. Bant â ni felly ac erbyn cyrraedd y dderwen fawr uwchben y Pandy, yr oedd tyrfa fawr wedi dod ynghyd, yn blant, yn hogiau cryf, yn ddynion ifanc a hyd yn oed yn hen ŵr. Yr oeddwn yng nghmwni Wiliam y Rhiw, Dafydd Cribynddu, John Morgan o'r Lan, Daniel Rhyd-y-Gwreiddyn, Rhys y Llechwen a'r ci, Coryn. Ymunwyd â ni gan Siams Llwynmelyn a'i ast, Fury. Yr oedd Morgan Rhys yno hefyd a'r ci, Ship, o Dyle'r Fedw. Ar ben y Darren uwchben y Pandy dyma rywun yn gweiddi'n sydyn, "Dacw wiwer!" Mewn eiliad bu cyffro mawr, rhedeg a gweiddi at fonau'r derw cedyrn, taflu cerrig a darnau o goed i'r brigau ar ôl y wiwer a hithau'n neidio o frigyn i frigyn ac o goeden i goeden gyda medrusrwydd mawr. I ffwrdd â ni trwy'r coed a thros y tarennydd a'r wiwer yn ysboncio rhwng y brigau nes peri i'n calonnau ni lamu gyda hi. Yna cafwyd tipyn o anffawd; Siams Llwyncelyn yn taro ei droed yn erbyn carreg a chwympo. Nid oedd fawr gwaeth serch hynny ond rhoddodd achos i Ddafydd Cribynddu ddweud cryn dipyn dan ei wynt a llawer i gerydd oddi wrth Siams cyn inni ddal y wiwer gyntaf. Ond anghofiwyd am y cwbl cyn hir.

Yr oedd y wiwer wedi dringo i frigyn uchaf y dderwen dalaf yn y coed a thra yr oedd hi'n aros yno, nid oedd modd gwneud iddi symud. Penderfynwyd gyrru Daniel Thomas i fyny ar ei hôl gyda darn o bren â llinyn arno. Dringodd Daniel i'r goeden nes ei fod bron wedi cael gafael yn y wiwer ac yna ceisio ei dal wrth y llinyn dolennog, ond gofalu ei bod heb ei chrogi. Penderfynodd hi roddi ysbonc arall, gan feddwl cyrraedd coeden arall ar ochr draw y clawdd a dianc rhag ei gelynion. Hwyrach am ei bod wedi blino neu lithro wrth wneud ei llam, methodd a syrthiodd. Ond i ba le? Gwelwyd hi'n saethu trwy'r brigau, gan lanio ar ei thraed i ganol y dynion a'r cŵn. B'le oedd hi? Nid oedd mo'i hôl yn unman. Holwyd cwestiynau gan bawb. "Yn enw'r annwyl, i b'le aeth y creadur?" meddai un. "Pwy gwelws hi ddiwethaf?" ebe'r llall. "Ym mha le y disgynnws hi?" ebe un arall. "O! Fi 'weda i wrtho chi" ebe Siams Llwynmelyn "b'le disgynnws hi; ym mola hen Ship Tyle'r Fedw! Fe lyncws hi yn gyfan!" A dyna a ddigwyddodd, mae'n debyg. Yr oedd yr hen gi â'i enau ar agor pryd syrthiodd y wiwer a diflannodd fel carreg i mewn i lyn. Bu llawer mwy o hela cyn diwedd y dydd a'r unig ffrae yn ystod yr helfa oedd dadl fwynaidd rhwng Siams a Rhys Llechwen o'r Llechwen, am fod Rhys yn amau hanes Siams am lyncu'r wiwer. Cafodd Wiliam y Clotch gurfa aruthrol oddi wrth ei fam-gu am syrthio dros y bont bren i'r afon a braidd imi feddwl y cefais innau gurfa am fynd i ffwrdd ar yr helfa. Mae amryw, os nad y mwyafrif, o'r sawl a gymerodd ran yn yr helfa wedi gorffen â'u rhawd ddaearol ac yn gorffwys yn awr ym mherfeddion y bedd.

Mae digwyddiadau Dydd Nadolig arall yn byw yn fy nghof hefyd. Buasid yn edrych ymlaen â disgwyl mawr at y dydd hwn oherwydd bod râs redeg bwysig i'w chynnal, a'r cystadleuwyr oedd un o hogiau Llanwynno a hogyn o Mountain Ash. Man cyfarfod y râs oedd Cefn-yr-Erw ar y ffordd i'r Cwm. Dyna'r unig bwnc siarad ymysg dynion, menywod a phlant y plwyf. Cymerwyd betiau am amryw bunnoedd ar bob ochr. Yr oedd trigolion y plwyf yn barod i fentro llawer dros yr un y barnwyd taw ef oedd y mwyaf ysgafndroed. Ni wyddent ond ychydig am y dyn o Mountain Ash ond rhaid i bawb fod yn gefnogol i'w blwyf ei hun, ei mentro hi a gweiddi cymeradwyaeth drosto gymaint â phosib. O'r diwedd daeth y diwrnod mawr. Cofiaf yn dda weld tyrfaoedd lawer yn cyrchu am Gefn-yr-Erw ar eu ffordd i'r Cwm. Cafwyd hen wŷr a gwragedd yno hefyd, yn llawn brwdfrydedd, - Morgan o'r Cwm, Siôn Bach Ty'n-y-Gelli ac eraill. Yr oedd yn amser cychwyn. Ond yn gyntaf rhaid gorffen gosod arian ar y canlyniad. Ble oedd Thomas Meyrick? Fe oedd y codwr betiau swyddogol dros fechgyn Llanwynno. O! Dyma fe'n dod, yn rhedeg ac yn llawn chwŷs, gan ofyn, "Pwy rydd fenthyg arian imi? Mae meistres wedi pallu ag arian imi heddiw!" Yr oedd ofn arni y byddai'n colli ei arian i gyd. Eto i gyd, llwyddodd i gael benthyg digon yn newid mân i'r betwyr. Trefnwyd y cwrs, cliriwyd y ffordd. Gwnaethpwyd tafliad i ddewis ochrau tra'r oedd Thomas Morgan a Thomas Meyrick yn dal y neised wrth y postyn terfyn. Siôn Jones oedd yn gyfrifol am gychwyn y ddau redwr. I ffwrdd â nhw gyda gwaedd o gefnogaeth. "Maen nhw bant!" "Ymlaen, Llanwynno." "Da iawn, Mount." "Nage, Mountain Ash sy ar y blaen!" "Da ti, Wil bach, bant â ti! O'e bach ag e, mae wedi pasio'r Mount!" "Cer, yn awr!" Yn awr maent wedi cyrraedd y pwynt hanner ffordd; Llanwynno sy ar y blaen a'r rhedwr yn codi llaw ar ei ffrindiau yn arwydd ei fod ar fin ennill. Aeth y gweiddi yn fyddarol wrth i'r hogyn o Lanwynno gyrraedd y postyn terfyn gyntaf. Yr oedd Thomas Meyrick yn sefyll ar ben y clawdd yn gweiddi a thaflu ei het i'r awyr. Dyma'r hen Forgan a Siôn Ty'n-y-Gelli yn ymffrostio am y swm o arian a enillwyd. Bu llawer o gyffro, cynnwrf, miri a hwyl. Cyn diwedd y dydd yr oedd y rhedwr wedi ennill dryll hefyd am saethu at saethnod a godwyd yn ymyl Ynysybwl. Y mae'r dryll hwnnw yn fy meddiant hyd heddiw. Bydd fy hen gyfeillion ar wasgar yma ac acw dros y byd yn cofio'r râs a'r saethnod os digwydd iddynt ddarllen yr hanes hwn am y Dydd Nadolig hwnnw yn Llanwynno. Ychydig o wynt oedd yn chwythu a hwnnw'n llechian yn y gorllewin. Nid oes niwed mewn dwyn yr helyntion hyn ar gof, er eu bod ar yr wyneb yn bethau eitha plentynaidd; ond "hoff yw cofio'r amser gynt."

Hwyrach yr esgusodir fi am adrodd hanes helfa a fu yn y plwyf pan oeddwn yn fachgen ifanc ond sy'n ddigon hen i fod â diddordeb mawr ym myd hela cadno. Y noson cyn yr helfa byddai Siôn yr heliwr o Gwmelendeg (ger Cilfynydd) yn chwythu ar ei gorn a galw ynghyd yr helgwn o bob cyfeiriad. Bore drannoeth cychwynid am Darren-y-Foel i chwilio am y cadno. Cofiaf yn dda am y bore hwnnw. Nid oedd yn fore clir iawn, ond braidd yn gymylog heb fawr o wynt. Yr oedd yr ychydig wynt a chwythai yn llechu yn y gorllewin. Fodd bynnag, i ffwrdd â ni, yn anelu at y Darren ger Gilfachyrhydd lle yr oedd deyerydd llawer o gadnoaid i'w cael. Yn y dyffryn gwelir y niwl yn codi yn golofnau o'r Cwm a thorrir ar y tawelwch gan sŵn traed llawer o geffylau ac acennau dieithr llawer o ddynion a ddaeth i'r dyffryn o bob man. Mor gyffrous oedd y clebran fel na chlywyd sŵn murmur y Clydach islaw, er ei bod yn llifo'n wyllt. Dacw bistyll y felin wedi gwynnu ar ochr uchaf yr efail gan ewyn. Y mae Iantws wedi gadael y felin a mynd rhagddo at Darren-y-Foel. Mae Twm y Gof eisoes ar ben y Talar-gwyn a Wil, ei frawd, yn dringo ceulan yr Ynys, gan frysio ar ei ôl. Mae plant Mynachdy a Buarth-y-Capel yma a minnau yn eu mysg - oll yn cyrchu i'r un cyfeiriad. O! Pwy yw hwn sy'n dod ar ein hôl a cherdded yn gyflym heibio inni? Thomas o'r Dduallt ydyw; nid yw byth yn colli helfa. O!

Dyna Siôn Penrhiw yn cerdded gyda'r ddau gi ar dennyn mewn un llaw a'i het mewn llaw arall; os bydd pwll o ddŵr yn unman bydd Siôn yn siŵr o ddodi ei droed ynddo. Dyna fe-Splash! hyd at ei figwrn ynddo. Ymlaen â ni nes cyrraedd Tŷ Draw . Aha! Beth sy 'na? O! Mr David Edwards yn dweud jôc ar gorn rhywun . Yr oedd David yn hoff o'i driban. "Beth wedws e'nawr?" ebe rhywun. O! Dim ond hyn:-

"Y gorau' i ffroen o'r helgwn,
A'r gorau'i droed, debygwn,
Ohonoch chwi, yw Turner wiw,
A Siôn Ben-rhiw – ddau batrwn!

Ond dyna'r dynion calla'
Yw'r rhai sydd ar geffyla';
Chwychwi wŷr traed cyn byrhau'r cam
Gofalwch am y bola!"

Ha! Ha! Ha!

I ffwrdd â ni, rhai heibio i Dyle'r Fedw, eraill i gyfeiriad twyn Gilfachyrhydd-pawb i gwrdd ar y Darren. Dyna liaws o helwyr a phob un yn llawn hwyl ac yn awchus am yr helfa. Yn gyntaf oll, dyna Wiliams y Lan ar ei ferlyn coch. Ei rinwedd fawr yw ei lais cryf a chyrhaeddgar, yn debyg i drwmped arian, yn trydanu dyn, ceffyl a chi. Dyma fe'n galw ar y cŵn yn awr i fynd ar ôl y cadno. Mae ef a Siôn wedi disgyn i'r coed islaw i'r Darren. Dacw'r dyn o Flaenhenwysg ac Ifan Moses, heb anghofio Mr Griff Griffiths hefyd. Dacw Ddafydd Gilfachyrhydd, sydd wrth ei fodd yn yr helfa, er mor gloff ydyw. Mae Twmi'r Turnpike yma hefyd; - O'r annwyl! Fel arfer mae'n cwympo lwrw ei ben dros garreg ond yn dal i weiddi ar y cŵn er bod ei wyneb yn cusanu'r pridd. "Dilyn yn ei sodle, Turner!" ebe Twmi o'r llawr. Mae Rhys o'r Llechwen yn gweiddi gyda Soywal, "Y mae hi wedi acor," meddai, "fi fentra' i 'mhen arni." I lawr ag ef fel bachgen bach i'r coed, tra mae llu o ddynion a hogiau yn beiddio mynd mor agos ag y medrant at ymyl y Darren i gael cip ar yr helgwn. Dyma Ifan Richard yn gweiddi arnom, "Meindiwch, fechgyn, y mae'r cadno'n siŵr o ddod i fyny yn y bwlch." "Tali-ho!" "Daco fe, y mae yn troi i lawr i Goed-y-Parc." I lawr â nhw, ddynion a chŵn, ar ôl y cadno, ond erys Ifan Richard ar ben y Darren. "Fe ddaw yn ôl yn awr," ebe ef, a chyn bo hir dyma waedd fawr yn y coed; mae'r cŵn yn cyfarth ag un llais a'u sŵn fel miwsig peraidd yn atseinio o'r hen graig, gan fwrw pigyrnau'r Darren, yn llifo i lawr y llechweddau, tra mae criau cyffrous yr helgwn a'r helwyr yn taro nodyn angerddol trwom. Mae pawb ar bigau'r drain a heb allu aros yn llonydd. Mae'r plant yn gweiddi nerth eu pennau, mae pawb yn orffwyll, - dyn, ci, ceffyl, ie, Natur ei hun. Maent i gyd fel pe baent yn colli ar eu hunain a'u gwefreiddio. Mae rhagor nag ugain o wŷr yn y coed yn gweiddi, "Dacw fe,-gwych!" "Ust, chwi ar y top! Byddwch ddistaw!" Yna gwaedda Ifan Richard nerth ei ben, "Dacw fe'n mynd!" Mae Twmi Turnpike wedi cwympo eto ond yn dal i weiddi, "Dacw'r cadno ar y darren," a'i gynffon hir yn cael ei chwifio o'i ôl gan yr awel. O! Dyna hardd mae e'. Dacw fe'n croesi'r Cefn mor ysgafn-droed â'r gwynt ei hunan. Mae ei wedd mor hy a mawreddog. Nid yw cyfaith yr helgwn na "Tali-Ho!" yr helwyr, na charlamu'r ceffylau'n effeithio dim arno. Mae ei fryd ar gael y blaen ar ei erlidwyr a chael gŵydd i ginio eto cyn canol nos. I lawr â ni trwy Goed-y-Gelli a thros afon Clydach i fyny trwy Darren-y-Garth a thrwy Gwm Hendre Rhys. Mae'r cadno ymhell ar y blaen o hyd gyda'r cŵn ar y trywydd. Mae'r hen sgweier wedi dod allan ac yntau'n teimlo ei waed yn cynhesu a'i nerth yn adnewyddu. Mae ei waedd yntau yn cyd-uno â'u gwaedd nhw. Yr ydym ni, sydd ar droed, ymhell ar ôl, er ein bod wedi mynd amdani dros gloddiau a ffosydd. Dacw nhw yn awr, yn croesi'r mynydd ac yn dod yn agos i Lwynperdid. Wiliams y Lan sydd ar y blaen, er nad oes tuedd ganddo fel llawer arall i godi chwip ar ei geffyl, ac yn awr mae e yng nghae Brynmawr! Ie - dyna'i lais peraidd yn galw, "Cerwch amdani!" oedd mor annwyl gen i. B'le mae Siôn Penrhiw? O! Mae wedi dal i fyny gyda'r cŵn ac yn nes na llawer sydd ar gefn eu ceffylau; mae John Llety Turner wrth ei ymyl. Rhyfeddir at gyflymdra'r ddau hyn dros fryn a dyffryn dan ddylanwad y cyffro. "Mi welais ddydd arno' i," ebe rhywun yn fy ymyl, "y buaswn i gyda nhw, ac o'u blaen nhw hefyd." Wil Rosser oedd hwn, yn cwyno am ei ddiffyg anadl neu rywbeth oedd yn ei atal rhag cerdded fel o'r blaen. Serch hynny, yr oedd yn gobeithio bod gyda'r cyntaf i weld diwedd y cadno. Un brwd oedd Wil! Yn ddidaro iawn ydoedd gyda phob peth ond hela. Pan fyddai'n methu â chadw i fyny gyda'r cŵn a'r cadno, hawdd credu taw'r gwynegon neu rywbeth cyffelyb oedd y rhwystr i'w symudiadau. Ond ymlaen â ni dros Goetcae'r Hafod i Fryn Llwyncelyn a dyma lais yn fy ymyl yn dweud, "Tarren y Ddinbath amdani." Y dyn y tu ôl i'r llais oedd Lodwig a wyddai bopeth am lwynogod a'u harferion. Dyma ni'n awr yn ymyl Hafod Fach. Cwympodd Twmi Turnpike yn gas yma eto ond dyma'i ffordd arbennig ef o ddal ati. Ymlaen â ni eto i Goed Nyth-Brân. Popeth yn dawel bellach; mae dynion a chŵn wedi rhoi terfyn i weiddi a'r cadno wedi mynd i'r ddaear. Ond cyn hir codir y trywydd o'r newydd ac i ffwrdd â nhw gyda Wiliams y Lan ar y blaen, trwy Gymer y Porth, dros y mynydd, dros Graig-y-Ddinas ac allan o'm golwg a'm clyw. Yr oeddwn mor flinedig fel na allwn fynd gam ymhellach. "Dewch gyda fi i gael bara a chaws," ebe Rhys o'r Hafod i achub y dydd. Aethom yn ôl, ddau neu dri ohonom, i gael telpyn o fara a chaws, ac, i fod yn gwbl onest, dyna'r pryd o fwyd mwyaf blasus a fwyteais erioed. Yr wyf wedi eistedd wrth fyrddau esgobion ac arglwyddi ac wedi ciniawa wrth fordydd llawn danteithion mewn palastai gwych oddi ar hynny, ond nid yw yr un ohonynt i'w gymharu â bara a chaws Rhys yr Hafod. Yr oeddwn bron â marw eisiau bwyd a gall y newynog fwyta'n awchus!

Daliwyd y cadno gyda'r nos rywle ym Mro Morgannwg. Diau y bydd y rhai sy'n darllen yr hanes hwn yn cael atgofion melys am yr hyn a welsant ac a glywsant a gallant dystiolaethu nad ffrwyth fy nychymyg oedd yr helfa hon. Sawl un o'r rhai a fwytaodd ac a gafodd eu digoni gan fara a chaws Rhys Jenkins sy'n fyw yn awr? 'Wn i ddim.

PENNOD 8

FFAIR YNYSYBWL

Un o sefydliadau Plwyf Llanwynno oedd Ffair Ynysybwl. Cynhelid hi ar Fawrth 16eg. ond yn awr, ers rhai blynyddoedd, fe'i cynhelir ar yr ail Lun o fis Mawrth. Yr oedd yn ffair enwog, yn hynod am ei hanifeiliaid a ddygwyd yno i'w gwerthu. Yr oedd yn ffair ddechrau'r gwanwyn ac ar ôl gaeaf hir a chaled, peth manteisiol oedd cynnal ffair mewn lle fel Ynysybwl er mwyn arddangos a gwerthu'r anifeiliaid. Dychmyger yr olygfa ryw ddeugain neu hanner can mlynedd yn ôl. Dyma ni ar y ffordd i Ynysybwl ar fore Mawrth 16eg. Yr ydym wrth yr efail a'r ffordd dan ei sang â gwartheg a cheffylau. Mae'r efail ar gau a Wiliam a Thomas wedi cymryd diwrnod rhydd, gan gychwyn yn eitha fore am y ffair. Ond arhoswch funud! Dyma Wil y Gof yn dychwelyd, yn crychu ei dalcen a phlethu ei goesau fel pe baent yn chwipiau a brynwyd yn y ffair. Mae golwg difrifol a di-galon arno. Nid yw mewn hwyl i siarad ac mae ar ei ffordd i'r tŷ. Beth sydd,Wil? "Beth sy, yn siŵr! Ni waeth pa un ai dydd ffair neu ddydd gŵyl fyddo yma, rhaid gweithio, gweithio o hyd; ni welais shwd le erioed! Na welais i, dyma fi yn gorfod newid fy nillad i bedoli march Tyfica!" Mae tipyn o orchwyl yn ddigon i effeithio ar dymer Wiliam y bore yma. Ond ni fydd fawr o dro'n dodi hen bedol arno. "Shwd ych chi heddi?" "Shwd ych chitha; Shwd ffair yw hi?" "Ara, ara deg, mor belled." Dafydd Rhys a Dafydd Ynyshir yw'r siaradwyr; mae'r ddau wedi gweld llawer ffair ac wedi cyfrannu at y stŵr yno. Mae cof gan y ddau am gryn dipyn o hanes Guto Nythbrân, achos bu eu tadau'n rhedeg o gwmpas gyda Guto ar hyd y mynyddoedd. Trwy gyfrwng eu rhieni mae eu cofion yn mynd yn ôl i 1737. Dau ŵr tenau, yn gwisgo cotiau llwyd hir bron hyd y llawr â botymau mawr fel darnau pum swllt arnynt o'u gyddfau i lawr hyd at eu traed. Mae'r cotiau yn drwm iawn, ond ymffrostia Dafydd Ynyshir yn y ffaith ei fod wedi neidio yn ei got fawr a churo rhyw bencampwr wrth ei wisgo yn Ffair y Waun. "Tro'r fuwch yna'n ôl bachgen - stopiwch hi". O dyna lais cras Bili Llysnant yn gweiddi ar y fuwch oedd yn eisiau mynd adre. Nid oedd angen iddi redeg, am na fyddai neb eisiau ei phrynu. Mae ei chyrn yn dangos ei bod wedi mynychu'r ffair lawer gwaith eisoes. Mae Bili'n edrych yn fileinig yn ei het gron, sgleiniog. Mae'r hen fuwch wedi bod yn ddigon drwg â chodi gwrychyn Bili. "Beth wyt ti'n mofyn am y fuwch, bachgan?" ebe Dafydd o'r Ynyshir. "Rhywbeth ga'i am yr hen gythraul!" meddai Bili, braidd yn barod i'w rhoddi hi am ddim. Trawyd y fargen yn y man a'r lle; am ba bris ni ŵyr neb.

Ar ben pellaf y maes saif hanner dwsin o feirch yn cicio, yn gweryru, yn rhedeg o gwmpas yn ddigon i'r cwbl fynd yn holics gwyllt yno. Dyma ni'n awr ar y maes ei hun sy'n llawn anifeiliaid. Dyma ychen y Mynachdy - deunaw ohonynt – a werthwyd i Bili Penllwyneinion. Dyna ychen bychain, byrgoesog o Ddaearwynno – pedwar-ar-ddeg ohonynt – i gyd wedi eu gwerthu. Mae Siencyn Gelli yn dal yn dynn am chweugain y pen yn fwy nag a gynigia'r porthmon am ei ddeunaw o ychen. "Yn awr amdani - Cymrwch e, neu beidio, Jones," ebe'r porthmon. "Nage'n wir ar y telerau yna 'ta beth," etyb

Siencyn. "Wel rhannwch ynte," ebe'r porthmon. "Na rannwn ddim – sha thre cân nhw fynd." "Dyna fachgan; cerwch chi,'d oes dim argoel gwerthwn ni leni." Troir y gwartheg yn ôl a dyma'r porthmon yn troi at Siencyn a rhoi clap cryf ar ei law, gan ddweud, "Wel, dyma fwy na dalan nhw. Y chi yw'r caletaf yn y plwy'." "Rhaid peidio bod yn feddal i gwrdd â gwalch fel chi," ebe Siencyn. Aeth yn fargen rhyngddynt. Maent yn awr yn y tŷ yn setlo termau arian wrth yfed peint neu ddwy o gwrw. Dyma Siencyn Buarth-y-Capel â'i hen geffyl Bowler. "Beth yw ei oedran ef, Siencyn?" "Morgan Tŷ-Draw ŵyr orau." Yr oedd Siencyn yn ofni dweud celwydd ond peth cywilyddus fyddai iddo ddweud ei oedran. "Ta beth yw ei oedran mae'n dda ei wala," ebe Siencyn, wedi derbyn tipyn o dramgwydd gan chwerthiniad rhai am ben Bowler. "Oty," ebe Lewis o'r Fforest,"Siep iawn i'w gadw,'fyte ddim llawer os na chaiff e bâr newydd o ddannedd." Chwerthin uchel gan bawb ar hynny a Siencyn yn dweud, "Y stwff diserch," ebe Siencyn, "'chaiff neb na dim lonydd gentyn 'nhw. Mae fe'n iengach na hen geffyl broc Gilfachyrhyd,'ta beth." "Fe gaiff waith clywed y gwcw eleni," meddai Lewis o'r Fforest. Heb allu goddef gwawdiau Lewis, aiff Siencyn yn ôl adre ar gefn yr hen geffyl. Gwerthwyd y gwartheg gorau erbyn hyn. Erys rhai gwael ar ôl ac ambell i fuwch yma a thraw'n cysgodi dan y berth. Mae'r dorf yn awr yn ymrannu, rhai i chwarae "Curwch 'nghoesau," rhai'n mynd o gwmpas y stondinau, rhai'n edrych ar foch Twm Jac y Berwerdy ar lan yr afon, a rhai'n mynd i gael diod a chlywed y Delyn. Pwy yw'r telynor? Dic Siôn Jones, ond odid!

Mae Siams Llwynmelyn wedi prynu mochyn cwta gan Twm Jac. Dyma'r mochyn y bu sôn gan Meudwy Glan Elai amdano, pan ysgrifennodd:-

"O Sir Benfro gyda'r "trams"
I blesio Siams Llwynmelyn."

Cymerodd Siôn y Teilsiwr arno bryderu am y mochyn, gan ddweud, "Mochyn heb un gynffon? Clyw bachan! Fe fydd yn ffaelu cryffa na dim, rhaid i fochyn gael cynffon i whipo'r cilion!" Yr oedd gan Siams ddarn anferthol o dybaco yn ei safn, poerodd, ac edrychodd ar Sion y Teilsiwr, gan ddywedyd, "Sioni, gad dy swibs, 'nai di, a gad di lonydd i gynffon y mochyn, 'nai di?" "Llonydd iddi gynffon e? Mae honno yn llonydd i gwala, waith 'does tamaid ohoni ar gael. Beth ddaeth ohoni?" Dyma rai o'r hogiau'n bwrw pennau ynghyd dan ysbryd wawdlyd i drafod beth ddigwyddasai i gynffon y mochyn. Yr oedd un o'r farn ei fod wedi ei eni felly; un arall yn meddwl fod y cyn-berchen wedi ei thorri bant er cof am rywun. Credai Siôn y Teilsiwr fod Twm Jac wedi torri'r gynffon bant a'i bwyta ar ei ffordd trwy Gwm-nedd i'r ffair. "Y set difaners, segurllyd a bychanus," ebe Siams, ac i ffwrdd ag ef â hwyl ddrwg arno. Caiff Catws ei wraig glywed yr helynt cyn hir.

Yn y tŷ ceir y miri mwyaf yn awr. Yr oedd yr hen ddwylo wedi ymgynnull yn y parlwr cefn a'r sŵn yn dangos bod rhywbeth heblaw llaeth yn cael ei yfed yma. Dyma pwy sydd yno – Lewis o'r Fforest, Siencyn Gelliwrgan, Siôn Bach Ty'n-y-gelli, Rhys o'r Glog, Lewis Llwynperdid, a llawer heblaw y Cryddion gyda nhw. Dyn byr, crwn fel baril yw Lewis o'r Fforest, a chanddo dafod hir a haerllug. Yr oedd ganddo rywbeth cas i'w ddweud am bawb. Y cyfan oedd yn angen arno oedd bola lawn o fwyd a diod. Nid oedd neb yn y plwyf wedi bwyta nac yfed gymaint ag ef. Gadawodd unrhyw gystadleuydd ymhell ar ei ôl. Ar ddiwrnod y ffair byddai'n cael gwared ar ddau neu dri chinio ac nid oedd modd cyfrif faint o gwrw. Arwyddair ei fywyd oedd:-"Byw yn llawen a marw â bola llawn." Wel mae Lewis yn eistedd yn y cornel fel dyn wedi gwisgo amdano'n gynnes â gwlân, a'i wyneb osod wedi ei pheintio'n goch, ond cyn hir mae'n dangos nad dyn o wlân ydyw – os yw yfed cwrw a siarad geiriau pigog yn profi rhywbeth. Cymer Lewis arno ei fod yn dduwiol iawn a rhydd rybudd i'r sawl sydd yno i fyw'n ofalus; trwy'r amser mae'n edrych mor sobr â sant a gorffen ei bregeth gyda'r geiriau hyn:-

"Cyn mynd o'r defaid allan
Mae caead drws y gorlan,
Cyn delo Barn mae dadlu,
Cyn henaint y mae gwellu,
Heddiw mae edifaru,
Rhag mai rhy hwyr yfory!"

Siôn bach Ty'n-y-gelli sy'n siarad nesaf. Adwaenir hefyd wrth yr enw Siôn Patent Cord. Gŵr byr iawn ydyw a chanddo'r breichiau hwyaf yn y plwyf a'r tafod hwyaf, gan amlaf. Mae ef a Siencyn Jones yn ffraeo. "Siôn bach," ebe Siencyn, "llai na dim wyt ti." Ac etyb Siôn, "Dwy'n prisio dim mwy amdanoch chi nag am afu lleuen." Wedi hyn, ymladd fu hanes y ddau, gan wneud mwy o stŵr na dau gawr, er eu bod yn ddynion bach. Mae Siencyn a Lewis yn ymadael yn awr a chyn hir llenwir y lle gan fechgyn yr ardal – hogiau cochlyd, cryf, sy'n dod â Ffair Ynysybwl i ben gyda sgarmes gyffredinol. Gallai unrhyw ddieithryn feddwl bod pawb ar fin lladd ei gilydd ac na fyddai'r un ohonynt byth yn gweld y ffair eto. Mae'r Hwperiaid a'r Tileriaid a bechgyn y Felin a bechgyn llawer man arall yn curo ei gilydd yn dost. Aiff y nos heibio, daw'r bore ac mae Ffair Ynysybwl yn ddigwyddiad a fu am flwyddyn arall. Eto i gyd, mae wedi gadael ei farc ar lawer wyneb yn y plwyf. Y flwyddyn nesaf yr un hanes fydd hi.

Ar un naid dychwelwn i'r amser presennol. Bu farw'r cymeriadau i gyd y bu sôn amdanynt uchod ers blynyddoedd maith, ond mae Ffair Ynysybwl yn parhau byth, er nad yw mor llewyrchus ag ydoedd. Y mae llai o'i hangen yn awr, gan fod cyfleusterau teithio wedi dod â lleoedd yn nes at ei gilydd.

Hen arferiad arall oedd Pastai Ynysybwl. 'R wy'n meddwl taw ar ddechrau mis Awst y cynhelid hi bob blwyddyn. Byddai Sioned Siôn Ifan yn mynd o gwmpas yn estyn gwahoddiad ac, wrth wneud hynny, ennill rhywbeth at yr "achos" oherwydd byddai'n cael rhywbeth ymhob tŷ – tafell o gig moch neu flawd ceirch, darn o gig eidion hallt neu hyd yn oed dipyn o wlân defaid. Bob blwyddyn byddai'n arferiad i fenyw oedrannus fynd o gwmpas, gan gludo ystén bridd neu lestr, er mwyn cludo'r cwbl ynddi. Gellid dychmygu'r cymysgedd o bethau a gasglwyd yn yr ystén erbyn diwedd y dydd. Gelwid yr hen fenyw "Arglwyddes y Wlân" a thybiaf ei bod yn adnabyddus yn y plwyf yn gyffredinol fel Modryb Mari Mam-gu. Cynhelid Pastai yn Eglwys Wynno bob blwyddyn. Mae'r pasteiod wedi mynd allan o ffasiwn bellach ac nid yw'r to ieuengaf yn gwybod dim amdanynt, nag am Ann Moses – Nani Hendre Rhys, a oedd yn enwog am wneud pastai yn y pentref a'r eglwys. Y mae Nani wedi ei chladdu a'r bastai gyda hi. Mae'n werth nodi, fodd bynnag, fod fersiwn o'r arferiad yn parhau yn ddiweddarach pryd y ceid gwahoddiad i bawb i fynd i ryw ffermdy neu dafarn lle yr oedd pastai enfawr wedi cael ei phobi. Am ychydig o geiniogau gellid bwyta cymaint ag oedd eisiau. Bu adeg pan oedd Arfer y "Medd Gwadd" yn boblogaidd yn Llanwynno a medd Jemima yn y Clotch Isaf oedd yr enwocaf o'r rhain. Darperid y medd a phawb wedi derbyn gwahoddiad i'r digwyddiad, i'w gynnal fynychaf ar nos Sadwrn. Yr oedd set o ddysglau te ag arnynt y dis am y raffl a phawb yn edrych ymlaen at noson y medd. Deuai bechgyn a merched yr ardal i yfed medd a thorri cnau ac wedyn bwyta afalau a theisennau crwn. Byddai'r bechgyn yn cymryd troeon i ganu caneuon doniol fel "Mochyn Ton-du", "Y Ferch o Blwyf Penderyn", "Hwmffre'r Clocswr", "Y Gini Bach Melyn" a lliaws o rai tebyg. Yna cymerid at y disiau a mawr fyddai'r cyffro ynghylch pwy fyddai'n ennill y set o ddysglau te neu'r neisiad sidan. Ie, ceid llawer o ddigrifwch diniwed ym Medd Gwawdd Jemima.

Bu "Cwrw bach" Mari o'r Rhiw yn atynfa i lawer o bobl hefyd. Darparai Mari rywbeth cryfach na medd ar gyfer ei gwesteion a dim ond pryd y câi'r llestri i gyd eu drachtio i'r gwaelodion yr arferid ymadael. Dywedai Edmwnt (ei gŵr) wrth yr ymwelwyr,"Nawr fechgyn, mae'r cwrw wedi darfod ac mae'r bara wedi dyfod, cerwch cyn bod dynion yn mynd sha'r cwrdd, mae'n bryd – ody'n cretu." Ar ôl araith Edmwnt, o dipyn i beth llithrai'r gwesteion allan i fynd i'w gwahanol gyfeiriadau, gan ddweud wrth ei gilydd yn nhafodiaith Llanwynno,"Dyna noswaith o sbri biwr ddigynnig, ie, wir."

Pe buasai rhyw hanesydd wedi cofnodi digwyddiadau Ynysybwl am y ddau gan mlynedd diwethaf, y tebyg yw y sylwai fod y lle yn gyrchfan i chwaraewyr a phencampwyr o bob math. Yr oedd chwarae bando, gêm enwog trwy Sir Forgannwg i gyd, yn cael llawer o sylw yn Ynysybwl. Cofnodir y ffaith i ddynion Ynysybwl guro dynion yr Ystrad a Margam sawl tro wrth gystadlu ar Waun y Mynachdy ac ar y traeth ger y Tai Bach, neu yn rhywle arall yn y parthau gorllewinol. Bu cryn enwogrwydd ar ymladd eiliogod ar un adeg a hyd yn oed yng nghof rhai ohonom yr oedd yr arferiad creulon yma heb golli ei afael ar y trigolion. Chwaraeid taflu ceiniogau hefyd. Yr oedd ffiniau'r lle ymladd ceiliogod a'r lle taflu ceiniogau wedi cael eu nodi'n eglur pan oeddwn yn fachgen heb yr un glaswelltyn yn tyfu arnynt. Lleolwyd hwy yn y caeau ar lannau'r Clydach islaw i Dŷ-Draw mewn man tawel, cudd, di-arffordd. Diau fod y march tanllyd yn gweryru trwyddynt heddiw ac nad yw'r sawl sy'n mynd heibio yn meddwl dim o'r ffaith taw yma yr ymgynullai'r mwyaf beiddgar a'r gwylltaf o'r ardal yn y ganrif ddiwethaf a rhan gyntaf y ganrif hon i gymryd rhan yn y chwaraeon hyn. Fodd bynnag, llawio'r bêl oedd arbenigrwydd chwaraeon Ynysybwl. Mae'r cwrt yn sefyll yno o hyd y tu ôl i dŷ tafarn Ynysybwl, lle y collwyd llawer o chwys ac enillwyd llawer o arian. Y chwaraewyr pennaf dros y chwe deg neu saith deg o flynyddoedd diwethaf oedd Evan Morris, Evan Phillips, Morgan Thomas, neu fel yr adwaenid hwy yn y lle, Iantws Hendre Rhys, Iantws o'r Felin a Morgan Blaennant. Yn nes ymlaen daeth Ifan Richard. Yr oedd y ddau olaf yn chwarae fel pâr heb eu tebyg a'r ddau Iantws hwythau'n ddigymar. Mae safon traddodiad llawio'r bêl yn Llanwynno yn bwnc trafod hyd heddiw. Cynrychiolodd y ddau Iantws Lanwynno yn erbyn Aberdâr a chawsant y blaen ar eu gwrthwynebwyr boed gartref neu oddi cartref ymysg cyffro a chymeradwyaeth ffermwyr a gweithwyr y gweithfeydd fel ei gilydd. Yn ddiweddarach daeth William Evans o'r Graig yn bencampwr ar y plaen pêl. Nid wyf yn meddwl bod neb yn gyffelyb iddo am chwarae "ar y coch", fel y dywedir. Yr oedd ei gryfder, ei fedrusrwydd wrth chwarae â'i law flaen, ei ystwythder, ei gyflymdra, a'i allu amryddawn yn ei wneud yn chwaraewr penigamp a deuai torfeydd i'w weld yn chwarae gêm. Yn aml iawn deuai terfyn ar y gêm gyda'r floedd, "O'r Ynysybwl am byth ag e."

Yr oedd Daniel Thomas yn arbenigwr yn ei chwarae hefyd ac yn fawr ei fri. Yr oedd ganddo ddywediadau digrif a byddai ei adweithiau chwim a'i ystwythder o amylch y cwrt yn ei wneud yn boblogaidd dros ben ar y plaen pêl. Pan oeddwn yn ifanc iawn cofiaf amdano'n chwarae â'i law chwith (er ei fod wrth reddf yn chwarae â'r llaw dde) yn erbyn dau ddyn o'r Ystrad a elwid Siencyn y Meisiwn ac Ifan Gelligaled. Fodd bynnag curwyd y ddau gan Daniel, er digrifwch mawr i'r gwylwyr. Mae'r difyrion hyn yn perthyn i'r amser a fu a'r tebyg yw na fyddant yn ailfeddiannu eu hen ogoniant. Maent wedi cael eu dydd heb fod niwed yn perthyn iddynt. Gallasai pobl ifanc Ynysybwl fod wedi ymhel â phethau gwaeth. Datblygai'r chwaraeon hyn nerth, deheurwydd a brwdfrydedd pryd nad oedd difyrion eraill ar gael i'r genhedlaeth ifanc.

Ym myd llenyddiaeth hefyd nid yw Ynysybwl wedi bod yn ddi-egni. Yn ystafell fawr y Dafarn ger y cae plaen pêl enillais fy ngwobr gyntaf am adrodd darn o awdl Cawrdaf ar "Hiraeth y Cymro am ei wlad". Ieuan ap Iago oedd beirniad y farddoniaeth gydag Ap Myfyr yn ei gynorthwyo i farnu'r adrodd. Y diweddar Lewis James o Mountain Ash, brawd i awdur yr Anthem Genedlaethol Gymraeg, Evan James, oedd llywydd yr eisteddfod. Enillwyd y prif wobrau llenyddol gan Feudwy Glan Elai, Hezekiel, Ieuan Wyn ac eraill. Cynhaliwyd yr eisteddfod yn ystod y cynhaeaf gwair a'r tywydd yn boeth iawn. Cofiaf am gael fy ngwisgo â snoden fel arwydd o'm buddugoliaeth eisteddfodol gyntaf. Y flwyddyn oedd naill ai 1859 neu 1860.

PENNOD 9

Y LAN A GELLILWCH

Yr wyf yn sefyll yn awr ar dir sy'n perthyn i Gellilwch ar ddiwrnod awelog, oeraidd ym mis Mai. O'm blaen tua'r dwyrain, saif y Cefn a Graig-yr-Hesg, tra mae tref Pontypridd yn ymnythu wrth draed y bryniau. Ni welaf ond mwg y dref yn esgyn mewn colofnau hir i gopa Graig-yr-Hesg a thros ben bryn y Lan, dim ond i ymwasgaru yn awyr burach y twyni. Mae simneiau Pontypridd yn llawer mwy niferus yn awr nag oeddynt. Mewn canlyniad mae'r mwg yn fwy trwchus. Er gwaethaf hynny, pur ac anllygredig yw awyr Graig-yr-Hesg a'r Lan. Mae'r afon Tâf wedi colli ei gloywder gynt ac yn llifo'n alarus trwy'r dyffryn yn gwisgo dillad prudd, tywyll, ag olion glo'n britho ei wyneb. Mae Berw'r Tâf wedi peidio â gwynnu a morthwylion Rheilffordd Tâf wedi distrywio harddwch y bont oedd yn croesi'r Berw. O! Dydi, Wyddoniaeth reibus! O! Dydi, Fasnach wancus! Sawl man prydferth a sathrwyd dan eich traed neu a lyncwyd gennych yn eich gwanc anniwall am olud, enw a chlod! Duw a wnaeth y Berw a Dyn a wnaeth y bont! O! Dyma ddiwrnod dinistr wedi disgyn arnom. Er hynny saif Graig-yr-Hesg yn gadarn o hyd. Dyma hi'n gwatwar y rheilffordd a'r newidiadau eraill a ddaeth yn sgil y trên. Ni all Gwyddoniaeth dynnu allan ei dannedd arswydus hi. Er bod bwyeill yn bwrw'n erbyn troed ei choedydd hardd, dyma'r fantell werdd yn dechrau cripian dros ei tharennydd llwyd a ieuenctid Natur yn ymdaenu dros ei chopa foel. Yn y cyfamser mae'r man uchel hwn a'r Lan yn lledu eu cysgodion dros Bontypridd, gan roi ei fendith ar y lle ag awyr a dŵr ffres byth a hefyd. Ond ar hyn o bryd yr wyf ar ben y twyn ei hun sy'n edrych i lawr ar Bontypridd.

Mae'r Lan a Gellilwch yn ffermydd hynod. Saif y Lan ar gopa'r bryn sy'n edrych i lawr ar Bontypridd. Saif Graig-yr-Hesg ar un ochr i'r heol sy'n arwain o Bontypridd i Ynysybwl, a'r Lan yr ochr arall. Mae'r hen breswylfa hon, sef y Lan Isaf, yn edrych yn hardd ar gopa'r bryn, yn wyn fel yr eira o'i tho i'w gwaelod. Mae'n cael ei gwyngalchu mor aml fel mae'r lle'n disgleirio fel arian ar ddiwrnod heulog gymaint â pheri i'r afon Tâf ffoi o'r dyffryn dan gywilydd oherwydd ei bryntni. Saif Gellilwch ychydig o gaeau yn uwch yn y plwyf; codwyd ef ar graig, gan ddisgleirio'n wyn ar ganol y meysydd gwyrdd. Dyma i chi Natur yn ei holl burdeb a'i distawrwydd, heb ei haflonyddu . Dyma'r awyr bur uwchlaw a'r ddaear lân islaw a'r perthi, y caeau, y derw a'r ynn yn dodi amdanynt wisgoedd y gwanwyn. Dacw dair neu bedair iâr coed yn hedfan i gyfeiriad Graig-yr-Hesg ac amryw ysguthanod yn ehedeg o'r Coed Du dros Gadair Ysbryd. Dacw ddwy gigfran yn codi o ddannedd y twyn i grawcian uwchben nythod y jacdoeau sydd bob amser yn trigo ar y llethrau. Dacw ddwy ysgyfarnog yn rhedeg yn wyllt dros Waun y Lan tua'r prysgwydd tew ar ymylon y coed. Gadwch lonydd iddynt! Ust! Dacw ddwy gnocell y coed yn taro yn erbyn rhisgl derwen, gan gadw llygad allan am bryfed yn symud; wele felyn yr eithin, llwyd y gwrych, clochdar y cerrig a'r tingoch yn disgyn ar frig y berth ac yna mynd ymaith bob un i'w nyth ei hun; lleisiau'r fronfraith a'r aderyn du yn canu yn y prysgod gerllaw; yr ŵyn bach yn mwynhau dyddiau mebyd ar y ddôl heb roi nemor ddim o feddwl am gyllell y cigydd, a'u bryd yn unig ar lesni'r maes a llaeth melys eu mamau! Dyma fangre bendigedig! Pwy fyddai eisiau ei gyfnewid am fwg y dref? Pe gallwn, hoffwn godi pabell yn y man tawel hwn, ymaith o'r byd, gan dreulio gweddill fy oes gyda'm gwraig a'm plant mewn cymundeb â Natur yn ei harddwch, ei gloywder a'i sancteiddrwydd. Ond ni ddaw i fod! Cyhyd ag y bydd cof yn parhau bydd llun o'r caeau gwyrdd hynny a'r coed hardd o'r Glôg hyd y Lan a Graig-yr-Hesg yn aros gennyf, ie, nes bod fy llygaid yn cau rhag sylwi bellach ar olygfeydd y byd hwn. Bydd hynny'n digwydd cyn hir hwyrach. *[Bu farw Glanffrwd yn drist ryw 18 mis wedyn- Awdur]* Dacw'r Cefn a'r Clydach hyd at odre tiroedd Gellilwch. Mor swynol yw'r Cefn ac mor dawel i fyw ynddo. Mr Davies yw'r brenin ar y lle, yn trigo mewn dinas gadarn sy'n eiddo ef ei hun. Braidd na ddywedaf taw gofidus yw meddwl bod digonedd o lo ym mynwes y tir a rhaid ei dynnu allan rywbryd, debygwn i. Pan ddaw y dydd hwnnw gobeithio na fydd harddwch y lle yn cael ei ddarfu ryw lawer. Mae'r anrheithwyr yn bygwth dan Landdwynant eisoes. Mae'r oes euraidd drosodd ac mae oes y glo yn ymhyfrydu yn ei ogoniant. Dyna ogoniant i chi! Y fath fwg, lludw a phyllau glo di-rif cyn dued â Satan ei hun.

Soniais o'r blaen fod y Lan a Gellilwch yn ffermydd enwog a bod hanes yn cysylltu'r Glôg, Penwal, Gellilwch a'r Lan â'i gilydd. Maent yn rhannu'r un etifeddiaeth ac mae'r un teulu, y Wiliamsiaid, wedi byw ynddynt am amryw genedlaethau. Aeth rhai yn fechniwyr dros eraill a fethodd â thalu eu dyledion. Felly bu caredigrwydd y teulu Wiliams a diofalwch ac esgeulusder eraill yn achos i'r teulu golli etifeddiaeth eu cyndadau. Sut bynnag maent yn byw mewn sawl lle yn y plwyf. Perchen y tir yn awr yw'r Arglwydd Tredegar. Yn ddiwedarach gwerthwyd Graig-yr-Hesg gan y diweddar Richard a John Williams (Richard y Lan a Jaci Gellilwch fel y gelwid hwy yn yr ardal) am amryw filoedd o bunnoedd i'r diwydiannwr William Crawshay. Buasai Richard a John yn gyd-berchnogion ar y ffermydd ond fe'u gwerthwyd fel y gallai'r ddau dderbyn ei gyfran ei hun. Erys yr hen graig ramantaidd hon a'r tir o'i chwmpas ym meddiant y teulu Crawshay hyd heddiw. Y mae Mr Thomas Williams, sy'n byw yng Ngellilwch yn awr, yn fab i'r diweddar John Williams, a'i wraig yntau, Mari. Mab oedd John i John a Margaret Williams; yr oedd Mari hithau yn ferch i'r Parch. Thomas Davies a elwid Yr Offeiriad Coch o Ystradyfodwg. Daeth hwn i ddiwedd ei fywyd trwy iddo ef a'i geffyl gwympo dros Graig y Ffeiriad yng Nghwm yr Ystrad. Digwyddodd y drychineb hon ar Dachwedd 17eg. 1763. Mae cof gan rai sy'n byw yn awr am y ddau frawd, Richard a John Williams fel perchnogion y brydles ar diroedd y Lan a Gellilwch. Trefnwyd eu busnes fel y byddai Richard a John yn derbyn y gwair bob yn ail flwyddyn. Yn y diwedd daeth y brydles i ben ac aeth y tir i ddwylo eraill. Y perchen yn awr yw'r Arglwydd Windsor.

Hoffwn ddweud rhagor am yr Offeiriad Coch a elwid felly ar sail ei wyneb gwritgoch. Yr oedd yn gymeriad enwog yn ei ddydd. Fel y soniwyd eisoes, trengodd ryw noson wrth ddychwelyd ar siwrnai dros y mynydd. O achos y niwl a'r tywyllwch aeth yn rhy agos i ymyl y dibyn a syrthiodd ei geffyl i'r gwaelod. Parhaodd yr offeiriad i fyw yn ddigon hir i gyfaddef taw arno ef oedd y bai gan ei fod wedi gorfodi i'r anifail fynd am gyfeiriad gwahanol i'r un yr oedd yn awyddus i'w gymryd. Yn drist iawn aeth y ddau dros y Darren i dragwyddoldeb. Mae gen i ger fy mron ysgrif law yr offeiriad ei hun sy'n dweud:-

"Margaret, the daughter of Thomas Davies, Clerke, and his wife, was born on Friday, ye 12th day of October between one and two of the clock in ye morning, and was baptised on Friday ye 20th. day of the same month 1744."

Mam i Richard a John Williams oedd y ferch hon. Aeth un o feibion Yr Offeiriad Coch, Richard, i Antigua, yn fasnachwr siwgr a gwneud ffortiwn yno. Mae ei ewyllys gyda mi yn awr ar y ford. Gadawodd y rhan fwyaf o'i arian i'w frodyr a'i chwiorydd, ond rhoddwyd llawer hefyd i'r dynion du a weithiodd ar ei wladfeydd yn Antigua. Ni wn i pa bryd y bu farw ond y dyddiad ar yr ewyllys yw 1786. Ynddi gadawodd ddeunaw o grysau i un o'i ffrindiau.

Mab arall i'r Offeiriad Coch oedd y Parch. William Davies, periglor Wootton Bassett yn Swydd Wilts, y mae yn fy meddiant amryw o'i lythyron. Er bod y rhain wedi eu hysgrifennu dros gan mlynedd yn ôl a'r papur wedi colli ei liw ag ôl traul arno, mae'r ysgrifen yn hollol eglur, a dyna ysgrifen raenus ydyw! Cafodd y plant i gyd fagwraeth dda a daethant yn ysgolheigion gwych. Mae wyneb writgoch teulu'r Offeiriad yn goroesi ac yn amlwg yn wyneb braf fonedigaidd Mr Williams y Glôg tra mae dawn ac athrylith yr Offeiriad yn cael eu hamlygu yn nheulu Gellilwch, gan fod pob un ohonynt â rhyw ddawn neu allu mewn rhyw ffordd neu'i gilydd yn eiddo iddynt. Bu farw John Williams yn 1864, yn 81 mlwydd oed.Yr oedd ganddo gyfansoddiad cryf ac yr oedd yn ffermwr diwyd a llwyddiannus am lawer o flynyddoedd. Pa orchwyl bynnag yr ymgymerai ag ef, byddai'n ei gyflawni'n drwyadl. Yr oedd yn olygus a boneddigaidd ei olwg a'i ddau lygad llwyd, tebyg i rai eryr, mor loyw a threiddgar oeddynt, megis ei feddwl yntau. Amlygodd ei drwyn Rhufeinig gryfder ac annibyniaeth ei gymeriad. Yr oedd yn hyddysg iawn ac yn Gymro trwyadl - nid yn ôl ffasiwn yr oes hon- ond o'r hen fath da, cryf a hyderus. Gellid teimlo'r awdurdod yn ei lais cadarn, soniarus a'i ganfod yn ei lygaid, ei weithredoedd a'i ystumiau. Byddai'n anodd dod o hyd i ddyn mwy dawnus a medrus mewn cymaint o bethau. Yr oedd yn hynod am ei gymwynasgarwch a'i onestrwydd yn y plwyf. Talai ei ffordd yn ddi-rwgnach ond disgwyliai am i eraill fod yr un mor deg a phrydlon. Tua diwedd ei oes symudodd o Gellilwch i fyw ym Mhontypridd. Yno y treuliodd flynyddoedd olaf ei oes hir. Tra'r oedd ei gyfoeth yn cynyddu, deuai ei natur yn fwyfwy addfwyn. Buodd ei blant fyw o'i gwmpas, pob un yn dal swyddi da ac yn mwynhau cwmni da o ffrindiau yn ei ymyl. Tra'r oedd y Tâf yn sibrwd islaw i'r tŷ, yn mynd heibio i'r lleoedd hardd a helaethrwydd y dyffryn ar ei ffordd i'r môr, yr oedd afon ei fywyd yntau yn nesáu at derfyn ei hynt, yn mynd heibio i fryniau cyfoeth, dolydd toreithiog serch a chymdeithasgarwch i'r aber, i'r môr, i ddod â'i rawd ddaearol i ben. Ehedodd ei ysbryd i'r rhanbarthau tragwyddol, sef, o lannau'r Tâf i fyny uwchben twyni Graig-yr-Hesg a'r Lan, heibio i'r sêr i fyd yr ysbrydion di-gnawd, ond dygwyd ei gorff i eglwys Gwynno i orffwys. Erys yno nes clywed sŵn clir yr utgorn ddiwethaf pan gwyd yntau gyda'r dorf ddi-rif fydd yn dod allan o gysgod eu beddau ynghyd â'r Saint i'w "cipio i fyny i'r awyr i gyfarfod â'r Arglwydd." Yno fe dderfydd am hanes Llanwynno ond hyd hynny, heddwch fo i weddillion John Williams Gellilwch. Boed gorffwys tawel iddo yn yr erw hon o dir Duw, ymhlith hen breswylwyr miloedd o oesoedd Tir Llanwynno. Ffarwel iddo! Daw llawer o angylion i'r fynwent hon! Mae ysbryd barddonaieth yn crwydro o gylch y bryniau hyn, ar y twyn tu ôl i'r eglwys, ar Dwyn-bryn a Choetgae'r Dduallt. Mae hi'n ymlithro o gwmpas y fynwent; mae ei chân i'w chlywed ar ei myrdd o feddau. Gwrandewch ar ei llef yn dyfod ar awelon haf a gaeaf Mynydd Gwyngul. Da chi, daliwch y darn yma o'i cherdd:-

"Chwi farwolion Mynwent Gwynno,
Crwydraf, canaf uwch eich pen
Gyda'r engyl sydd yn gwylio
Yma fel gweis lifrai'r nen;
O pa sawl cenhedlaeth huna
Yn dawel dan y Darren gref?
Atsain hefyd a ateba
"Ni ŵyr yn unig ond y Nef.

Mae y pistyll Golau'n canu
Cerddi natur yn y Pant,
A'r awelon yn murmur
"Atgyfodiad ddaw i'r plant;"
O orweddle sanctaidd lonydd,
Draw ymhell o dwrf y byd,
Ac awelon iach y mynydd
Yn cusanu'i gwedd o hyd!
Dyma hyfryd fan i huno
Wedi dydd o galed waith,
Hyfryd fan i godi eto
I "Ddydd anfarwoldeb maith!"

PENNOD 10

O BEN Y GRAIGWEN

Rhag ofn bod rhai yn credu fy mod yn rhoi gormod o bwyslais ar ganol y plwyf ac yn tueddu i ochri gydag un rhan yn fwy na'r llall, dyma fi'n sefyll yn awr ar ben Graigwen. Saif ar ochr y Rhondda i'r plwyf sydd yma'n ysgwyd llaw â phlwyf Llantrisant ar ganol afon chwyddedig y Rhondda. Dyma fi, felly, yn yr ysbryd, yn sefyll ar ben Graigwen, o fewn golwg tŷ fy hen gyfaill, David Llewelyn; Cymro twym-galon ydoedd. Yn yr ysbryd eto yr wyf yn ei gyfarch ac yn siarad gyda fe am yr hen amser pryd oeddem yn Llwyncelyn a'r Darrenddu. Yr oedd David yn hoff iawn o Natur, ac mor hyfryd yw Graigwen fel man i sylwi ar Natur yn ymwisgo yn ei dillad gwanwyn ynddo. Mae hyn yn llawer mwy llesol na moddion y meddyg i adfer dyn i'w iechyd gynt. O, ie, man hyfryd yw Graigwen. Dyma ddisgrifiad y bardd ohoni mewn englyn sydd ar fy nghof:-

"Craig, lethrog, goediog ydyw – y Graig-wen
A'i grug hir yn amryw;
Ochr o barch, eithr ei chrib yw
Ei haddurn pennaf heddiw!"

Yr wyf yn awr ar ei chopa yn edrych i lawr ar y tai a godwyd ar y tir gwastad ar lannau'r afon ac ar dref Pontypridd. Ie, mae afonydd Tâf a'r Rhondda yn cyd-gyfarfod ychydig islaw i dafarn y Butcher's. Mae'r Rhondda Fawr wyllt, gynhyrfus wedi llyncu'r Rhondda Fach ac yn dal ati yn ei llid, yn brolio, yn gwynnu ac yn ymdroelli o bwll i bwll, nes cwympo i safn y Tâf. Derfydd amdani. Daw ei chyffro i ben. Rhydd y gorau i ymddolennu. Distewir ei chrochni gwyllt.

"Ond Tâf wrth fyth ymafael
Yf nerth ei gwrthafon hael."

Tebyg iawn i'r afon Rhondda Fawr yw bywyd a diwedd dyn. Mae yn cychwyn yn egwan a bychan, yn cynyddu, yn ymgryfhau; bydd yn ymgynhyrfu, yn brochi ac yn rhodresa fel y Rhondda ar ei cheulennydd. Edrycher arni'n rhuthro fel tarw i lawr y dyffryn; gellid meddwl na fyddai dim rhwystr ar ei hynt nes cyrraedd y môr yng Nghaerdydd. Ond hanner ei ffordd trwy ei hynt dymhestlog, mae'n ei chael ei hun yng ngafael marwolaeth, a'i siwrnai yn gorffen yn ddi-symwth. Ie, felly y terfyn taith oes dyn ar ôl y nwydau a'r cyffro a dangos ohono rym a bywyd. Daw'r diwedd yn sydyn, distewir ei lais a chollir ei enw, oddieithr ar garreg bedd. Llyncir y Rhondda gan y Tâf, ond parhau mae bywyd, er taw mewn angau yr ydym yng nghanol bywyd. Pryd terfyn y Rhondda, pery'r Tâf o hyd. Pan dderfydd am y Tâf, erys y môr hyd fel rhyw fath o dragwyddoldeb. Wel, dyna ddigon o bregethu ar ben Graigwen!

Lleolir Pontypridd islaw inni, gyda'r dyffryn yn ymestyn yn hardd iawn i lawr o borth Ynysangharad, heibio i Drefforest a'r Rhydfelen, Nantgarw, Tongwynlais a Chaerdydd. Mae'r olygfa'n hudolus. Ar hyn o bryd yr wyf finnau'n byw yn Nyffryn Clwyd , yr un mwyaf prydferth, meddant hwy, o holl ddyffynnoedd Cymru, ond rhyngoch chi a fi, braidd yr wyf yn eu hamau hwy, pwy bynnag ydynt *hwy*. Ni chredaf fod golygfa fwy swynol i'w chael yng Nghymru i gyd na'r un sydd i'w gweld o gopa Graigwen ar fore braf, gloyw o haf. A bues yn ei gweld o bob cyfeiriad. Teimlaf fel bwrw her iddynt - yr *hwy* hyn i ddangos imi olygfa i'w chymharu â hi. Oni bai bod trigolion yr ardal mor gyfarwydd â'r olygfa, buasent wedi eu pensyfrdanu gan gymaint ei gwychder. Ond fel y dywed yr hen ddihareb:- "Cyffredin pob cynefin." Lawer tro bûm yn sefyll ar y twyn yma yn edrych ar Ddyffryn Tâf yn ei ogoniant, ac i ddweud y gwir, ni welais erioed well darlun o lonyddwch pur ac ysblander mawreddog gyda bod y Tâf megis yng nghwsg ar ei fynwes a'r trên yn cyrchu am orsaf Pontypridd gyda chyflymdra annisgrifiadwy, fel petai'n llithro ar balmant o iâ o borthladd Caerdydd hyd at ddyffryn coediog y Rhondda.

Trowch gyda mi eto, er na fyddwch yn gweld fy ysbryd, i edrych i lawr megis dan ein traed ar Bant-y-Graigwen a'r Holly Bush a Thref Hopkin. Mae'r hen graig â'i tharren hir yn edrych bellach fel yr oedd hi ar ddechrau oes y glo. Ond teimla'r tai o dani ei phenliniau'n crynu ar ôl i'r glowr neu'r gweithiwr clai dynnu ymaith fwy na'i gyfran oddi wrth wadn ei thraed. Yn ei dicter trôdd i siglo'r tai oddi ar hynny; yn wir ofnir y byddant yn cwympo'n garn! Ni ddychmygwyd gan neb y byddai hyn yn digwydd i'r hen Graigwen a'i hystlysau cedyrn. Yn sicr dylid rhoi'r bai yn rhywle ac mae yn gywilyddus bod perchnogion y tir yn caniatáu i weithwyr wastraffu eu harian ar godi tai a'u colli yn yr agendorau y maent hwy fel perchnogion eisoes wedi ennill llawer o'u herwydd. Pam nad yw'r bobl yn deffro i ymuno yn unfryd i gael trefn ar y mater yma? Os na allant ddodi sawdl y Graigwen yn ôl i'w le yn sownd fel y bu, bydd hawl ganddynt alw am gyfiawnder lle y bydd sicrwydd na fydd na hafn na daeaergryn ar eu tir eto!

Dacw'r Hafod (*a adwaenir bellach yn Drehafod - Awdur*), sef cartref y Morganiaid, yn wir foneddigion o Gymry. Hen enw Cymreig y sir yw Morgan ac yn enw annwyl ac enwog yn y plwyf am genedlaethau. Cymraeg yw mamiaith yr Hafod o hyd. Mae holl ardal gwaelod y dyffryn, o'r Great Western Colliery (*safle Canolfan Dreftadaeth y Rhondda yn awr - Awdur*) i fyny at y Porth yn llawn tai. Bron imi gofio'r amser pryd y gallwn sefyll ar y Graigwen a chyfrif yr holl dai a'u preswylwyr, ond erbyn heddiw byddai'n haws rhifo'r sêr ar noson rewllyd. Sut bynnag erys yr hen nodau tir yma. Dyma Ffermdy Graigwen er enghraifft gerllaw, ac yn fy myw ni allaf feddwl amdano heb ddod ag enw Siôn Llewelyn i'm cof. Yr oedd Siôn yno pan oeddwn yn fachgen ac am flynyddoedd wedyn. Yn fy nhyb i, mae ef yn rhan o fywyd y Graigwen. Dyn bach, braidd yn ddifyr, oedd Siôn ag arno dipyn o beswch sychlyd yn wastad. Yr oedd yn ddiniwed ei natur ac yn hoff iawn o gwmni plant. Byddai'n eu holi er mwyn cael sbri, gan eu herian a thynnu ei law dros eu hwynebau ar i fyny, (ac nid ar i lawr.) Adroddai straeon digrif wrthym blant wrth inni wylio'r bobl yn mynd adref o Bontypridd i barthau gogleddol y plwyf. Mae ef ac Ifan, ei fab, wedi rhoi'r gorau i "ddirwyn y bellen" ers blynyddoedd ond mae cof serchus amdanynt gan drigolion y Graigwen. Draw gwelir tŷ Rhiwyrychen, cartref y diweddar Morgan Jones,- gŵr hynod, yn ysgolhaig da o'r math hen-ffasiwn ac yn hanesydd heb ei ail. Pan oedd tua phedwar ugain mlwydd oed, yr oedd ei gof yn well na neb a welais yn y plwyf. Yr wyf yn gofidio hyd heddiw iddo farw heb gofnodi'r trysorau gwerthfawr o'i gof mawr. Os bu iddo adael ysgrifau ar ôl, byddai'n dda gennyf gael caniatâd i fwrw drostynt.

O, ie, dacw'r Hafod Ganol, sef hen dŷ George Basset, – tŷ pwysig iawn ydyw hefyd. Mae rhai'n byw yn awr sy'n cofio'r hen ŵr rhyfedd, George Basset. Yr oedd y teulu yn eiddo llinach dda, hynafol yn mynd yn ôl i gyfnod Wiliam y Gorchfygwr. Bu i lawer o'r Normaniaid briodi merched o Gymraesau ac ymhen hir a hwyr daethant hwy a'u disgynyddion i ymgyfarwyddo ag iaith ac arferion Cymru. Mae'r Bassetiaid yn deulu mawr sydd ar wasgar ym Mro Morgannwg a mannau eraill o'r sir. Yr oedd George ei hunan yn un o'r llinach ond ni wyddys pa fodd y daeth i fod yn ddyn mor rhyfedd ac eithriadol o gybyddlyd. Yr oedd ei ffordd o fyw yn hynod dros ben. Nid oedd dadl ynglŷn â'i fod yn gyfoethog yn ôl safonau'r oes honno. Yr oedd yn berchen y tir i gyd yr ychwanegwyd at ei werth pan farwodd, gan faint y coed oedd yno. Ond rhyfedd i'w ddweud, aeth y cwbl rhwng y cŵn a'r brain, ys dywedir. Yn sgil ymgyfreithio a ffraeo â'i gilydd, aeth y plant heb ddim a'r canlyniad fu i hen gartref eu tad, George, fynd i ddwylo pobl eraill, ac aros felly, mae'n debyg. Adwaenwn lawer o ddisgynyddion George Basset ac mae gennyf barch mawr iddynt. Buasai'n dda gennyf weld yr hen le yn gartref iddynt hyd heddiw. Erys y lle yng nghof pobl ag enw George Basset yn gysylltiedig ag ef. Mae lle o'r enw Cwm George yno o hyd – cymuned fach o dai to gwellt a geidw yr enw. Mor wir y dywed y Salmydd, "Eu meddwl yw y pery eu tai hyd genhedlaeth a chenhedlaeth; enwant eu tiroedd ar eu henwau eu hunain." "Er hynny dyn mewn anrhydedd, nid erys: tebyg yw i anifeilaid a ddifethir."

Ychydig yn uwch i fyny y mae'r Hafod Fach. Yn fynych cysylltir pob lle â rhyw berson arbennig, ac, o'm rhan fy hun, wrth gofio am yr Hafod Fach bydd yr enw Rhys Jenkins yn dod i'm meddwl. Yr oedd Rhys yn Gymro trwyadl ac yn hoff o ganu caneuon Cymraeg yn gysylltiedig â Sir Forgannwg. Os câf fyw dipyn yn rhagor, fe wnâf gasgliad o o'r caneuon hyn i gyd yn gyfrol gryno, gan fy ystyried fy hunan yn un sy'n perthyn i fagwraeth gwŷr Morgannwg. Byddai Rhys yn canu rhai o'r cerddi hyn yn ei gwsg. Clywais ef fwy nag unwaith yn canu canig fach adnabyddus o'i dechrau i'w diwedd yn ei gwsg yng nghanol nos. Clywais ef hefyd yn adrodd yn ei gwsg am yr holl ffrae fu rhyngddo a'r dyn a brynodd fuwch ganddo yn ffair Llantrisant. Yr oeddwn i'n cysgu yn yr ystafell nesaf ac yn gallu adrodd yn ôl wrtho fore drannoeth y cyfan a ddigwyddodd yn y ffair, faint o arian a gafodd am y fuwch a faint a roddodd yn ôl i'r dyn "am lwc". Gellid ystyried Rhys yn gynrychiolydd da o ffermwyr y mynydd-dir. Yr oedd yn sionc a bywiog ei olwg, yn hoff o wneud arian a bargen dda ac wedyn brolio am ei allu. Er nad oedd yn hanu o'r plwyf, treuliodd y rhan fwyaf o'i fywyd yn Llanwynno. Pryd seinir bloedd utgorn yr archangel, daw Rhys o'i fedd yn Llanwynno. Mae'r Hafod Fach yn cynnwys cryn dipyn o fynydd-dir. O ganlyniad nid oes dewis gan ei denantiaid ond i fod yn fugeiliaid.

Saif Penrhiw'r Gwynt hefyd ar y llethr dan gysgod y mynydd uwchben y Porth, o fewn golwg i'r Graigwen. Cafodd ei enwi'n addas iawn gan fod y rhiw'n dringo'n serth o'r Porth i ben Mynydd Gwyngul. Er fy mod yn cysylltu enw Bili Rees â'r lle hwn, bu farw ef amser maith yn ôl bellach. Yr oedd wedi priodi â merch Daearwynno a thrwy hynny yn cysylltu canol y plwyf â Phenrhiw'r

Gwynt. Fel plant yr oeddem yn arfer meddwl am y lle fel man pell iawn oddi wrthym. Braidd na fyddem yn beiddio meddwl am fentro ymhellach. Mae rhyw swyn anarferol o hynafol yn perthyn i'r hen ffermdai hyn. Ynddynt cedwir hen iaith ac arferion arbennig Morgannwg yn fwy dilychwin na lleoedd eraill. Bydd yn dda gennyf ymweld â rhai ohonynt yr haf hwn er mwyn dysgu rhywbeth am eu hanes a'u hachub rhag mynd i angof.

Mae'n ddrwg gennyf glywed am ddistryw Llwynperdid gan dân. Wythnos yn ôl yr oeddwn wedi ei ddisgrifio mewn rhigwm fel hyn:-

"Fel yn gwyliaw yn yr oerni".

Yn drist iawn, ar yr union amser imi ysgifennu hyn, aeth yr hen le yn aberth i'r fflamau, ac yntau yn ei unigrwydd ar ben y mynydd. Mor rhyfedd, ynte? Ychydig ddyddiau cyn clywed am y drychineb, deffroais un bore ac adrodd wrth fy ngwraig am freuddwyd a gefais yn ystod y nos. Yn fy mreuddwyd yr oeddwn yn rhywle yn Llanwynno gerllaw man fy ngenedigaeth a'm lle chwarae gynt, pan aeth y lle i gyd ar dân; dyna'r pryd y gwelais y mwg yn codi a fflamau'n cochi'r awyr. Yr oeddwn yn meddwl taw Fanheulog oedd ar dân ac yng ngolau'r fflamau yn gweld tŷ Rhydygwreiddyn mor eglur â phetaswn yn sefyll yno. Dihunais cyn diffodd y tân ac achosodd y freuddwyd gryn annedwyddwch imi. Beth a wnelo hyn â Llwynperdid, meddech chi? Dim byd, debygwn i. Y cwbl a ddywedaf yw bod rhywbeth go ryfedd yn y ffaith imi weld tân mawr yn yr ardal ychydig cyn i hwnw ddigwydd i dŷ mynyddig Llwynperdid.

Cwyd yr hen le o'r newydd megis Ffenics o'i ludw i herio stormydd Mynydd Gwyngul nes daw Tân Ysol Dydd y Farn ei hunan.

PENNOD 11

DYFFRYN CYNON

Gwahoddaf chwi yn awr i sefyll gyda mi ar y bryn yn ymyl fferm Penrhiwceibr, uwchlaw Dyffryn Cynon ac yng ngolwg Mountain Ash. Dyma ni gerllaw'r hen ffermdy yn edrych i lawr ar yr hen ffordd, sef " yr hen heol y plwyf" o Lanwynno i Mountain Ash. Yr wyf yn ddigon hen i gofio'r ffordd hon yn ei bri, cyn i'r "heol newydd" gael ei hadeiladu dan Benrhiw Caradog, dros y Darren Las, i lawr i Mountain Ash. Yr oedd yn ffordd hen-ffasiwn yn ymdroelli rhwng y coed, yna'n rhuthro i lawr y rhiw i'r dyffryn, yn dod allan ger Clungwyn, sef wrth ochr gwaith glo Nixon. Y mae'r hen ffordd yma i'w gweld eto ac mae hi'n serth iawn. Rhyfeddir yn awr sut y gallai'r hen bobl deithio arni am gyhyd o amser a sut y medrai ceffylau'r plwyf dynnu certau i fyny ac i lawr y fath lethrau a hwythau wedi eu llwytho gan bynnau ar eu cefnau. Y mae derw mawr, cadarn yn cysgodi dros y rhan uchaf ohoni, yn estyn eu breichiau o bob tu iddi nes cwrdd uwch ei phen i lunio coedlan coediog . Mae'r goedlan hon fel petai'n cuddio ffolineb y rhai a gododd ffordd drwy dir mor drafferthus o serth. I lawr dipyn ar y dde y mae Cilhaul. Dyna enw priodol arni – yn llawer mwy priodol na'r sawl a ddyfeisiodd yr enw "hen hewl Benrhiwceibr".

Mae gwahanol syniadau ynghylch ystyr yr enw Penrhiwceibr. Mae rhai'n honni taw ffurf arall ar "Pen rhiw geifr" ydyw. Yn sicr mae'n bosibl bod geifr yn cael eu gyrru ar hyd y ffordd ar un adeg. Sut bynnag, gan fod yr enw yn ymddangos ar yr hen fapiau i gyd fel "Penrhiw" am genedlaethau, anodd credu y byddai gwir Gymro o'r plwyf hwn wedi camgymryd "ceibr" am "geifr". Yn wreiddiol gwnaethpwyd yr heol i fynd trwy ganol fforest fawr yr holl ffordd o Mountain Ash i dir y Lan Uchaf. Yn y fforest hon yr oedd hen dderw mawr, rhai ohonynt wedi gwywo gan oedran, yn estyn eu breichiau noeth i wynebu'r awelon oedd wedi curo yn eu herbyn am ganrifoedd ac yn edrych yn awr, yn nyddiau eu henaint a'u dirywiad, fel ysbrydion Dyffryn Cynon. Torrodd yr hen drigolion eu ffordd trwy'r ceubrennau hyn i godi heol er mwyn i'r ceffylau bach gael mynd o Ddyffryn Cynon i Ynysybwl. Byddai'n eitha naturiol i'r fath heol trwy'r fforest gael ei galw yn "Rhiw-y-ceibr", hynny yw, "ceibr" neu "ceibren", fel petai'r lôn goed dew yn llunio "trawst" neu "bwa".

Yr oedd pobl gynt yn arfer llunio eu ffyrdd, megis eu cloddiau a'u ffosydd, gan symud o bren i bren. Dyna paham mae golwg anhrefnus, troellog, ar y ffyrdd, fel petai dynion dall yn ymbalfalu yn y tywyllwch ar ôl eu llunio. Fodd bynnag, byddaf yn cyfeirio at yr hen ddyddyn fel yr oeddwn yn arfer ei glywed ar lafar pobl, sef Penrhiwceibr.

Cofiaf am y tro cyntaf imi ymweld â'r ffermdy. Yn blentyn bach, yn dal llaw fy mam, aethom gyda Modryb Jemima a William Jones i gael blas ar Bastai enwog y Tafarn Isaf yn Mountain Ash ac yn troi i mewn ar y ffordd i Benrhiw-ceibr. Yr oedd Dafydd a Gwenni'n byw yno y pryd hwnnw, er bod y ddau wedi marw amser maith yn ôl. Disgleiriai'r lle fel ambr a thywynnai'r lle tân fel arian. Rhoddodd Marged, y ferch, gusan imi gan ddweud taw, o'r ddau William, fi oedd y mwyaf golygus o lawer. "Ho!" ebe 'modryb, "os ef yw'r glanaf, William ni yw y gora o ddigon." Nid oedd waeth gan William na minnau wybod p'un oedd yr harddaf na ph'un oedd y gorau; y peth mawr ar ein meddyliau oedd blasu pastai'r Tafarn Isaf!

Dychweler yn awr o'r hen amser i edrych ar Dŷ'r Arlwydd, i lawr o'r ffordd, dipyn cyn cyrraedd gwaelod y rhiw. Bu Tomos Charles ac Ami fyw yno ac yn eiddo'r tir. Yr oedd yn fferm ryddfraint ac yn dafarn. Ar un adeg bu Tomos Charles yn eitha cefnog ond rhaid bod tyllau yn ei bocedau, oherwydd, po fwyaf yr arian oedd yn eiddo, po gyntaf y diflannodd. Nid oedd Tomos nac Ami y math o bobl i arbed arian achos byddai'n hawsach i ddal dŵr mewn gogr na chadw arian yn eu meddiant. Rhedai nant fach heibio i'r tŷ, ac felly rhedai arian Tomos Charles am byth. Mae rhai pobl yn debyg i hyn; ni allant gadw meddiant ar ddim. Dygodd esgeulustra, diofalwch ac annhrefn ddistryw iddynt. Yr oedd Tomos Charles yn ddigon tawel a diofal, tra yr oedd Ami yn hoff o gwpanaid o de, neu laeth ambell dro, neu hwyrach rywbeth cryfach! Dim ond y cymdogion a wyddai am hynny. Ond y mae Tomos ac Ami wedi mynd i le nad oes eisiau na thŷ na thyddyn ynddo, am hynny ni ddywedaf ddim yn amharchus amdanynt. Os taw drwg a wnaethant, hwy a'u plant oedd yn dioddef fwyaf. Gwnaeth Tomos lawer o ddaioni, gan ei fod yn garedig a chymwynasgar bob amser. Dyn byr, cydnerth ydoedd a chanddo wyneb go ddoniol; un o'r bobl hynny byddech yn siŵr o wenu wrth sylwi arno. Yr oedd ei ymddangosiad anniben a'i wisg anghymwys yn achos difyrrwch i'r sawl a gyfarfyddai ag ef. Wyneb wastad, eitha cnawdog oedd ganddo a'i lygaid yn anodd i'w disgrifio; - edrychent bob un i'w gyfeiriad ei hun, heb ddim mynegiant iddynt. Y cyfan a welid ynddynt oedd rhyw hoffter o fywyd esmwyth a'i ddigonedd o fwyd a diod, ychydig yn ormod mewn gwirionedd. Yr oedd tuedd ganddo at ysmaldod, nes bod yn ddi-chwaeth, tra byddai'n cnoi darn o dybaco yn ei enau - dyna Tomos Charles i chi. Gwisgai got lwyd, fer am ei gefn a allsai ffitio rhywun arall yn well. Yr oedd ei wasgod yn blwsh goch gyda botymau gloyw arni; hir a thrwm oedd y wasgod ond nid oedd wahaniaeth ganddo o gwbl. Gwasgod ydoedd a dyna ddigon! Fel mater o ffaith yr oedd lle i ddal un o'i blant ynddi hefyd, ond nid oedd hyn o bwys iddo. Iddo ef yr oedd y wasgod yn wasgod hyd yn oed os oedd yn cynnal hanner dwsin o blant! Yr oedd trowsus Tomos wedi ei dynnu i fyny'n rhy uchel, gymaint ag iddo ddangos hosanau mawr, llwyd ar ei ddwy goes, gan adael i awyr ffres ddod i mewn dros ran uchaf ei esgidiau oedd o'r math Cosacaidd. Gwell peidio â cheisio disgrifio ei draed, digon i ddweud eu bod yn arbennig o hynod!

Yr oedd trwch mawr o wallt ar ei ben yn tyfu'n syth ar ei gorun ac i lawr ar ei dalcen. Pan oeddwn i'n ei adnabod nid oedd torrwr gwallt i'w gael yn Mountain Ash, felly byddai'n troi at ddefnyddio cyllell boced i dorri ei wallt. Câi flas ar siafio bob bore Sul â dwr oer. Yr oedd rhai yn honni taw'r gorchwyl wythnosol yma oedd y gwaith caletaf a gyflawnodd erioed. Yr oedd yn gryn gamp. Yr oedd y gweiddi a'r bloeddio wrth iddo dynnu ar ei farf â'r raser oedd wedi ei hogi ar y pentan yn dor-calonnus. Nid torri'r farf ond ei chrafu'n fileinig wrth ei gwreiddiau a wnâi, nes bod cymysgedd o waed, sebon a dŵr yn llifo dros yr aelwyd i gyd yn Nhŷ'r Arlwydd. Dyma oedd y drefn i fod cyn bod Tomos yn ystyried bod ei wyneb yn addas i'w gweld, a'i ên a'i gern-flew wedi eu trwsio'n iawn. Peth braf oedd gweld lliw gwritgoch wyneb Tomos ar ôl ei driniaeth gan y raser wrth y pentan.

Daeth y newyddion at glustiau Tomos fod y rheilffordd i fod i groesi ei dir ac y byddai'n gorfod gwerthu'r tir i'r Cwmni. Gofynnwyd iddo am faint y byddai'n eisiau i'w werthu. "O! Yr un pris â rhyw dir arall, bid siŵr," ebe yntau. "Na , na, Tomos, rhaid i chi feddwl nad yw eich tir chwi cystal tir â rhai o'r tiroedd eraill, - Abercwmboi, er enghraifft." "Ddim cystal tir?" meddai Tomos, "mae gystal tir rheilffordd â'r un ohonynt!" Mae rhai'n mynnu taw dyma'r peth mwyaf clyfar a ddywedodd yn ei fywyd. P'un bynnag, prynwyd y tir a daeth y rheilffordd, ond ni wnaeth yr arian ddim daioni i Tomos; llithrodd o'i afael fel popeth arall ac yn y diwedd llithrodd Tomos ac Ami dan len y bedd i orffwys ymhell o sŵn rheilffordd ac arian a gofalon y bywyd hwn!

Saif Tŷ'r Arlwydd o hyd yn ymyl y nant fechan er bod newidiadau mawr wedi digwydd yn y cylch. Credaf fod Clungwyn yno o hyd. Mae Gwernifor a Darrenlas wedi peidio â bod yn ffermydd lle mae gwartheg yn pori a'r ŵyn yn prancio. Yn awr maent yn rhan o'r tir y mae'r "march tanllyd" yn gwibio ar hyd-ddi ar ei negeseuon masnach trwy Ddyffryn Cynon.

Gyferbyn â ni, ar ochr arall y Cynon, saif hen dŷ Dafydd Siôn Rhys, un oedd, fel ei dad yntau, yn hoff o ganu a chwarae'r ffliwt. Y maent ill dau'n gorffwys yn awr yn nhir distawrwydd a'r hen dŷ'n adfail wedi ei orchuddio gan fwsgl, wedi blino ar ddisgwyl am ei ryddhâd, megis ei hen breswylwyr. Cofiaf weld Rhys Darrenlas ac eraill yn lladd gwair ar y Waun fawnog yn y man lle saif capel y Bedyddwyr gyda llu o dai o'i gwmpas yn ymestyn hyd at orsaf rheilffordd Tâf.

Rhaid enwi wrth fynd heibio rai o'r hen drigolion a welais gynt yn ymlwybro o amgylch Mountain Ash. Dyna i chwi Morgan o'r Dyffryn a gymerodd ran flaenllaw yng nghychwyniad Mountain Ash fel tref, yn enwedig ar ochr Caegarw o'r dyffryn. Dyna Edward Thomas, Y Cowper, oedd yn gofalu am ei fusnes ei hun am flynyddoedd yn gwneud arian yn y sied naddu ar lannau'r Cynon ac o fewn ffiniau ei iard ei hun. O'i flaen ef cofiaf am Ddafydd o fferm Troed-y-rhiw a Gwenni, ei wraig, yn mynd am droeon mynych i'r pentref cyn iddo fygwth dod yn dref fawr. Ble mae Siôn Morgan, y teilswr? Cymro uniaith o frîd gorau glas Llanwynno oedd bob amser yn llawn miri ac mor fachgennaidd ei ysbryd ar ddiwedd ei yrfa â phryd ymadawodd ag Ynysybwl. Mae yntau a Jemima ymysg y mwyafrif, fel y dywed llyfr Job, o'r "rhai a lawenychant mewn hyfrydwch ac a orfoleddant pan gaffont y bedd." Dyna i chwi hogiau Darrenlas, Rhys a Wiliam, a bechgyn Pen-y-banc. Maent i gyd yn heneiddio a fesul un yn cwympo i'w cwsg hir. Dyna Evan Evans o'r Allen's, Thomas Williams, y cigydd. O'r annwyl! Tasai gennyf i rym yr Atgyfodiad, gallwn yn awr alw'n ôl nifer fawr o dir angof. Ond "cysgwch ymlaen a gorffwyswch;" fe ddaw y wawr.

Lawer gwaith synnais fod lle mor Gymreig â Mountain Ash wedi cael ei lethu gan enw pur Saesneg. Paham, yn enw'r annwyl, na wnaiff trigolion fabwysiadu enw Cymraeg i'r lle? Dyma fe, yng nghanol y bryniau, yn Nyffryn Cynon, lle mae pawb yn siarad Cymraeg, lle mae'r mynyddoedd, y coed a'r ffermdai oll yn anadlu'r iaith yn lân ac yntau'n cael ei enwi ar ôl coeden yn Saesneg. Mountain Ash, yn wir! Oni fuasai'n harddach, yn hawsach, ac yn fwy naturiol ei enwi "Y Gerddinen" neu "Y Griafol" sydd ill dwy yn ffurfiau Cymraeg ar y goeden honno. Mae'r fferm Pantygerddinen, sydd yn nôd dirnod go adnabyddus yn uwch i fyny'r Dyffryn, yn swnio'n llawer mwy cymwys. Ond waeth heb glebran ragor - yr hyn a wnaethpwyd a wnaed, ac adwaenir y lle bellach wrth ei enw Saesneg, Mountain Ash.

(O.N. Wn i ddim beth fyddai barn Glanffrwd am y ffurf Gymraeg bresennol ar y lle, sef "Aberpennar?" - Awdur)

Mae'r ddwy fferm, Fforest Uchaf ac Isaf, wedi cael eu hymseisnigeiddio ers meityn ond mae'r Maerdy wedi aros yn Gymraeg ei naws trwy'r blynyddoedd. Ond rhaid ysgwyd llaw â chwi yn awr a dweud ffarwel dan gysgod yr hen dderwen fawr wrth hen heol Penrhiwceibr. Y mae pob peth yn Gymraeg yma o wely'r afon hyd at frigyn y dderwen ac ymlaen at dwyni Penrhiw Caradog a Chefn Gwyngul. Mewn lleoedd tebyg ni fydd terfyn ar yr iaith Gymraeg byth!

PENNOD 12

TROEDRHIW-TRWYN A GUTO NYTH BRÂN

Troedrhiw-trwyn ydyw enw'r ffermdy ar ben uchaf Graigwen, nepell o Bwll Mawr y Western yn Nyffryn Rhondda. Mae'r lle'n tyfu'n gyflym ond, yn wreiddiol, yr oedd yn cynnwys Troedrhiw-trwyn a Typica yn unig. Yn ddiwedarach ymunodd Tymawr â hwy ac, o dipyn i beth, daeth yr holl ardal i'w hadnabod fel Troedrhiwtrwyn, ar ôl enw'r hen ffermdy. Mae'r enw'n addas a disgrifiadol. Dechreua'r heol o Bontypridd heibio i'r Hafod a chartref George Basset sef yr Hafod Fach a fferm Nythbrân hyd Benrhiw'r-gwynt yn y fan hon. Daw'r rhiw serth o Flaenhenwysg i'r dyffryn at ben llethrog yma a'r bryn wrth ei hymyl yn codi o'r ficerdy y tu ôl i Bwll y Great Western, neu hen Lofa Calvert. Fel sy'n eglur wrth yr enw, terfyna rhiw'r llethr serth yn y lle hwn. Yn awr amgylchynir yr hen ffermdy gan dai mwy modern a ffasiynol, ond erys y fferm o hyd fel rhyw bartriarch gwyredig ymysg ei ddisgynyddion. Er bod golwg llesg a blinedig arno, mae naws fwy hudolus a barddonol iddo na'r tai newydd, fel petai'n cadw cwmni o hyd ag ysbryd y gorffennol, yn bodio ei drwyn ar syniadau modern ond yn ymuniaethu â phethau hŷn, yn fwy greddfol a Chymreig ei ansawdd. Dyna wrthgyferbyniad pur sydd rhwng yr enwau "Great Western" a "Troedriw-trwyn". Nid oes dim byd barddonol neu hynafol neu ynteu o werth hanesyddol na Chymreig yn yr enw" Great

Western"- dim ond yr hyn sydd yn dwyn naws Seisnigaidd a Masnachol; ond yn yr enw Troedrhiwtrwyn cawn ddarlun mor wreiddiol, wlatgar, nwyfus o'r lle. Mae sŵn y gair yn ein cludo'n ôl i'r dyddiau hynny cyn oes y glo, y distyllfeydd clai a phethau Seisnigaidd, pryd câi lleoedd eu henwi ar ôl Natur, wrth eu safle a'u perthynas, gan hen feirdd ac athronwyr y mynydd-dir na fyddent yn mynd ar gyfeiliorn wrth enwi mynydd, dyffryn, afon neu dŷ.

Ie, Tredrhiw-trwyn ydyw'r hen ffermdy llwyd yna sy'n dadflino ar lethrau'r Hafod a Blaenhenwysg, fel pererin yn perthyn i'r gorffennol. Gallwn aros yma'n dychmygu delweddau o'r hen adeilad a'i breswylwyr gynt, o dawelwch y fangre cyn bod y drafnidiaeth ar yr heol Rhondda ond ychydig, ie, hyd yn oed cyn bod yr heol Rhondda yno o gwbl, yr oes pryd na chlywid ond sŵn murmur yr afon neu ei chyffro dan lifogydd neu ei chwyrlio'n wyllt yn y berw erchyll. Mae'r un delweddau'n cynnig gweledigaethau o wyntoedd cryf yn chwythu o gyfeiriad y Cymer, yn ysgubo trwy goed yr Hafod a thros y Graigwen ei hun, yn bloeddio'n herfeiddiol yn nannedd y Cwar Pica. Pwy oedd yn byw yn y dyffryn yma y dyddiau hynny, tybed? Mae eu henwau a'u beddau wedi mynd ar goll am byth, nes cyrraedd cyfnod Guto Nyth Brân, ac yn ddiweddarach, George Basset, yna William Ready a'i gyfoedion digrif. Rhaid osgoi i'm meddwl fynd dros ben llestri. Rhaid bodloni ar yr ychydig ffeithiau y gwyddys yn sicr amdanynt ynghylch Troedrhiw-trwyn a rhoi tragwyddol hedd i ddychymyg fy narllenwyr am ei gorffennol. Tua hanner can mlynedd yn ôl tyfai cae braf o wenith yn y man lle y saif y ficerdy yn awr *(sef Ficerdy presennol plwyf Llanddewi Rhondda – Awdur)*. Cartref y Parch. Moses

Lewis oedd hwn, sef ficer presennol Llanwynno – dyn galluog a dawnus. Medraf ddweud oddi ar fy adnabyddiaeth bersonol ohono nad oedd dim ficer mwy medrus, gwlatgar, twymgalon na selog yn Llanwynno nag ef. Casglwyd y gwenith yn gnwd aeddfed a llanwyd yr ysgubor yn Nhroedrhiw-trwyn ag ysgubau, melyn, tew. Yr oedd y perchen yn ymfalchïo yn ei gnwd da. Yr oedd y pryderon am ei gasglu a'i gadw drosodd, ac nid oedd ofn glaw na storom gan fod yr ysgubor fel dinas noddfa yn gwahanu'r perchen oddi wrth dywydd garw. Fodd bynnag, fel sy'n digwydd yn fynych, "po sicraf y teimlwn, agosaf i ddistryw a fyddwn;" felly am y gwenith hwn yn Nhroedrhiw-trwyn. Yn ddi-symwth gwthiodd byddin o lygod mawr Ffrengig eu hunain i'r ffermdy, llygod cymaint â chathod. Bu'r pla mor ddifrifol yn y rhan hon o Ddyffryn Rhondda fel y difethwyd neu y difawyd y gwenith i gyd oedd yn yr ysgubor. Wrth archwilio'r ysgubau gwerthfawr, cafwyd eu bod yn ddi-werth, ag eithrio amryw ysgubau a gludwyd i'r ffermdy. Yn fuan wedyn gadawodd y llygod yr ysgubor a chymryd meddiant o Droedrhiw-trwyn ei hun ac felly aeth yr hen dŷ'n drigfan i'r fyddin annhrugarog yma o lygod mawr. Yr oeddynt yn llanw pob cornel, pob cwpwrdd, a phob wal. Nid oedd pla tebyg i hwn oddi ar i lyffaint heidio dros balas Pharo. Ni waeth gwaith dyn, ffuret, cath neu gi. Amlhaodd y llygod, cryfhau ac ymwroli, gan ystyried eu hunain yn fwy na choncwerwyr yn y lle. Nid digon oedd iddynt ddwyn bwyd o'r llaethdy ond cludo peisiau merched a dillad plant i'w tyllau yn y waliau a wnaethant. Nid oedd diogelwch na llonyddwch na chysur i'w cael i breswylwyr Troedrhiw-trwyn. Daeth yn bwnc argyfwng. Rhaid i'r bobl neu'r llygod fynd. Sut i gael gwared o'r llygod? Yr oeddynt heb falio dim am y cathod a'r cŵn.

Yna clywodd rhai o'r trigolion, os byddai modd dal un o'r llygod a llosgi ei blew â golosg neu golsyn, byddai'r lleill yn cael braw a ffoi. Penderfynwyd dal un ohonynt.

Pan oedd Daniel, un o'r gweision, yn mynd i fyny'r grisiau un diwrnod, gafaelodd yn un llygoden fawr iawn. Yr oedd hon mor dew â mochyn ar ôl bwyta bwyd da a chael bywyd esmwyth, tra yr oedd ei blew yn wir ddisgleirio ar ei chorff. Yr oedd golwg march porthiannus arni. Ond o'r diwedd fe lwyddwyd i'w dal. Gosodwyd hi ar dân; o leiaf arllwyswyd cols chwilboeth drosti a'i gollwng i redeg i ffwrdd, dan orchudd fflamau. Ni fyddai neb yn meddwl y gallasai llygoden fawr wneud y fath ysgrechian erchyll. Yr oedd y sŵn yn fwy mileinig na llef mochyn ar fainc y cigydd pan fyddai gwythiennau mawr ei wddf yn cael eu torri. I fyny'r grisiau â'r llygoden fel ellyll yn anadlu tân a brwmstan, nes iddi ddiflannu i'r twll cyntaf a welodd yn y wal. Ni wyddys beth a ddaeth ohoni ond fe wyddys na chafodd hyn nemor ddim effaith ar y llygod eraill. Arhosodd y pla er gwaethaf llosgiad y llygoden; mewn gwirionedd, aeth ei ffrindiau yn fwy eofn nag erioed.

Un noswaith aeth perchen y fferm i'w wely yn lled gynnar, gan gymryd ei law-ddryll llwythog gydag ef, gyda'r bwriad o'u saethu. Yn ystod y nos, clywodd sŵn y fyddin lygod yn yr ystafell, saethodd a lladd ddwy ohonynt ag un ergyd. Cawsant y fath fraw fel y ffoesant ar unwaith ac nis gwelwyd byth wedyn yn Nhroedrhiw-trwyn. Mae'n debyg iddynt ruthro'n bendramwnwgl i'r afon Rhondda a nofio cyn gynted ag y gallent i'r llongau yng Nghaerdydd. Felly cafodd Troedrhiw-trwyn ryddhâd oddi wrth y pla rhyfedd hwn. Serch hynny, y peth mwyaf rhyfedd ydyw'r ffaith bod Mari, gwraig William Thomas, oedd yng nghwsg wrth ei ochr pan saethodd o'i wely i'r ffrwgwd o lygod, wedi methu â deffro wrth sŵn yr ergyd. Er i'r dryll wneud sŵn fel taranau ac i'r ystafell gael ei llanw â mwg, aeth y cyfan dros ben Mari. Ni symudodd na llaw na throed, er mawr syndod i'w gŵr. Oddi ar hynny byddai'n dweud amdani:-"Yr w'i yn ffaelu dyall ffordd gallws y goblen gysgu mor sownd." Claddwyd yr hen ŵr yn ddiweddar yn wyth deg oed, nid yn Nhroedrhiw-trwyn ond yn Abercwmboi, ger Mountain Ash.

Dipyn yn uwch i fyny ar yr un bryn, ryw filltir o Droedrhiw-trwyn saif hen ffermdy arall a tho o gerrig llwyd. Deuir o hyd i hwn amryw gaeau i fyny o'r afon. Paham y gelwir ef Nythbrân, tybed? Nid yw 'r ateb yn rhwydd. Y tebyg yw ei fod wedi deillio o'i leoliad, lle'r oedd y brain yn nythu yn y coed gerllaw. Hwyrach y cafodd ei enwi ar ôl person yn dwyn yr enw Brân, oedd wedi byw yno efallai. Dim ond bwrw amcan yr ydwyf, heb yr un mymryn o dystiolaeth ar gael. Ond yn fy meddiant y mae hanes un dyn a fu fyw yno sydd wedi gosod bri ar y lle yng nglowg pawb, hyd yn oed trigolion lle mor bell â Gogledd Cymru. Nid oes dim yn hynod am safle nag ansawdd y tŷ o'i gymharu ag unrhyw fferm arall yn y plwyf, ond mae wedi cael ei anfarwoli trwy ei gysylltiad ag enw'r rhedwr cyflymaf yn y byd y cyfnod hwnnw, sef Guto Nyth Brân.

Mae'r traddodiad am Guto Nyth Brân neu Gruffydd Morgan, yn gryf a dilys. Bûm yn siarad â hen bobl yr oedd eu tadau'n ei adnabod. Un o'r rhain oedd Dafydd Rhys Llwynperdid, yr oedd ei dad yn cyd-redeg â Guto ac yn ei gynorthwyo i ymarfer ar Fynydd Gwyngul. Ganwyd Guto yn Llwyncelyn (Hollybush) yn y flwyddyn 1700, ond symudodd ei rieni i Nyth Brân pan oedd yn ifanc iawn. Tyfodd i fod yn fachgen mor ysgafndroed fel nad oedd neb yn medru cystadlu ag ef ar y gwasatir, y llethrau serth, neu ar dwyni'r mynyddoedd gwyllt. Yr oedd mor gyflym fel y medrai ddal oen bach ar y mynydd pryd y mynnai. Y mae eraill wedi cyflawni gorchestion mewn mabolgampau ond gellid cymharu campau Guto â dyddiau'r Brenin Dafydd yn yr Hen Destament. Weithiau anfonid ef gan ei fam i Lantrisant i nôl burum. Dywedir y byddai ei fam yn gosod y tegell ar y tân i'w ferwi ar gyfer brecwast, wrth iddo ymadael ar y neges. Croesai'r afon Rhondda yn ymyl y Pyllau Duon ger Britannia, dringo i fyny ochr y mynydd mewn llinell unionsyth, heb ddilyn heol, wal, clawdd na ffos, ac er ei bod yn siwrnai o dros ddeuddeg milltir, byddai Guto yn ôl erbyn brecwast.

Un tro dywedodd ei fam wrtho am fynd i Aberdâr ar neges tra byddai'n mynd ar neges arall, gan obeithio rhannu stori neu ddwy a phinsiaid o snisin yn yr Hafod Fach. I ffwrdd â Guto dros Gefn Gwyngul i Gwmaman, oddi yno i Aberdâr gyda'r neges. Daeth i feddwl ei fam ei bod yn bryd dychwelyd adref er mwyn paratoi cinio i Guto, a dyna lle yr oedd ef wedi dod adref eisoes. Ni chredai hi ei fod wedi mynd yno a dod adref nes cael ei hargyhoeddi gan y ffaith i'r neges gael ei derbyn yn ôl gan Guto. Mae stori am i'w dad ofyn iddo gasglu'r defaid ynghyd ar y mynydd a'u dwyn i lawr i'r buarth yn Nyth Brân. "Dos," ebe ei dad, "a chymer y cŵn gyda thi a chasgla y defaid gynted fyth fyddo i ti." "Cadwch y cŵn yn y tŷ, mi wnâf yn well hebddynt," ebe Guto, ac ymaith ag ef. Daeth â'r praidd i'r buarth ymhen ychydig o amser, heb gymorth na dyn na chi. "Shwd daeth y defaid, gest ti drafael fawr gyda nhw, Guto?" gofynnodd yr hen ŵr. "Naddo, ddim ond gyda'r un fach gochlyd yna y cefais drafferth fawr, ond mi a'i deliais hi ac a graciais ei choes."

"Clyw, bachgan," meddai'r tad, "sgyfarnog yw honno. Clyw, bachgan, beth yw dy feddwl di? P'le cest ti hi?" "Hi gwnnws o'r rhedyn ar fynydd Llwyncelyn a chyn i bod hi allan ar dir yr Hafod, daliais hi a chafodd hepian gyda'r defaid wedyn", ebe Guto. "Clyw, bachgan; clyw, bachgan clwbyn," ebe'r tad.

Clywais lawer o'r trigolion hynaf yn adrodd am ei ddewrder mawr pryd aeth ar ôl cadno gyda'r cŵn hela o Lanwynno i ryw gornel o Sir Aberfeifi. Yr oedd hi'n dechrau nosi pan gyrhaeddodd y cadno, dau gi hela a Guto ymyl tŷ rhyw ŵr bonheddig yn y parthau yna o'r wlad a Guto a'r cŵn yn rhy flinedig i ddal y cadno. Cafodd Guto groeso cynnes gan y gŵr ac yn ddiweddarach rhedodd amryw rasus gyda cheffyl y gŵr, a oedd wedi colli cryn dipyn o arian mewn rasus a dod yn ail i geffyl gŵr bonheddig arall. Y canlyniad oedd i Guto redeg yn erbyn ceffyl y gŵr yna a'i guro, gan ennill yn ôl yr arian i gyd a gollasid, a llawer mwy yn ogystal. Dychwelodd Guto i Ddyffryn Rhondda heb ddim ond gwyntoedd cryf Mynydd Gwyngul i ymuno yn y gân:-
"See the conquering hero comes."

Mae cof gennyf glywed rhai o'r hen drigolion – llawer ohonynt dros eu pedwar ugain oed a bellach yn eu beddau – yn adrodd gyda blas mawr am deithiau a rasus Guto. Er y byddai'n cyflawni teithiau hir mewn amser sy'n ymddangos inni yn anghredadwy o fyr, eto nid amheuid eu bod wedi digwydd gan yr hen bobl. Adroddid am ei baratoadau ar gyfer rhedeg ras. Byddai'n cysgu ar domen dail dwym o flaen y stabl. Byddai ei gwres naturiol yn llacio ei esgyrn nes bod ei gyhyrau fel ffrewyllau ac mor hyblyg ag asgwrn morfil. Serch y ffaith bod llawer o redwyr cyflym i'w cael ar y mynydd-dir yn yr ardal fugeiliol hon, nid oedd neb i gymharu ag ef ar redegfa o ddeuddeg milltir. Tebyg ydoedd i un o'r ceirw ar fryniau Judea y cyfeiriodd Solomon atynt. Fel y soniais o'r blaen, fe'i cofnodir iddo gadw i fyny gyda'r cŵn hela ar eu ffordd i Sir Aberteifi, dros fryn a dyffryn, trwy ddrysni'r cymoedd ac unigrwydd y mynyddoedd, dros ddoldir a gwaun, gan ddal ambell i gadno wrth ei gwt!

Cyfeilles orau Guto oedd Siân o'r Siop. Mentrai hi lawer o arian ar nerth ei wadnau. Dywedir bod llawer o wŷr bonheddig yn y wlad heddiw wedi elwa trwy rinwedd ei mentrusrwydd hi. Yr oedd dau dŷ bychan to gwellt yn ymyl Troedrhiw-trwyn yn ffurfio beth a elwid y siop, sef cartref Siân. Bydd ei henw hi yn gysylltiedig â Guto Nyth Brân am byth. Un tro fe wnaeth ffortiwn pan drefnwyd ras rhwng Guto a chapten yn y fyddin Saesneg o Gaerfyrddin a wersyllwyd gyda'i gyd-filwyr yn Hirwaun. Bu'r cwrs dros bedair milltir a'r wobr yn bum cant o bunnoedd. Enillodd Guto yn rhwydd. Yna daeth her oddi wrth Sais arall o'r enw Prince am redeg ras dros ddeuddeg milltir am swm enfawr o arian. Derbyniodd Guto a'i ffrindiau yr her yn llawen ac aethpwyd i Gaerffili i drefnu telerau a manylion y daith. Pennwyd ar y dyddiad a'r rhedwyr i gychwyn o Gasnewydd a dod i derfyn y ras wrth eglwys Bedwas. Mentrwyd cannoedd o bunnoedd ar y canlyniad, gan gofio bod y dynion cyfoethog i gyd wedi cefnogi rhagoriaeth Guto i ennill y dydd. Yr oedd Siân o'r Siop, a hithau'n fenyw gyfoethog erbyn hyn, yno wrth gwrs. Dywedwyd iddi ddal llond ffedog o sofrenni yn fenter ar nerth coesau Guto. Byddai hi'n siŵr o gefnogi Guto trwy'r tew a'r tenau, ond y pryd hwn mentrodd y cyfan o'i heiddo arno. Dyma'r rhedwyr yn barod i gychwyn o Gasnewydd gyda Prince ar y blaen ac yn ennill tir ar Guto trwy'r amser. Arhosodd Guto ar ôl i sefyll a siarad â gwylwyr ar y ffordd nes bod Prince allan o olwg. Yna gwelodd Guto ei bod yn bryd symud ymlaen, gan ddweud, "Y mae yn rhaid imi gofio am Siân o'r Siop," ac i ffwrdd ag ef fel hydd dros y ddôl. Pan welodd rhai o gefnogwyr Prince fod Guto yn ennill tir, dyma hwy'n taflu gwydr ar y ffordd i geisio torri ei draed a pheri iddo lithro, ond fe neidiodd drosto fel ewig. Gan ddringo 'r rhiw serth tuag at eglwys Bedwas, goddiweddodd Prince ac wrth fynd heibio gofynnodd Guto iddo a fedrai fynd ychydig yn gynt! Ymddengys fod Guto a'r gŵr arall yn rhedeg ochr yn ochr dros dro ond, ac yntau'n cofio o hyd am Siân a'i harian, ymaith ag ef fel gwynt o'r mynydd i orffen y ras saith munud dan yr awr – rhedasai'r ddeuddeg milltir mewn pum deg tri o funudau. Gymaint oedd llawenydd Siân fel y rhedodd ymlaen at Guto a'i guro ar ei gefn, gan weiddi, "Guto Nyth Brân am byth! Da iawn, Guto!" Wrth roi clap mor gryf ar ei gefn, ni feddyliai hi am y ras galed a gawsai a bod ei galon yn curo'n gyflym o ganlyniad i'r ymdrech derfynol. Dyma'i galon yn neidio o'i le a dyma Guto yn gorffen nid yn unig ei daith o ddeuddeg milltir ond hefyd ei ras olaf o'r bywyd hwn. Tra'r oedd Siân o'r Siop yn casglu ei henillion o sofrenni o'i dau lonaid ffedog, yr oedd Guto'n cau ei lygaid ar ofidion a mwynderau, cyfoeth a thlodi'r byd hwn ac yntau dim ond yn dri deg saith oed.

Bu galar trwm ar ei ôl yn Llanwynno. Gosodwyd gweddillion y dyn rhyfeddol hwn i'w gorffwys dan wal ddeheuol Eglwys Wynno. Ar wyneb ei fedd rhoddwyd carreg yn cynnwys ysgrifen goffadwriaethol briodol y cerfiwyd llun calon arni fel arwydd o'r ffordd drychinebus y bu farw. Dros ugain mlynedd yn ôl fe roddodd trigolion y plwyf garreg fedd fawr yn goffadwriaeth newydd ar fedd Guto â'r englyn ganlynol, gwaith Meudwy Glan Elai arni:-

"Rhedegwr gor-heinif a gwrawl,- cawr
Yn curo'n wastadawl,
Oedd Gruffydd; e fydd ei fawl,
Wr iesin, yn arhosawl."

Nid wyf wedi gor-addurno hanes y dyn hwn ond yn hytrach dewis yr uchafbwyntiau mwyaf lliwgar allan o'r llwyth o draddodiad amdano.

PENNOD 13

PONTYPRIDD A'I GYMERIADAU ENWOG

Yr ydym yn sefyll yn awr yn ymyl yr Hen Bont dros y Tâf yn nhref Pontypridd yng nghwmni llawer o ffrindiau. Syllwn ar y bwa hardd yn codi dros yr afon, yn edrych mor odidog a chadarn. Ymddengys fod y Tâf, yn llifo dani, yn cael ei lyncu gan yr agen enfawr. Yr oedd adeiladwr y bont, William Edwards, wedi codi pont tri bwa cyn hon ar yr union safle. Credaf iddo ddechrau'r gwaith yn 1746, ond wedi sefyll a'i phrofi ei hun fel man croesi defnyddiol am beth amser ac yn wrthrych edmygedd i bawb, cododd storm fawr yn Nyffryn Tâf. Chwythodd y gwynt yn fileinig gan ddistrywio coed yn y dyffryn ac ar y bryniau, tra aeth y Tâf yn fwy terfysglyd nag arfer. Cwympodd coed enfawr ar y dyfroedd chwyddedig a phentyrru yn erbyn cynalfuriau'r bont a'i thri bwa, gan ffurfio argae aruthrol dros yr afon. Yn y diwedd aeth y pwysau'n ormod ac ysgubwyd yr holl adeilad i ffwrdd ag un ergyd. Heb ei siomi gan hyn, aeth William Edwards ati i godi pont newydd yn ei lle, un fwy cadarn a diogel, os posib. Y tro hwn gwnaeth i ffwrdd â'r cynalfuriau ar ei chanol, gan adael y bont ag un bwa sengl, yn mesur cant pedwar deg troedfedd o led wrth dri deg pum troedfedd o uchder. Erbyn y flwyddyn 1751 gorffennwyd y bont newydd oddieithr yr ochr-furiau neu'r canllawiau. Ond unwaith eto cafodd Edwards, trigolion ei blwyf ei hun, sef Eglwysilan, a rhai'r plwyf cyfagos, sef Llanwynno, siomedigaeth.. Oherwydd y pwysau trwm, dymchwelodd maen cloi'r bont a chwympodd yr holl adeilad i'r afon. Ond ni allai'r anffawd hon ychwaith drechu ewyllys Edwards. Gwnaed cais am y trydydd tro. Er mwyn ysgafnhau'r pwysau, gwnaeth dri thwll crwn ar ddwy ochr y bont. Ychwanegodd hyn hefyd at harddwch yr adeilad. Cyflawnwyd y bont un bwa hon yn 1755 – naw mlynedd ar ôl yr ymdrech gyntaf, ac fe saif o hyd yn dyst i fedr a dyfalbarhâd yr adeiladwr pontydd o Groeswen. Hyd at y flwyddyn 1830 pont William Edwards oedd y bont letaf yn y byd. Codwyd un yng Nghaer yn ddiweddarach oedd ychydig yn lletach. Am flynyddoedd, daeth llawer, yn cynnwys o'r Cyfandir, i weld pont Pontypridd ac i edmygu gwaith yr adeiladwr enwog o Groeswen a ddysgodd ei grefft i'w hunan. Mae diwrnod yr Hen Bont drosodd yn awr ac mae'n edrych i lawr ar y Bont Newydd a godwyd dani â golwg patriarchaidd, tywysogaidd. Ei diffyg mwyaf oedd ei huchder, gan ei gwneud hi'n anodd i rywun â llwythi mawr ddringo'r ddwy ochr serth. Dyma englynion o foliant gan Iago Emlyn i gampwaith Edwards:-

"Bwa gaf yma'n gyfamod, - aelgerth
Ar y weilgi isod;
Enfys dros b'un 'cheir canfod
Dilyw fyth tra deil i fod.

Megis safn mae'n ymagor – i lyncu'n
Ail i wanc gagendor;
Lli'r afon uwch llawr Ifor
A gwg min at geg y môr!

Tra Thâf, O! Bont, saf ar dy sail – yn glod
I'n Gwladwr heb adfail,
A gyfododd gofadail,
Iddo'n hun – difudd yw ail."

Yn awr yr ydym ger hen gartref Gwilym Morgannwg – bardd da, Cymro selog a gwlatgar cywir. Nid yw Pontypridd wedi gwneud dim i gadw'r cof amdano'n fyw. Un tro ymwelodd Iago Emlyn â Gwilym Morgannwg, ac wrth edrych ar ei lyfrgell hardd fe ganodd y pennill iddi:-

"Cilfach trysorfa'r celfydd-tŷ Awen
Lle lletyodd Prydydd;
Gem meiniog o gwm 'mennydd,
Tân dawn yn tywynnu dydd!"

Ar un adeg bu enwogrwydd Pontypridd yn hysbys trwy Gymru gyfan. Edrychwch ar yr enwau o feirdd a llenorion disglair yn gysylltiedig â'r lle yn fy mhrofiad i, ac nid yw hwnnw ond yn gyfnod byr. Brodor o'r ardal, os nad o'r dref ei hun, yw Ieuan Ddu, tad adnewyddiad ym myd cerddoriaeth Cymreig a golygydd y "Cambrian Minstrel". Efe oedd y ddolen gydiol rhwng Pontypridd a cherddoriaeth a llên ein cenedl a hefyd gyda'r Eisteddfod bwysig a gynhelid yn y Fenni, sef cyfnod o ddiwygiad yn ein llên. Cludai yn ei fynwes y tân oddi ar yr "allorau" hyn a daeth â'i angerdd i gynnau calonnau trigolion Pontypridd. Yma hefyd yr adwaenwn ac yr edmygwn Ieuan, mab Iago, a roddodd dragwyddoldeb i'r dref trwy gyfansoddi "Hen Wlad Fy Nhadau", cân a bery pan fydd hyd yn oed Graig-yr-Hesg wedi ei chwalu'n deilchion mân. Yna eto cawn Myfyr Morgannwg, prydydd, hynafiaethydd ac ysgolhaig Cymreig heb ei ail. Mae wedi gwisgo amdano fantell Iolo Morgannwg ac fe'i ystyrrir ym Mhontypridd yn batriarch sydd â baich profiad, dysg a blynyddoedd yn gorffwys arno yn llwythi trwm. Bardd dysgedig arall ydyw Dewi Wyn o Esyllt, y bydd ei "Geinion Esyllt" yn aros yn boblogaidd ac y bydd ei edmygwyr heb fod yn llai pryd y daw milflwyddiant llên Cymru i fod. Mae ei wybodaeth a'i ddawn lenyddol yn galw am glod pawb. Wedyn cawn Carnelian; yr englynwr cryfaf yn y wlad, yn fy marn i. Mae wedi ennill llonaid tŷ o gadeiriau eisteddfodol, ond er hynny, mae'n cadw cornel wag i un arall eto!

Gerllaw, i fyny ar ochr y rhiw, mae'r prydydd Brynfab yn edrych i lawr o'i gartref yn Eglwysilan. Mae'n meddu ar ddawn farddonol gref, ysgolheictod a gallu meddyliol gwych. Pe na buasai defaid a da i'w trafferthu yn y byd hwn, buasai fel Gwilym Hiraethog yntau, yn un o feirdd pennaf y wlad. Er gwaethaf ei anifeiliaid a'i ofalon amaethyddol mae'n cynyddu trwy'r amser ar ei ffordd at frig yr ysgol lenyddol. Yn lled agos i'w gartref ceir Merfyn, bardd wrth reddf, â'r gallu ganddo i lunio delweddaeth ond sydd ag angen ar ei waith ragor o loywi eto. Ar ochr ei fam mae ef yn hanu o Lanwynno. Bu ei dad fyw yno hefyd am lawer o flynyddoedd, gan orffen ei fywyd yno'n heddychlon. Dysgodd Merfyn ei grefft farddonol yng Nghwm cysegredig Clydach. Pan oeddwn yn hogyn dygwyd fi i'r ysgol ar ei gefn gannoedd o weithiau. Dichon taw dyma'r ffordd y deliais rywfaint o'r ysbryd barddonol oddi wrtho. Ef ydyw awdur y gerdd brydferth, "Y bwthyn yng nghanol y wlad."

Wedyn dyna i chi Foesen, englynwr pert, llawn ffraethineb ac ysmaldod. Yn anffodus bu ei waith fel arwerthwr, ysgutor ewyllysiau â'i ddiddordeb mewn gwneud arian yn rhwystr iddo ddilyn yr awen a garai. Yn gyfagos y mae Morien - un ffraeth, doniol a gwlatgar, yn Gymro i'r carn ac yn un o ysgrifenwyr mwyaf bywiog ei ddydd. Yr oedd Ap Myfyr yntau yn un o'r prydyddion mwyaf medrus yn y wlad ac yn ddigymar wrth lunio englyn. Yr oedd cyfyngiadau ar ei athrylith ond yr oedd yn loyw a nwyfus dros ben. Os nad oedd yn debyg i afon fawr, lydan, yr oedd yn un o'r goferydd puraf yng nghoedwigoedd barddoniaeth. Diffyg amser ac nid diffyg gallu a barodd iddo beidio ag ennill cadeiriau eisteddfodol. Y mae llawer y rhwymir eu hawen rhag iddynt flodeuo oherwydd amgylchiadau cyfyng.

Yma y mae Ieuan Wyn yn trigo, yr hwn, pan yn ifanc, a argoelodd yn dda ei fod i ennill enw iddo'i hun. Fodd bynnag, ar ôl llwyddo'n gynnar, blinodd yr awen a methodd â byw yn ôl y disgwyl Pe na chaniatesid iddi fynd ar draul, buasai'r awen ganddo ar ei chynnydd gyda'r gweddill. Bu adeg pan oedd Ieuan Glyn Cothi yn byw yma; hwyrach y daw yn ôl eto. Ychydig amser sydd ganddo i farddoni oblegid ni chyflogir gweision sifil am freuddwydio.

Bu Dewi Haran yn preswylio yma am flynyddoedd, ac yntau'n caru'r awen yn fawr. Bu farw ddwy neu dair blynedd yn ôl, yn ffyddlon i'w wlad, ei heisteddfod, a'i llenyddiaeth trwy gydol ei fywyd. Y mae ef a'i hen gyfaill, Ap Myfyr, yn cyd-orffwys ym mynwent Glyn Tâf. Er bod y ddau brydydd yn fud bellach a'u telynau yn hongian ar helyg marwolaerth, mae'r adar yn Eglwysilan yn parhau i ganu Cymraeg a'r Tâf yn dal i sibrwd yn feddal wrth fynd heibio. Er mai distaw yw eu lleisiau, llefaru o hyd y mae eu caneuon a'u cerddi.

Awn i fyny i Heol y Felin – y dramwyfa gul yna'n edrych fel petai'n ceisio rhwystro dynion Llanwynno a rhai'r Rhondda rhag dod i'r dref ond bob yn un neu ddau. Fodd bynnag bu'n ddigon llydan i John Griffiths ac Aaron Cule i wneud eu ffortiwn ynddi. Pery masnach i lewyrchu yma gyda thŵf poblogaeth y lle. Awn heibio i dŷ Mathonwy, dyn a chanddo ddoniau mor ddisglair â neb yn y dref. Mae gennyf weithiau Cymraeg a Saesneg o'i eiddo. Maent ill dau o safon uchel iawn. Gallasai fod yn nes i sedd yr anfarwolion nag ydyw. Serch hynny mae wedi cyfansoddi llawer o bethau na thrigant byth. Gwladgarwr brwd a chwmni diddan di-gymar ydyw, ond iddo fod yn yr hwyl iawn. Dyma ni'n teithio trwy Hopkinstown. Paham, yn enw'r annwyl, na elwir y lle Tref Hopkin? Dyma lle mae William Howell, yr Iforiad da, yn trigo. Wrth droi oddi ar Heol Graigwen islaw capel Carmel, dylswn i sôn am dŷ Gwyngull. Iforiad brwd arall oedd ef a bardd sydd wedi symud i'r De yn awr er bod ei awen farddonol wedi ei meithrin o'r Pwll mawr yn Sir Fôn a adwaenir yn Llanfair-pwll-Gwyngyll-llanmathafarn-eithaf-ger-llandysilio-llandygogogoch! Un o feirdd Pontypridd ydyw yn wir.

Wrth fynd trwy Gyfeillon yr ydym o hyd ym mhlwyf Llanwynno. Mae Gyfeillon yn hen bentref sydd wedi cyfuno â Hollybush islaw iddo a Hafod uwch ei ben. Mae'r nodau tir hyn wedi newid a datblygu yn ystod yr ychydig flynyddoedd diwethaf. Pan oeddwn i'n dechrau fy ngyrfa lenyddol, yr oedd yr ardal o gwmpas Hollybush a Phant-y-graigwen yn gartref i lawer o feirdd da. Ble mae John Davies, er enghraifft? A pha le y mae Tomos, ei frawd? Yr oedd y ddau yn brydyddion dawnus. Y mae'r ddau Morgan Morgan wedi darfod ac yn cyd-orffwys ym mynwent Llanwynno. O'r Gyfeillon collwyd llais

Rhystyn. Mae Tawenog yn fyw eto ac yn torri allan i lunio ambell i delyneg weithiau. Mae Eos Hafod yntau i'w gael o hyd ymysg y miloedd sy'n byw yn y Rhondda. Penwyn eto, pa le mae ef? Mae llais Alawfryn, sef Richard Evans, wedi tewi ers rhai blynyddoedd. Llafuriodd mor galed ym myd cerddoriaeth fel y treuliodd ei nerth allan yn y diwedd, heb iddo fedru cyflawni ei lawn botensial. Mae Siôn Llanharan wedi rhoi ei swydd fel diacon i fyny, a chyda hi, ei hepian yn y capel! Mae William Rosser diniwed wedi mynd i'w fedd ac mae'r capel a fynychai i fwynhau gwleddoedd yr Efengyl wedi cael ei ddistrywio gan ymsuddiant neu rywbeth tebyg. Mae capel arall wedi ei godi yn ymyl yr un safle yn awr. Heddiw mae Ynys-yr-Hafod yn un o liaws o dai sydd i bob golwg yn dref eitha dymunol gyda'i phatrwm rheolaidd o strydoedd. Wrth fynd heibio i'r lle yn ddiweddar teimlais yr awydd i alw enwau rhai o'r hen breswylwyr. "Phylip William, atebwch i'ch enw!" Dim ateb. "Mari Phylip William, pa le y mae hi?" Yn ddistaw am byth. "Mari Scott, deuwch i'r drws!" Ni ddaw, a'r "lle nid edwyn mohoni mwy." "Siôn Siencyn!" Mae ef wedi bwrw ymaith ei feichiau bydol am byth i arffed y dyffryn. Wel, wel, mae'r lle yn hollol ddieithr imi. Ychydig o'm hen gyfeillion sydd ar ôl ac maent hwy'n nesáu at fachlud eu bywyd. Ie, rhan enwog o Gwm Rhondda ydyw hon. Bu Cadwgan y Fwyell yn byw yma. Pryd oedd eisiau i'r Cymry amddiffyn eu gwlad, byddai Cadwgan yn teithio trwy'r dyffryn, gan hogi ei fwyell. Felly daeth y rhyfel-gri hon yn enwog ym Morgannwg, "Cadwgan, hoga dy fwyell."

Dyma ni'n sefyll yn awr wrth Darren-y-Pistyll yn ymyl y tŷ bychan lle y bu farw George Basset. Symudodd y dyn rhyfedd hwn o'r Hafod Ganol i un o'r tai gwyn bychan wrth droed Tarren-y-Pistyll ac yno treuliodd ei flynyddoed olaf. Yr oedd y Pistyll yno yn amser Cadwgan y Fwyell. Hwyrach nad yw'r olygfa hardd oddi yma yn un i godi calon dynion y Rhondda pan fyddant ar eu ffordd i'r gwaith ben bore? Yn ystod y tywydd mwyaf gwresog mae'r rhaeadr yn mynd yn sych yn gyflym. Eto i gyd, pan ddisgyn y glaw ar y bryniau, cewch weld y Pistyll yn llamu dros y dibyn, yn berwi, yn ewynnu, ac weithiau byddai ambell i enfys yn amgylchynu'r holl olygfa fel lleugylch. Dyna i chi olygfa brydferth! Pan fydd y ffrwd fach yn gryf, yn neidio o graig i graig trwy geunant Cwm George, mae ei chalon fel petai'n curo'n gyflymach ac yn cryfhau wrth agosáu at ben y dibyn, yna mewn un llam mawr yn ffurfio hanner cylch o ddŵr, gwyn, pur. Yn wir, mor wyn ydyw ei chwymp fel mae'n edrych o bell fel gwallt disglair, gwych un o angylion y bryniau, yn hongian yn rhydd dros y llethr. Dyma'r unig ddarn o'r oesoedd gynt sydd yn aros yma a rhaid rhoi diolch amdano. Mae'r pyllau glo wedi newid gwedd y Cwm. Mae'r olygfa sydd ohoni'n awr yn cynnig i'r edrychwr byllau'r Hafod a'r Coedcae, gan daro'r llygad fel pechodau sydd wedi diraddio Gardd Eden a bwrw duwch ar bopeth. Ond yn amser glaw, erys y Pistyll heddiw fel yr oedd ar ddechrau amser. Mae hi'n rhuthro ymlaen fel yn y dyddiau gynt ac yn rhuo fel yr oedd ganrifoedd yn ôl. Mae'n gwynnu, yn neidio ac yn gwreichioni, yn cadw ei ansawdd arbennig o Gymreig ynghyd â'i gynnwrf fel yr oedd ymhell cyn i'r Normaniaid droedio gyntaf ar ein tir.

PENNOD 14

CWM CLYDACH A SIÂN PHYLIP

Petaech chi'n mynd am dro o Aberdâr trwy Mountain Ash i gyfeiriad Ynysybwl neu Lanwynno, byddech yn gorfod dringo i fyny'r Rhiw Ceibr newydd, gan adael Darrenlas ar y chwith a mynd yn eich blaen dan gysgod craig Penrhiw Caradog nes cyrraedd trum y Lan. O'r fan hon cewch edrych i lawr ar Ddyffryn Cynon a gweld Mountain Ash ar y tir gwastad islaw, yn codi ar ddwy ochr y dyffryn fel aderyn yn lledu ei esgyll yn barod i hedfan. Gan symud ymlaen oddi yma a thramwyo uwchben y Lan uchaf, disgynnwch y rhiw serth sy'n arwain i Dy'n-y-gelli oni fyddwch yn cyrraedd y bont dros y Clydach. Arhoswch yma i edrych ar yr hen dŷ dan gysgod y bont gyda'i draed fel petai'n hongian yn yr afon. Cewch weld olion hen bentref, sydd wedi dirywio megis ei gyn-breswylwyr. Dros drigain mlynedd yn ôl bu Morgan a Rachel Jones yn trigo yn y tŷ hwn, lle y codasant deulu mawr. Buont yn byw'n heddychlon yma am y rhan fwyaf o'r ganrif hon nes i farwolaeth ymweld â'r lle tawel a dwyn Morgan i orffwys ger wal eglwys Gwynno, ac yntau'n bedwar ugain mlwydd oed. Digwyddodd hynny wyth mlynedd yn ôl. Ddwy neu dair blynedd wedyn daeth angau heibio drachefn i ddwyn Rachel hithau at Morgan i orffwys dan darren yr eglwys. Bedwar ugain mlynedd yn aros ar ymyl afon fach, loyw y Clydach ac yn sŵn murmur y tonnau, heb ddim ond cân a rhuad Natur i dorri ar eu hunigrwydd. Wel, pe gollyngwn fy nychymyg i fynd yn rhemp, gallaswn alw'n ôl fyrdd o atgofion diddorol ond na fyddent ond yn feichus i'r darllenydd! Felly ymataliaf ar y dychymyg hwnnw er mwyn i chwi, ddarllenwyr, eistedd, gorffwys ac aros yn fodlon nes mynd ar ryw hynt arall cyn bo hir. Ond dyma ni yng Nghwm Clydach. Trowch heibio am foment. Mae hen fenyw'n byw yma ac mae'n bleser ei chyflwyno i chwi. "Siân Phylip, shwd ych chi heddi'?" "Shwd ych chitha? Digon stiff yw'r hen goesa yma," ebe hi, "dewch mlaen, eisteddwch i lawr." Yr ydych yn ufuddhau iddi ac yn sylwi arni. Mae golwg go ryfedd arni. Er ei bod yn hen, mae hi mor gadarn a chydnerth â hen dderwen. Mae golwg penderfynol arni gyda'i llygaid llym, disglair a fydd yn mynd yn eitha llidiog eu gwedd os cânt eu haflonyddu. Fodd bynnag teimlir ei bod yn rhinweddol, cywir ac onest yn y bôn. Nid oes twyll na rhagrith yma. Y mae mor wir at ei gair ac unplyg fel na byddai ofn arni gynnig ei chalon i'w darllen gerbron Duw na dyn. Na, un rhydd rhag twyll ydyw. Gallwch ymddiried ynddi neu, fel y dywedir yn iaith Llanwynno, "mae hi mor onest a'r geirchen." Dyna Sian Phylip, "y ddiacones", fel y gelwid hi yn yr Ystrad, oherwydd yn Heolfach, Ystradyfodwg, y treuliodd y rhan fwyaf o'i bywyd hir. Yn Ystrad bu bron i holl ofal am yr achos Fethodistaidd orffwys ar ei hysgwyddau. Do, bu'n fwy gweithgar a ffyddlon na llawer o'r blaenoriaid, pan fyddai'r aelodaeth yn wan neu'n llewyrchus. Ni phallodd ei ffydd byth, ni wanhaodd ei hamynedd byth ac ni pheidiodd ei haelioni byth tuag at gapel bach Heolfach. Ar ôl i'r capel newydd gael ei godi bu hi mor ffyddlon ag erioed ac yn llwyr deilwng o'r enw "y ddiacones". Ond mae cof amdani cyn yr amser hwnnw. Am lawer o flynyddoedd bu'n aelod o'r hen gapel yn Llanwynno pan oedd hi'n byw yn Heolfach, Ystrad. Am amser maith bu'n ymlwybro dros y mynydd yn gyson ddwywaith yr wythnos i'r moddion crefyddol yn Llanwynno.

Byddai'r hen ŵr o Benrhys yn cyd-deithio â hi. Dyn byr, cryf, llydan ei gefn ydoedd. Yr oedd ei wallt yn cael ei dorri'n fyr bob amser am ryw reswm, a hwnnw cyn wynned â'r eira. Ni fyddai byth yn rhannu ei wallt ond tynnai ei law dros ei ben i gyfeiriad ei dalcen, a hynny'n gwneud y tro am frws a chrib. Eto i gyd byddai golwg trefnus a thrwsiadus yn wastad arno. Am lawer o flynyddoedd bu Siân Phylip ac Evan Davies yn cyd-deithio i addoli Duw eu tadau. Yr oedd gan y ddau ei geffyl ei hun, a llawn cystal eu bod hefyd, oblegid nid peth hwylus oedd croesi Cefn Penrhys a Chefn Gwyngul ar bob tywydd. Byddai Evan Davies yn mynd ar gefn ceffyl mawr, trwm, oedd mor llydan ei gefn a thrwsgl fel y synnem ni blant na fuasai wedi ei hollti ei hun wrth farchogaeth arno. Ond llwyddai i drin y sefyllfa yn iawn, gan eistedd ar gefn ei geffyl fel derwen gadarn. Weithiai byddai'n gadael yr anifail yn y cae bach tu ôl i'r capel nes bod yr oedfa drosodd. Ni fyddai'r ceffyl bob amser yn yr hwyl iawn i grefydda, fel oedd yn briodol. Un tro dringodd John Tŷ Cwrdd ar gefn y ceffyl a'r gath ar ei ôl. Gan synhwyro hwyrach bod y gath yno, digiodd y ceffyl a gwneud llanast o'r cae. Taflodd y gath a John oddi ar ei gefn, gan dorri coes John yn y fargen a sathru ar gorff y gath druan â'i droed ôl. Serch hynny, er mawr syndod i'r plant, ni roddodd yr hen ŵr fai ar y ceffyl. "Clyw, bachan, clwbyn," ebe wrth John, "beth nythot ti iddo? Di boenaist y ceffyl, – di nythot rwbath iddo, y fi fentra, y fi fentra, cyn gnelsa fe waith shwd yna; O! Hawyr bach, rog y plant cythrilig!" Yn ffodus iawn, gwellodd John a pharaodd yr hen ŵr ei bererindodau am flynyddoedd wedyn.

Yr oedd gan Siân Phylip gaseg ddu, llawer llai na cheffyl Evan Davies, ond caseg ddefnyddiol ydoedd. Cludodd ei meistres am lawer o flynyddoedd ar bob tywydd o Ystrad, dros Benrhys a Chynllwyndy, i fyny ac i lawr Craig Penrhewl, dros Fynydd Gwyngul, bob cam i Lanwynno ar deithiau crefyddol Siân. Weithiau mae fy meddwl am droi o gylch anifeiliaid yn codi i'r Atgyfodiad ar y Dydd Olaf, yn enwedig y rhai ffyddlon fel caseg Siân Phylip. Heblaw hi, yr oedd gan Siân gi bach oedd yn gydymaith cyson â hi ar y teithiau hyn. Ochr yn ochr â Siân a'r gaseg, teithiodd ef dros bant a bryn, trwy ddŵr a llaid, a'i sêl cyn gryfed ag eiddo'i feistres. Gwyddem ni blant pa bryd y byddai'r Oedfa Gyfeillach yn dod i ben a bod Siân ac Evan yn barod i gychwyn am adref, oherwydd fod y ci bach yn wastad yn dechrau cyfarth a chadw stŵr.

Hawdd imi gofio hyn oll ond anodd meddwl am Siân Phylip ar Ddydd yr Atgyfodiad heb y gaseg a'r ci a fu'n gymdeithion mor ffyddlon wrth iddi ddangos ei sêl, ei fyddlondeb a'i duwioldeb ar ei theithiau i'r oedfa, heb ganiatáu i ddim leihau ei dyfalbarhâd. Yr oedd yn esiampl i bawb ym mhlwyfi Llanwynno ac Ystrad. Pwy bynnag oedd yn absennol, yr oedd Siân Phylip yn sicr o fod yn ei lle, yn gwrando, yn mwynhau'r Efengyl a derbyn y cysuron sydd ynglŷn ag addoli'n gyson. Methodd gerwinder y ffordd rhwng y Rhondda a'r Ffrwd â llesteirio ei brwdfrydedd. Methodd stormydd a chaledi'r mynydd-dir ag atal ei ffydd a'i sêl dros grefydd. Un o'r hen deip oedd hi a gredai taw'r hwn a "barhao hyd y diwedd a fydd cadwedig." Gwnaeth lawer mwy o les i'r achos grefyddol na llawer sydd â'u henwau'n gerfiedig mewn mynor neu'n argraffedig mewn efydd – un na chafodd ei hysbrydoli gan neb ond Iesu Grist ei Hun. Pryd y bydd Mynydd Gwyngul wedi malu yn llwch a phryd y bydd enwau saint Llanwynno ac Ystrad wedi eu galw ar ddiwedd y byd, gwelir yng ngoleuni tragwyddoldeb lawer o weithredoedd da a wnaeth Siân Phylip, na chadwodd neb ond yr angel goffadwriaeth amdanynt. Cofnodir holl weithredoedd da'r saint ar y ddaear gan y croniclydd. Yna bydd hanes cariad a charedigrwydd Siân Phylip yn cael sefyll ochr yn ochr â chariad y Gwaredwr. "Yr hyn a allodd hon hi a'i gwnaeth." Bydded diwedd oes yr hen fenyw hon yn dangnefeddus ar lannau'r Clydach, yn ymyl cartrefi Catws William Evan, Barbara Hughes, Morgan Jones a Rachel, yn ogystal â llawer o bererinion eraill fy mhlwyf a bro fy ngenedigaeth.

PENNOD 15

YSBRYDION Y PLWYF

Nid oes fawr o sôn yn y plwyf am neb yn cael ei flino gan ysbrydion neu'n gweld drychiolaethau, neu'n clywed ysgrechfeydd annaearol bwganod, neu neb yn cyfarfod â chynhebrwng angladdol gyda'r nos ar ei ffordd i'r fynwent, fel pe bai ysbrydion yn cludo'r corff ar eu hysgwyddau ychydig o nosweithiau cyn yr angladd ei hun.

Bu llawer o siarad am y materion hyn flynyddoedd yn ôl. Bu llu o ddynion da, geirwir a duwiol yn adrodd wrthyf gynt am eu profiadau ynglŷn â'r fath ddigwyddidau. Peth cyffredin iawn yn fy nghof i oedd clywed neu weld angladd yn mynd heibio i Gwm Clydach gyda'r nos, neu gannwyll gorff yn dod i lawr dros heol y Lan at yr eglwys ac ambell waith glywed ysgrech fwganllyd ar y bont uwchben y tŷ. Ond erbyn heddiw ni ŵyr neb mo ddim am y pethau hyn neu hyd yn oed yn meddwl amdanynt. Maent oll wedi diflannu fel "Bendith y Mamau."

Lawer gwaith bûm yn cerdded o'r Cwm i Ynysybwl gyda'r nos, yn ofnus a llawn dychryn, gan ddisgwyl ar bob cam weld yn nhywyllwch y nos ysbryd rhyw ddyn daearol yn ymddangos o'm blaen. Er imi weld rhai pethau a chlywed lleisiau na allaf eu hesbonio'n iawn, ni welais erioed ddim cyffelyb i ysbryd ar fy siwrneioedd drwy'r plwyf. Ers llawer dydd credwyd yn gryf fod Satan i'w weld yn eistedd ar bob camfa ar nos Galan Gaeaf. Cofiaf imi fynd heibio i gamfa y nos honno â'm llygaid ar gau rhag ofn i'r Gŵr Drwg fod yno ag eisiau cael aros arni! Nid oedd eisiau arnaf ei weld ef ac nid oedd awydd arnaf iddo fy ngweld i, oni fyddai hyn yn ei annog i ddod i lawr oddi arni.

Gwelodd Emwnt o'r Rhiw "ef" lawer tro yng Nghoetcae Siasber ar ffurf ebol bach. Fodd bynnag byddai cymaint o ebolion yn pori yno fel nad oedd yn rhwydd gwybod pa un ai'r diafol ar ffurf ebol ydoedd neu ebol gwirioneddol a welodd Emwnt. Petasai'n marchogaeth ar gefn un o'r anifeiliaid buasai'n hawdd dychmygu taw ei Fawrhydi Satanaidd oedd allan am dro gyda'r noson, ond, os felly, oni fyddai'n fwy mentrus i ddewis creadur gwahanol i ebol, ta' beth? Honnodd Wil Rhys ei weld mwy nag unwaith ar ffurf ci mawr â llygaid tanllyd, ond nid oedd tystiolaeth Wil ar sail gadarn, gan ei fod yn hoff iawn o'i ddiferyn o frandi!

Clywais fy mam-gu yn adrodd stori am fy nhad-cu o Flaennant yn dychwelyd un noson o'r Dduallt, ar ôl bod yn caru un o'r merched. Wrth fynd heibio i'r Hen Wern, dyma Satan yn rhuthro heibio ar ffurf ci enfawr â'i lygaid yn dân gwyllt. Pan gyrhaeddodd y gamfa, trôdd yn dân-belen, llosgi allan a diflannu'n llwyr. Rhaid cofio bod fy nhad-cu yn eiddo dychymyg byw iawn a hwyrach taw'r hyn a welodd oedd un o gŵn y Dduallt neu'r Mynachdy yn mynd heibio a'i lygaid yn gloywi yn y tywyllwch dan gysgod coed y Wern. Pan neidiodd y ci i'r clawdd, hwyrach iddo udo'n uchel a bod hyn yn rhoi'r argraff taw clec taran oedd y sŵn a'r canlyniad fu dychryn a llanast ym meddwl y "tyst". Er bod pobl yn dweud bod "y gŵr drwg" yn llercian o gwmpas yr Hen Wern, yr oedd tystiolaeth fy nhad-cu yn niwlog. Ond paham, yn enw pob peth, y byddai ar Satan eisiau mynd i drigo mewn cornel dywyll, wlyb ac unig lle ni chodai fraw ar nemor neb oblegid prin fyddai'r cerddwyr trwy goed yr Hen Wern?

Unwaith gwelodd Siams Llwynmelyn "y gŵr drwg" ger y Gelli Isaf yn rhith asyn. Cafodd y fath arswyd fel y ffôdd ymaith nerth ei draed. Sut bynnag, gan fod asyn i'w weld fore drannoeth yn pori ymysg ysgall tir Gelli Isaf, nid wyf yn meddwl bod y dystiolaeth yn ddigon cryf i brofi bod Satan mor ffôl ag ymddangos yng nghroen mwlsyn! Ychydig yn nes i Ynysybwl na chopa Graig-yr-Hesg y mae lle o'r enw Cadair y Diafol. Math o sedd o ran siâp ydyw, wedi ei llunio yn y graig, yn lled agos i'r ffordd fawr. Mae'n rhwydd esbonio sut y cafodd ei enw. Yn ôl y glowyr, y mae ffawtau yn rhedeg trwy'r creigiau. Ar ryw adeg yn y gorffennol, llithrodd darn o'r graig allan lle'r oedd amryw o'r toriadau hyn yn cyd-gyfarfod, gan adael gwacter i ymddangos fel cadair dwy-fraich. Ryw ugain mlynedd yn ôl cofiaf yn dda am rai pobl oedd wedi cael braw i weld ysbryd yn eistedd yn y gadair a'i wedd yn ddigon gloyw i oleuo'r ffordd. Rhaid cyfaddef imi, a minnau'n hogyn direidus ar y pryd, osod cannwyll mewn darn o glai yn y gadair y noson honno. Felly prin y gellid meddwl bod ysbryd mor ddi-synnwyr ag i dreulio oriau'n eistedd felly ar garreg galed, oer. Digon tebyg taw fy nghannwyll oedd achos y dychryn. Fel yna y caiff straeon am ofn ysbydion eu dechreuad. Rhaid dweud bod rhai straeon yn rhy debyg i'r gwirionedd imi allu siarad yn ysgafn ac yn wawdus amdanyn nhw. Amryw flynyddoedd yn ôl, clywid sŵn trwst troed ceffyl yn trotian yn gyflym ar yr heol o Benwal i Gellilwch. Adwaenai Williams Gellilwch y sŵn o ymhell. Byddai'n trotian heibio i lawty Pwllhywel i gyfeiriad Graigwen.

Byddai'r sawl a deithiai'n hwyr yn clywed y sŵn ond heb weld ceffyl yn mynd heibio. Clywais ddynion geirwir na fuont erioed yn ofnus ac yn ofergoelus yn adrodd droeon fel yr oeddynt wedi clywed y "nos geffyl" yma'n mynd heibio iddynt. Ond er eu bod wedi chwilio ymhob man, nid oedd sôn am yr anifail. Nid cynnig esboniad am hyn yr wyf, ond adrodd y ffaith. Rhaid dweud bod dynion yn fyw heddiw sydd yn tystiolaethu i'r hyn a ddywedaf. Digon tebyg bod modd egluro'r peth yn ôl deddfau natur a gwyddoniaeth. Cyfaddefaf fod rhai dynion wrth natur yn dueddol i weld drychiolaethau neu fod â rhyw gyd-ymdeimlad rhwng eu meddyliau â'r digwyddiadau rhyfedd hyn. Gellid hawlio eu bod yn nes i bontio'r bwlch rhwng y byd materol a'r byd ysbrydol a'u bod â'r gallu i weld a chlywed arwyddion ac argoelion nad ydynt yn ddirnadwy i neb arall. Serch hynny, rhaid peidio â damcaniaethu ragor ar y pwnc rhag ofn i mi fynd i drybini heb achos.

Un o'r dywediadau cyntaf a glywais yn blentyn oedd bod "rhywbeth yn cadw dan y Glwyd Drom". Yr oedd yr hen bobl a'r plant i gyd yn gwybod amdano. Wrth fynd heibio gyda'r nos, ni feiddiem edrych i gyfeiriad hen geulan y Ffrwd y safai derwen dewfrig ar ei hymyl, wedi ei gorchuddio â iorwg. Mae hi yno hyd heddiw. Meddyliem ei bod hi'n edrych yn dywyll a di-groeso gyda'r nos. Pe digwyddai inni orfod mynd dros gaeau'r Mynachdy, Cae'r Banwen neu Gae-Cwm-Ffrwd-bach a'r Geulan ar ôl machlud yr haul, byddem yn cadw ein golygon rhag cael cip ar y fan dywyll dan y Glwyd Drom. Credem fod yr hen ddihareb yn wir. Wedyn profais y peth drosof fy hunan! Do, fe welais yr ysbryd sy'n byw dan y Glwyd Drom. Cwrddais ag ef wyneb yn wyneb dan y Geulan serth a'r dderwen â'r iorwg uwch fy mhen. Yr wyf yn tystiolaethu yma 'n ddiffuant ac yn hollol gyhoeddus taw gwir yw'r gair fod "rhywbeth yn cadw dan y Glwyd Drom.!"

Yn awr adroddaf yr hanes wrthych. Dan yr hen dderwen yna â'i chochl werdd o iorwg y dechreuais farddoni. Yr oedd hon yn fyfyrgell imi. Dan y darren ddanheddog ar lan y Ffrwd yr oedd gennyf fath o gadair wiail a luniais fy hunan. Wrth fy nhraed yr oedd hen geubren na wyddai neb ei hoedran; yr oedd wedi tyfu ar lan yr afon, wedi gwywo a syrthio i wely tywodlyd yr afon a ddaeth yn fedd iddi. Gan fod y "bedd" yma yn lled fâs, yr oedd rhan o'r boncyff yn aros uwchben y dŵr, fel petai'n adlewyrchu darn o'r hen amser gynt. Safai i fod yn gwmni â'r dderwen a dyfai o hyd ar ben y geulan yn chwifio'i breichiau a churo tabwrdd Rhys o'r Mynydd. Yno yr oeddwn yn myfyrio, yn darllen, yn gweddio, yn pregethu ac yn barddoni yn yr unigrwydd, gan fwynhau cwmni'r coed a'r afonig, yr adar yn y brig uwchben a'r pysgod yn y dŵr islaw. A dyna fi, yn y gell feudwyol hon, yn meddwl na wyddai neb ond Duw fy mod i yno. Eto i gyd, cefais allan wedyn fod fy mam yn gwybod fy nghyfrinach a phopeth am fy lle dirgel ar lan yr afon a hyrwyddai fy noniau. Dyma fangre llawer iawn o gyfansoddi cerddi gennyf yn fachgen. Mae'r rhain o hyd gyda mi ac yn ddiogel am byth, nid oherwydd eu gwerth tragwyddol ond am i'r awen fy arwain i ddeall bod "rhywbeth yn cadw dan y Glwyd Drom." Clywais y geiriau yn aml, fwy nag ugain mlynedd yn ôl, yn dod allan o frigau'r dderwen a dail tew'r eiddew a phenderfynais ddarganfod beth oedd yn cadw yno. Ac O! Fe welais yr ysbryd yn y fan a'r lle! Galwodd arnaf i fynd ato, anerchodd fi wrth fy enw. Dywedodd wrthyf am edrych i'w wyneb ac egluro ei fod yn trigo yno ac wedi bod yno am filoedd o flynyddoedd.

"Ie", meddai'r ysbryd, "cofiaf am y geubren sydd wrth dy draed yn lasbren ifanc a'r fronfraith yn canu ymysg ei dail gwyrdd. Gwelais hi'n cael ei distrywio gan storm arswydus a chwythodd dros Fynydd Gwyngul fel y corwynt, Euroclydon, a ddrylliodd long Sant Paul yn yfflon oddi ar arfordir Ynys Malta ar ei ffordd i Rufain. Yr wyf yma o hyd – edrych arnaf, gwrando ar fy llais, cais ddeall fy lleferydd a bydd fyw i adrodd yr hanes."

Treiddiodd ei lais trwy goed y geulan; daeth ei atsain drachefn a thrachefn o galon yr hen dderwen. Clywais ef yn pylu yn y pellter fel sain neu oslef emyn a genid gan gôr o seraffiaid. Edrychais i fyny a gwelais ef yn sefyll yn fy ymyl rhwng y coed â'i freichiau ar led, ei wyneb yn disgleirio fel y wawr, ei lygaid fel harddwch ei hun, a'i wallt yn hofran ar yr awel dros y canghennau derw a gwyrddlesni'r caeau o'u cwmpas. Gwelid prydferthwch pob peth byw a grewyd yn ei wedd, sef gogoniant yr haul, y lloer, a'r sêr disglair, gwychder ac ardderchogrwydd y dydd, mawredd a gorffwyster y nos, ysblander y nefoedd, peraroglaeth y ddaear yn disgleirio yn ei lygaid a pheroriaeth a swyn yr holl fydoedd a gyd-grynhowyd yn ei lais. Cyhoeddodd y llais hwn, rhwng cyffro tyner yr awel hwyrol a suad sibrydol yr afon, "Myfi yw'r ysbryd sydd yn cadw yn y Glwyd Drom. Ti a'm gwelodd, a'm clywodd, a'm hofnodd, ac wedyn a'm hedmygodd. Ti a safodd wyneb yn wyneb â'r ysbryd sydd yn crwydro trwy Gwm-Ffrwd, dros wylltedd Mynydd Gwyngul a thrwy goedwigoedd Llanwynno i roi fy mendith ar ei dolydd, i harddu glannau'r Clydach ac i anfarwoli bryniau a thwyni dy blwyf genedigol. Myfi yw – Myfi yw YSBRYD BARDDONIAETH!"

Do, euthum adref, wedi profi bod "rhywbeth yn cadw dan y Glwyd Drom," ond ni wn i a wyddai fy mam ar y pryd y buaswn yn siarad ag ysbryd.

Y fiynedfa i eglwys Sant Gwynno o'r De-Ddywrain yn y gwanwyn

Daearwynno. Yn wreiddiol yr unig adeilad gyda
Brynffynnon o fewn milltir i'r eglwys. Mae'r ffermdy yn
ganolfan gweithgareddau allanol yn awr.

Y Glog. "Mae mor grwn, ynte? Megis marmor wedi ei
guddio gan ddefaid ar ei lechweddau?

Tafarn Brynffynnon. "Codwyd gwesty newydd cystal ag unrhyw adeilad yn strydoedd Caerdydd.

Graig-yr-Hesg, tarren greigiog, goedog i'r gogledd o Bontypridd. "O ben Graig-yr-Hesg gwelwch un o'r golygfeydd harddaf a welwyd erioed."

"Mae'r holl ddyffryn bellach o waelod y "Great Western" at y Porth yn llawn o dai."

Cerflun o Sant Gwynno dros gyntedd yr eglwys. Dim ond yng Nghaersws y gwelir enghraifft arall o'r sant hwn ar ffurf weladwy.

Cofgolofn Guto Nyth Brân a welir heddiw yn Stryd
Rhydychen, Aberpennar (Mountain Ash). Cynhelir ras
Nos Galan bob blwyddyn yno er cof amdano.

William Thomas (Glaffrwd) 1837 - 1890

Dafydd Edwards (Gilfach Glyd – Tydraw) 1801 - 1885

PENNOD 16

YSBRYDION ETO

Distawyd ysbryd tywyll y Lan Uchaf o'r diwedd. Gwelid ef yn aml a chlywid ef bron bob dydd a nos. Yn fynych byddai'n ymddangos fel ceiliog gŵydd yn sefyll ar glwyd y cae, neu wrth ddrws yr ysgubor. Gyda'r nos byddai rhai'n gorfod cymryd tro yn y tŷ i fod ar eu gwyliadwriaeth tra'r oedd eraill yn cysgu. Bu'r hen Wiliam Morgan, y teilsiwr, a Morgan Jones, Cwmclydach, yn gwylio droeon. Cofiaf am yr hen bobl yn adrodd fel y byddai Wiliam yn siarad am yr ysbryd, "Dyma fe wedi dod eto bachgan, choll e ddim chwarter heno." Bryd arall byddai Wiliam yn dweud, "Ma fe ar ôl ei amser heno, fechgyn; i'r gwely â ni, fe ddaw cyn y bora." Byddent yn mynd i'r gwely a chyn hir byddai'r ysbryd yn cychwyn ar ei waith. Cadwai sŵn mawr yn treiglo'r cawsylltydd i lawr dros y grisiau, yn symud y celfi o gwmpas ac yn creu cynnwrf trwy'r lle. Sut bynnag erbyn i drigolion y tŷ godi i osod y dodrefn yn ôl yn ei le, byddai popeth mewn trefn fel pe na bai neb wedi cyffwrdd ag ef. Cyn gynted ag i'r gwylwyr droi eu cefnau, dechreuai'r stŵr drachefn â'r holl dŷ yn ferw gwyllt. Fel hyn y parhaodd yn y Lan am flynyddoedd. Yn wir credaf fod rhai'n byw yn awr, os dim ond ychydig, sy'n cofio am ymweliadau blinderus yr ysbryd hwn a sut y bu i dangnefedd gael ei adfer yn y diwedd. Yr argraff gyffredinol yn y plwyf oedd bod rhyw gam wedi cael ei wneud ynglŷn ag ewyllys yn ymwneud â fferm y Lan. Ymddengys fod trefniadau'r ewyllys heb eu cario allan yn iawn wrth drawsgludo rhyw eiddo neu nwyddau i'r cyfeiriad iawn. Am hynny daethai awdur yr ewyllys i darfu ar y lle. Bu llawer iawn o bobl hynod yn cyrchu tua'r Lan i geisio bwrw allan yr ysbryd a dod â llonyddwch i'r lle ond, er gwaethaf ymdrechion offeiriaid, enwogion, gweithwyr a dynion dewr a di-ofn i gysylltu â'r ysbryd a'i annog i siarad neu i adael neges, parhaodd ei waith drwg nes bod bywyd yn y Lan yn mynd yn feichus ac annioddefol. O'r diwedd penderfynodd y perchen aros dros nos yno wrth ei hunan. Beth ddigwyddodd rhwng y gŵr bonheddig a'r ysbryd ni ddatguddiwyd, ond peidiodd yr helbul ac ni welwyd mo'r ysbryd byth wedyn. Adferwyd tangnefedd i'r Lan. Yr unig ysbryd sy'n trigo yno ydyw Rhys o'r Mynydd a ddaw pryd mae'r tywydd yn arw a stormus, ond nid oes ofn yr ysbryd ar neb. Ymddengys i ysbryd blin y Lan dderbyn sicrwydd gan y perchen y byddai trefniadau'r ewyllys yn cael eu cyflenwi heb fod cam yn cael ei wneud i'r rhai byw na'r rhai ymadawedig. Fel gydag holl ysbrydion Llanwynno, rhaid taw mater o gydwybod ydoedd.

Flynyddoedd yn ôl, bu ysbryd yn byw yng Nghefn Bychan, uwchben Fferm y Fforest. Yn ôl hen draddodiad yr oedd yr ysbryd hwn yn gwneud penyd a buasai'n trigo ar yr esgair foel am lawer o flynyddoedd yn aros am i berson arbennig alw heibio, oblegid byddai'n torri allan i riddfan yn ystod y nos mewn llais oeraidd, arswydus a dychrynllyd,

"Hir yw'r dydd, a hir yw'r nos,
A hir yw'r aros am Noah."

Ni allai'r ysbryd hwn adrodd ei neges na gadael y lle cyn ymddiddan â'r Noa hwn ac am lawer o oesoedd buasai'n gwneud penyd gan ddisgwyl am y person yma. O'r diwedd daeth yr aros i ben ac am ryw reswm neu'i gilydd aeth Noa heibio yn nhrymder y nos. Bu'n rhaid i Noa siarad â'r ysbryd a adroddodd ei gyfrinach wrtho. Terfynwyd y mater a gollyngwyd yr ysbryd yn rhydd. Da oedd ganddo weld Noa ond dichon nad oedd hwn yn llawen iawn i orfod siarad â'r ysbryd ar ben mynydd ar ganol nos! Beth bynnag, y ffaith amdani oedd i Noa ddod ac i'r ysbryd fynd, heb ddychwelyd mwyach i flino neb yn y plwyf.

Ond yr ysbryd mwyaf cynddeiriog fu erioed yn y plwyf oedd yr un fu'n erlid Dafydd Fyddar a'i wraig, Rachel, ers tua thrugain o flynyddoedd yn ôl. Ni chredaf fod hwn yn ysbryd oedd yn perthyn i'r plwyf ond un oedd wedi dilyn Dafydd o'r ochr arall i Glawdd Offa. Yr oedd Dafydd wedi bod yn trigo yng Nghendl, Sir Gaerloyw, am beth amser ac yno y penderfynodd yr ysbryd aflonyddu ar Dafydd, druan, nes peri iddo ei wynebu. Y broblem oedd bod Dafydd mor drwm ei glyw. Peth anodd oedd i ysbryd darfu ar Dafydd gan fod Dafydd yn methu ei glywed. Symudodd Dafydd o'i drigfa droeon ond cyn nemor o amser byddai'r ysbryd yn dod o hyd i'w le newydd. O'r diwedd symudodd Dafydd i Dai'r Plwyf Isaf ac oddi yno i dai Graig-yr-Hesg, a elwid Bwlch-y-wig, sydd bellach yn adfail. Gan feddwl ei fod wedi llwyddo i ddianc rhag yr ysbryd gyda'r gobaith y câi lonydd oddi wrth ei erlidiwr, un nos dyma'r ysbryd yn ymddangos ar ben y to ar ffurf ebol bach. "Doco fe," ebe Dafydd wrth Rachel, "y garan diffaith, wedi dod eto; y mae yn trotio ar grib y to yn awr fel cniw caseg. Gwae finna na chwympa fe a thorri ei wddwf, "y trimmings" di-serch."

Aeth Dafydd a Rachel i'r tŷ i gynnal pwyllgor ar y mater a phenderfynu gofyn i'r ysbryd beth a fynnai ganddynt a phaham yr oedd yn dilyn pobl diniwed fel hwy o le i le am flynyddoedd. Dygwyd y mater i ben. Cawsant eu harwain gan yr ysbryd bob cam i le yn ymyl Cendl. Yno dan garreg aelwyd rhyw dŷ, daethpwyd o hyd i flwch a chyllell oedd wedi eu claddu. Cododd Dafydd y blwch ac, ar gais yr ysbryd, ei daflu i'r afon. Felly cafodd Dafydd a Rachel eu rhyddhau rhag ei bla a chawsant dangnefedd nes i angau eu cipio ymaith. Sut bynnag dywedir bod olion erledigaeth yr ysbryd i'w canfod ar Ddafydd Fyddar hyd ei fedd.

Bu ysbryd yn aflonyddu ar Goed y Gelynnog ers amser maith. Cafodd llawer o bobl brofedigaethau brawychus wrth fynd yno ganol nos. Estynnai'r coed derw enfawr eu canghennau tewfrig i gwrdd uwchben nes ffurfio to mawr dros y lle i droi'r coed yn bygddu gyda'r nos. Gwn am fwy nag un gŵr a gafodd ddychryn mawr wrth fynd heibio i'r goedlan dywyll, ddeiliog. Un yn enwedig a gafodd y fath fraw fel na fyddai'n anghofio'r brofedigaeth oedd hwnnw a ddaeth i mewn i'r coed o gyfeiriad Pontypridd. Rhoddodd yr ysbryd y fath sgrech oerllyd fel y syrthiodd dyn i'r llawr mewn trybini mawr. Cyrhaeddodd adref rywfodd ond bu'n rhaid iddo newid ei ddillad. Canodd un o'r hen brydyddion amryw dribannau am yr achlysur, gan ddangos mai tylluan oedd yr ysbryd a aflonyddai ar Goed y Gelynog. Dyma'r penillion:-

"Yr oedd y nos yn dywyll,
A'r ysbryd cas yn sefyll
Ar gangen hen ffawydden gref,
A gwaeddodd ef "wow" erchyll.

Pa sut y bu ar Josi
Wrth basio dan y Bwci?
Wel, peidiwch ag anurddo'r gân,
Cadd drowsus glân gan Ami!

O! Ffei! fod dyn crefyddol
Mor wan ac anysbrydol;
Yn ffoi'n ddiffydd mi wnaf fy llw
Rhag Gwdihŵ ddaearol!"

Nid wyf am awgrymu bod holl ysbrydion Llanwynno yn debyg i'r un a ddisgrifir yma, na bod pawb a welodd ysbryd yn gorfod newid ei ddillad; ond yn sicr, pe ymchwilid i hanes rhai o'r ysbrydion a fu fyw yma a thraw, megis ysbryd Coetgae Siasber ac ysbryd Hen Wern y Dduallt, buasent yn troi allan i fod yn dylluanod, neu'r cyffelyb. Hwyrach bod yr ysbrydion hyn, neu o leiaf y sôn amdanyn nhw, wedi bod o les mawr gynt er mwyn cadw drygioni i ffwrdd ac ennyn ofn rhag gwneud camwedd. Grym cryf iawn sydd gan ofn, p'un ai oes sail iddo neu beidio. Ni chlywais Peter Hughes y Pandy'n dweud iddo weld ysbryd erioed, ag eithrio ysbryd "mewn potel"! Fodd bynnag mae Peter Hughes yn ddyn o argyhoeddiad mor gryf fel nad peth bach fyddai ei droi ef o'i lwybr pendant. Un o gewri'r hen amser ydoedd, yn esiampl o'r hen ddefnydd sy'n nodweddiadol o'r plwyf.

Bydded bywyd hir o'i flaen. Adroddaf rywbeth am y Pandy cyn bo hir.

PENNOD 17

YSBRYDION Y MALTSTERS A'R PANDY

Wrth ysgrifennu am ysbrydion crwydrol Llanwynno, nid wyf am wneud mwy na chofnodi eu hanes. Nid oes a wnelwyf â cheisio rhoi eglurhâd na phrofi gwirionedd nac anwiredd eu hanes. Cofnodi yr wyf yr hyn a glywais yn cael ei adrodd gan hen drigolion. Y ffaith amdani yw bod cred ym modolaeth ysbrydion yn gryf iawn. Credid eu bod yn crwydro trwy wahanol leoedd a'u bod yn blino y tŷ hwn a'r tŷ acw a'u bod i'w gweld ar adegau arbennig, a hefyd bod rhai pobl wedi cael achos i siarad ag ysbrydion dan amgylchiadau neilltuol. Paham y bu i'r ysbrydion hyn ymddangos ar y prydiau hyn ac nad ydynt bellach? Ni wiw imi roi barn. Efallai eu bod yn parhau i ymweld â'r lleoedd o'n cwmpas fel gynt ond ni fedrwn eu gweld am ryw reswm. Dichon nad ofergoeliaeth i gyd oedd yn gyfrfol am hanes yr hen ysbrydion gynt. Mae Gwyddoniaeth yn tueddu i gadarnhau eu bodolaeth, ond nid yn y ffordd y credai'r hen bobl ynddynt. Erys y ffaith i'n cyn-dadau gredu bod ysbrydion drwg a thrafferthus wedi blino'n plwyf yn y gorffennol. Un peth a safai allan ynglŷn â sicrwydd pobl am eu bodolaeth oedd eu cred mewn cydwybod. Y gwir amdani oedd bod pob ysbryd yn datgelu ei hunan ar sail cydwybod. Byddai'r ysbrydion yn aflonyddu ar rai bobl y byd yma er mwyn iddynt gael myfyrio uwchben y byd y tu draw i'r llen. Byddent yn ymweld â phobl mewn ffermdai neu blastai oherwydd rhyw anghyfiawnder a wnaethid wrth gario allan gofynion ewyllys person ymadawedig a bod eiddo neu nwyddau wedi cael eu trosglwyddo i ddwylo rhywun yn annheilwng ar ôl marwolaeth. Beth bynnag am hynny, yr oedd cymaint o gam-drin wedi dod i'n hadnabyddiaeth fel y mae'n rhyfedd iawn na fuasai'r holl ysbrydion wedi dychwelyd i flino pobl oedd wedi meddiannu eiddo'n anghyfreithlon. Ond rhaid peidio â barnu ar y mater hwn!

Bu ysbryd blinderus iawn yn cadw yn y Ceffyl Gwyn, fel y gelwid y dafarn ym Mhontypridd, ond a elwir yn awr fel Y Maltsters. Mae rhai'n fyw o hyd sydd yn cofio'r newid yn yr enw o'r Ceffyl Gwyn i'r Maltsters. Credaf i hyn ddigwydd pryd daeth Mr Eliezer Williams, tad Y Capten Wiliams, i drigo yno. Ond am amser maith cyn yr amser hwn yr oedd ysbryd wedi bod yn blino'r tŷ a rhai trigolion yno. Mae'r ymweliadau hyn â'r hen dafarndy'n rhan o draddodiad cryf yn yr ardal o hyd. Yr oedd mwy nag un person wedi gweld a chlywed yr ysbryd hwn.

Yr oedd ganddo hoffter o'r seler. Am wn i, mae'r seler cystal ag unrhyw fan arall yn y tŷ i'r ysbryd ymgartrefu ynddo, er bod rhyw ddirgelwch am y dewis. Paham y seler ac nid yr ystafell ginio neu'r parlwr, tybed? Bid siŵr, bu'r ysbryd yn ddigon call i beidio â mynd i'r groglofft, lle na fyddai pobl y tŷ yn ei fynychu'n aml, ond gallasai drigo yn y cyntedd neu eistedd ar un o'r pentanau enfawr, neu ynteu mynd am dro i'r ystafell wely neu droi i mewn i'r pantri. Yr oedd gan yr ysbryd hwn chwaeth hynod iawn. Ysbryd seler ydoedd ac yn y seler yn unig y mynnai fod.

Nid wyf am awgrymu bod rhywbeth amheus yn hynny gan fod ysbrydion yn bodoli mewn seleri hyd heddiw. Dichon taw arwydd o'i gallineb oedd y ffaith iddo ddewis seler wrth gofio bod nerth ar gael yno ar ffurf mwg o gwrw os oedd ei angen! Hwyrach na fuasai'n briodol cymryd cwpanaid o gwrw bach cyn mynd i siarad ag ysbryd. P'un bynnag, y seler oedd man cyfarfod ysbryd Y Maltsters.

Hoffai llawer awgrymu, debygaf, taw ei ddewis i aros yno sydd yn arwydd o'i hen arferion cyn iddo fynd yn ysbryd ond ni wnâf sylw pendant ar y mater yna. Hyn a ddywedaf, serch hynny. Os yw llawer oedd yn adnabyddus imi yn y cnawd â'r un syched arnynt fel ysbrydion â buasai arnynt hwy cyn hynny, ni wn i am le mwy nefolaidd iddynt hwy na chael mynd yn ôl am dro i ryw seler ym Mhontypridd!

Ond yr oedd yr ysbryd yma wedi cael caniatâd, neu wedi mynnu ei gael, i letya yn seler y Ceffyl Gwyn. Yr oedd yno forwyn writgoch, hoyw, ac un noson fel arfer aeth i lawr i'r seler i lanw jwg chwart o gwrw. Yno'n sefyll ymhlith y barilau oedd yr ysbryd, â'i draed ar ben y braced. Nid oedd arwydd ei fod wedi cael diod; yn wir fel arall ydoedd; yr oedd y forwyn a'r ysbryd yn gwbl sobr. Ni ddywedodd hi yr un gair amdano wrth neb y pryd hwnnw, ond digwyddodd hi fynd i'r seler drachefn ac yno eisteddai'r ysbryd ar y faril â golwg mileinig iawn arno. Yr oedd yn amlwg ei fod wedi digio wrth y forwyn am iddi beidio â dweud "nos da" iddo. O'r diwedd aeth y forwyn mor ofnus fel na fyddai'n fodlon mynd yno wrth ei hunan. Byddai hi a'i meistres yn mynd gyda'i gilydd, y naill yn dal y gannwyll a chadw gwyliadwriaeth a'r llall yn tynnu cwrw â llaw grynedig. Un noson, ar ôl iddynt hwy ddod allan a chau'r drws, gofynnodd y forwyn i'w meistres p'un a welsai hi'r ysbryd. "Na, welais i yn sicr, ddim," oedd yr ateb. "Wel, yr oedd yn sefyll yn eich ymyl ac yn ysgyrnygu ei ddannedd yn ddychrynllyd," ebe'r forwyn.

Felly y bu pethau; am gryn amser gwrthododd y forwyn fynd i'r seler ac ni ddaeth yr ysbryd allan. Sut bynnag un noson arbennig penderfynodd hi fynd i lawr a chanddi gannwyll mewn un llaw a pheint o gwrw yn y llaw arall. Agorodd y drws yn ddistaw bach a mynd i mewn mor ofalus a phosib. Wrth iddi agosáu at y faril, dyma'r ysbryd yn diffodd y gannwyll a hithau'n gweiddi, "O'r annwyl, beth sydd yma?" "Ie," meddai'r ysbryd, "da gennyf i ti ofyn y cwestiwn; yr oedd yn llawn bryd i ti ei ofyn ef. Y fi sydd yma, ac mae arnaf eisiau cael dy gwmni i fyned oddi yma i Gwm Pistyll Golau dan Eglwys Wynno. Nos yfory am ddeg o'r gloch cychwynnwn ein dau." Felly y bu i'r ysbryd gwrdd â hi ac i ffwrdd â nhw dros yr afon Tâf, trwy Graig-yr-Hesg i gyfeiriad y Glôg, dros Fynachdy a'r Dduallt, i ddyffryn coediog tywyll y pistyll. Yno y cafwyd pâr neu ddau o ysbardunau, sef y math a ddefnyddid pan fyddai ceiliogod yn ymladd. Buasai'r ysbryd yn dipyn o walch ar y sbort yma. Yr oedd wedi gwisgo llawer i geiliog ac wedi cael llawer o geiliogod i ymladd â'i gilydd, gan achosi llawer i farw. Ond y drwg mawr a wnaeth ac felly yr hyn a bigodd ei gydwybod, oedd y ffaith iddo guddio'r ysbardunau mewn lle dirgel ger y pistyll. Gorfu'r forwyn eu darganfod a'u taflu i'r afon Tâf yn ymyl Pontypridd. Wedi cyflawni hyn, cafodd yr hen hapchwaraewr lonyddwch meddwl. Cafodd y seler, y forwyn a'r Maltsters dangnefedd. Yr unig ysbrydion sydd yno'n awr yw'r rhai a berthyn i stormydd a'r poteli eu hunan, a'r ddau hyn yn cadw digon o stŵr! Felly y terfyn hanes ysbyd Y Maltsters.

Ysbryd blin a gerwin oedd ysbryd yr Hen Bannwr. Yr oedd Pandy yn arfer sefyll gynt wrth Gwmclydach a byddai llu o wehyddion yn byw yno. Cofiaf am bentref bach o dai yno ond yr oedd yr hen Bandy wedi mynd erbyn fy amser i. Y mae cae bach islaw Cwm Clydach o'r enw Twyn-y-Ddeintir ac ar dwyn y cae yma sychid gwlanen y Pandy gan y gwehyddion. Bu ysbryd yr Hen Bannwr yn aflonyddu ar y fan hon am oesoedd ac arhosodd o fewn cof rhai sydd yn fyw yn awr. Nid ysbryd a welid oedd yr ysbryd yma ond ysbryd a glywid. Clywid ef bob amser yn pannu'r wlanen yn frochwyllt cyn bod storm yn dod neu fod tywydd mwy garw na'r cyffredin yn nesáu. Eisteddai ar Dwyn-y-Ddeintir i weithio, gan gadw stŵr erchyll trwy'r nos. Gwyddai'r hen drigolion felly pe byddai'r Pannwr wrthi byddai tywydd creulon ar ddod. Weithiau deuai o'r Twyn i lawr i'r Cwm neu Dŷ Canol neu Dŷ-Draw i guro'r llawr neu lachio'r coed. Cadwai ei sŵn annaearol nes i'r trigolion chwysu gan ddychryn. Aeth llawer cenhedlaeth i'w beddau ag arnynt gymaint o ofn yr Hen Bannwr ag angau ei hun. Ni chlywais iddo wneud dim niwed i neb ond i Dafydd Cadwgan un tro. Bu ysbryd yr Hen Bannwr yn ei drin yn ddirmygus a maleisus ar ben Coed-y-Cwm; neidiodd ar ei gefn, dododd ei draed am ei wddw, crymodd ei ben i lawr dros ei gefn, gan chwipio Dafydd druan bob cam o Goed-y-Cwm i Glwyd Cae'r Defaid. Gwehydd oedd Dafydd Cadwgan a rhaid bod y pannwr yn eiddigeddus wrtho am hynny. Mae hen dai Cwm Clyd bellach yn garneddau. Mae ysgerbwd Tŷ-Draw yn aros o hyd; mae hen Dŷ-Canol wedi mynd yn sarn a hefyd y rhes o dai lle y preswyliai'r gwehyddion gynt. Ar eu holau mae cartrefi Catws Wiliam Ifan a Barbara Hughes, sydd heb ddim ond pentwr o gerrig i gofio amdanynt. Nid oes ond Tŷ-coch ar ôl. Mae'r Hen Bannwr wedi gorffen ei waith bellach ac mae distawrwydd perffaith dros Dwyn-y-Ddeintir, ar wahân i'r rheilffordd sydd wedi tarfu ar furmur y Clydach ac ar dawelwch pruddglwyfus y lle. Mae ysbryd y Pannwr ynghwsg fel Dafydd Cadwgan ei hun, ac yntau mor ddistaw â thir clai mynwent Gwynno, y mae ef a Nani, ei wraig, yn treulio eu gwylnos ynddi ers llawer blwyddyn. Bydded eu hun yn hun y cyfiawn.

PENNOD 18

HEN ADFEILION

Mae i hen dai eu diddordeb mawr hyd yn oed os taw pentwr o gerrig llwyd yn unig ydynt hwy yn awr. Mae iddynt hwy eu hanes am fod cynifer o bethau wedi digwydd ynddynt hwy neu o'u hamgylch, pe gwyddem amdanynt i gyd! Maent yn fath o ganolfan y cyferfydd atgofion ynddynt am yr hen bobl, hen aferion a'r hen ddull o fyw sydd wedi mynd am byth. Maent hefyd yn mynd â ni'n ôl at ffurfiau cynnar ar wareiddiad a llywodraeth. Rywfodd teimlir taw yr hen dai, hen waliau llwyd y genhedlaeth yma a chenedlaethau i ddod, yw'r cyfan a feddwn i'n hatgofio ni o'r hen ffordd syml o fyw a berthynai i'n cyn-dadau.

Mae Llanwynno yn llawn o'r adeiladau hynafol hyn. Byddai'n ddiddorol iawn ymweld â phob murddun a myfyrio dros ddigwyddiadau'r amser a aeth heibio. Rheder y dychymyg wrth i chwi feddwl am yr arferion, yr enwau a'r hen bobl a gafodd le blaenllaw ynddynt amser maith cyn ein geni ni a chyn bod dulliau Seisnig wedi llygru'r wlad a dwyn ymaith y byd Cymraeg o ran tŷ, capel, gwisg, ac ymddangosiad. Gadewch inni fynd am dro i edrych ar rai o hen dai adfeiledig Llanwynno.

Rhown gychwyn gyda Phontypridd. Ble mae Ynysgafaelon? Nid oes dim ôl ohono yn unman ymysg y tai mwy modern yno. Draw yn ymyl y tŷ yr arferid ei alw gennym fel Tŷ'r Superintendent Thomas, gellir gweld gweddillion yr hen dŷ, Ynysgafaelon, neu fel y galwai'r hen bobl ef, "Y Sgyfilon." Lle enwog ydoedd unwaith a bu cyrchu mawr iddo ac ohono. Mae enw Bili'r Teiliwr, neu "Bili Ysgyfelon", fel y gelwid ef, ar gof ac ar lafar pobl o hyd. Ef oedd tad Catws, gwraig Job Morgan a adeiladodd Dafarn y Brynffynnon ger Eglwys Llanwynno. Mae Catws wedi marw ers deugain mlynedd a Job ers yn agos i hynny. Bu fyw eu mab, Wiliam Morgan, i oedran mawr ac wedi dilyn ei rieni i ymdawelu yng nghwys y dyffryn tawel. Mae Edward, y mab arall, wedi croesi'r moroedd terfysglyd ac wedi cael bedd mewn tir estron. Mae ei chwaer, Mari, yn cysgu ar dir Americanaidd. Mae'r rhain i gyd a llawer un arall a chanddynt gysylltiad â'r hen dŷ, sydd â rhan o'i fur i'w weld fel cofgolofn i hen Ynysgafaelon, neu yn ôl rhai, Ynys-y-gof-hoelion"- sef tŷ rhyw Hoeliwr fu'n adnabyddus yn y lle gynt.

Yn uwch i fyny ar lan y Tâf, ger y Berw (yn agos i Heol Berw heddiw), wrth droed Graig-yr-Hesg, gwelir murddun Gellidawel, hen enw Cymraeg, llawn delweddaeth a barddoniaeth. Ie, Y Gelli Dawel, lle tawel yn ymgysgodi dan Graig-yr-Hesg. Cofiaf am Moses Roderick a'i deulu'n trigo yno. Rywfodd neu'i gilydd gadawyd i'r tŷ fynd â'i ben iddo a bob tro yr âf heibio i'r ffordd honno, teimlaf hiraeth ar ôl Gellidawel, fel yr oedd. Gallesid ei droi yn breswylfa addas i deulu eto.

Ar ben Graig-yr-Hesg mae gweddillion Tŷ'r Bush. Hen le enwog ydyw gyda chysylltiadau â'r Cefn a hefyd â Christiana Pitts i ceir ar ei bedd y goffadwriaeth hynaf ym mynwent Llanwynno: *"Christiana Pitts, wife of J. Pitts, June 4th. 1667."* Mae'r hen furiau yn aros ar Graig-yr-Hesg a dyna'r cwbl sydd gennym i'n hatgofio ni am fywyd a phreswyliad J. Pitts yn y rhan yma o'r plwyf.

Mae gweddillion tŷ bychan i'w gweld yn stabl Gellilwch. Nid wyf yn meddwl fod cof gan neb am bobl yn byw yno, ond gwn i am enwau rhai a fu yno. Adroddir hanes hen ddyn duwiol oedd yn preswylio yno. Arferai bechgyn direidus yr ardal ei wylio yn gweddio a mynd at y ffenest pan fyddai ar ei liniau. Yna byddent yn cipio ei wallt dodi oddi am ei ben gyda bloedd a wnaeth i'r hen ddyn anghofio ei fod ar ei ddefosiynau. Yn y lle hwn yn awr y mae ceffylau Gellilwch yn bwyta ac yn cysgu, heb fod neb yn troi eu meddwl at y ffaith bod y tŷ yma' hwn ar un adeg yn cynnwys "allor i Dduw Jacob."

I lawr yn y pant, heb fod ymhell o'r fan lle mae ffrwd y Cynin yn cwrdd â'r Clydach, saif gweddillion Llwynmelyn. Yr oedd hwn yn dafarndy enwog, rhyw fath o dŷ hanner ffordd rhwng Pontypridd ac eglwys Llanwynno. Yn agos iddi yr oedd heol y plwyf, y câf sôn amdano yn nes ymlaen. Mae llawer ohonom yn cofio Siams a Chatws, a'r asyn Siarper, yn byw yn Llwynmelyn, a rhai'n cofio Siôn, tad Siams a'r ci Dragon cyn hynny. Nid oes gwybodaeth am Siôn, oddieithr ei fod yn enwog am fwyta teisen braf. Petai'n syrthio dan y safon orau, câi Dragon y rhan fwyaf ohoni. Bu Siams, Catws a Siarper fyw yn llawen am lawer o flynyddoedd yn Llwynmelyn, yn enwedig os oedd digon o fenyn da ar gael. Byddai Siams a Chatws yn dechrau bwyta hanner pwys o fenyn, gan ddal ati o bob ochr a heb orffwys nes bod eu dwy gyllell yn cwrdd â'i gilydd!

Lle digon enwog am nadredd oedd Llwynmelyn. Byddai Catws yn treulio cryn amser yn yr haf yn ceisio cael gwared ohonynt. Deuent i mewn i'r llaethdy, i'r llofft, i'r gwelyau, yn wir i lawer man yn y tŷ. Un tro cofiaf yn dda am weld Catws yn cymryd y gefeiliau o'r lle tân er mwyn cydio mewn neidr fawr a'i thaflu allan o'r llaethdy. Y rheswm bod y lle yma yn nodweddiadol am ei nadredd oedd ei fod yn gynnes a chysgodol, yr hen furiau'n drwchus a'r to'n hen ac yn dew. Unwaith eu bod wedi ymnythu yno, anodd oedd cael gwared ohonynt. Erbyn hyn mae Hen Lwynmelyn yn bentwr o garneddau a all fod yn gartref i ystlumod a nadredd, yn peri niwed i neb bellach.

Yn uwch i fyny ryw filltir neu ddwy gyda glannau'r Clydach safai'r Graig-ddu, neu fel y gelwir ef yn awr, Black Rock. Y mae lliaws o enwau lleoedd wedi cael eu Seisnigeiddio yn y modd hwn. Pan ddeuai angen adeiladu tafarn mewn rhyw le anghysbell yn y wlad, byddai eisiau gosod arwydd uwchben y drws. Yn amlach na pheidio byddai hon yn Saesneg, oherwydd nid ysgrifennid yn yr iaith Gymraeg yn gyffredin iawn, o leiaf nid ar arwyddion cyhoeddus. Dyna, yn ddiau oedd sut y daeth enw'r Graig-ddu i fod yn Black Rock. Mae'r enw wedi glynu wrth y lle byth wedyn, er bod yr hen dŷ wedi ei dynnu i lawr heb fod maen ar ôl yno.

Heb fod ymhell ond yn uwch i fyny ar yr afon Clydach, safai'r Pandy, lle adnabyddus fel cartref gwehyddion Ynysybwl (*y soniwyd amdanynt yn y bennod ddiwethaf*). Sylwais yng nghofrestrau'r plwyf fod Peter Hughes wedi priodi â Gwenllian Jenkin ar Ragfyr 30ain.1769. Aethant i'r Pandy i fyw ac o'r Pandy y claddwyd hi, yn weddw ddigon hen. Priododd Griffith Hughes ag Ann Lewis ar Awst 14eg. 1806. Mab i Peter a Gwenllian oedd Griffith ac mae cof da gennyf amdano. Credaf taw ef oedd y diwethaf i fyw yn y Pandy. Peter Hughes o Ynysybwl sy'n fab iddo. O ran oedran y mae'n hen ŵr ond o ran ysbryd, egni a bywiogrwydd, mae ef yn fachgen deunaw oed. Mae dwy neu dair cenhedlaeth o'r teulu Hughes yn ieuengach nag ef. Mae ei gof yn mynd yn ôl i'r cyfnod pan oedd yn byw yn y Pandy lle y bu yng nghwmni ei fam-gu, Gwenllian. Gwenllian oedd y fenyw a briododd â Peter Hughes yn Eglwys Wynno gant a deunaw mlynedd yn ôl. Hyd yn ddiweddar gwelwyd muriau'r Pandy ar lannau'r Clydach dan gysgod y Darren fawr; ond fe'i drylliwyd ar gyfer codi'r rheilffordd.

Yn agos i hen furddun y Pandy tyfai llawryfen hardd oedd byth yn wyrdd, fel petai wedi penderfynu cadw'r cof am yr hen dŷ a'i drigolion. Pwy a'i plannodd, tybed? Dichon mai llaw Gwenllian oedd yn gyfrifol. Ond, mae wedi gorfod rhoi lle i newidiadau diweddar, oherwydd nid oedd yno pan euthum heibio y dydd o'r blaen. Yn sicr mae wedi cael ei diwreiddio, gan fwrw hen nod tir arall o'r plwyf i anghof tragwyddol.

Yr oedd hen dŷ arall gerllaw o'r enw "Y Perllanau". Gwelais res o dai newydd wedi eu codi ar y fan lle y safai yr hen dŷ yma. Mae i'r enw ansawdd farddonol a phrydferth, yn awgrymu meddyliau am goed afalau llawn ffrwythau ar y gwastatir o gwmpas "gwesty" Mr Beith, lle yr oedd amlder y coed a ffrwythlonder y lle yn rhoi'r enw "Y Perllanau" iddo.

Y mae llawer yn cofio "Y Rhiw", neu'r hen dŷ oedd yn sefyll ar ochr y ffordd o Bontypridd i Ynysybwl, yn agos i'r eglwys newydd a godwyd yn ddiweddar. Nid oes olion ohono'n aros , ond ar y waun lle y safai, codwyd rhesi hir o dai, ac yntau wedi ei fwrw gan y tywydd nes mynd i edrych yn adfail llwyd a di-olwg. Hen dŷ to gwellt ydoedd, a'r gwellt mor rhacsog fel y gellid rhifo'r sêr trwyddo. Nid oedd gwydr yn y ffenestri, ond yn fynych gwelid pennau rhyw hanner dwsin o blant trwy ffenest y llofft, fel petaent ar werth yno, yn enwedig pan fyddai dieithriaid yn mynd heibio. Mae Emwnt a Mari a'u nifer fawr o blant yn eu beddau ers blynyddoedd a'r hen Riw, fel eira ddoe, wedi ei lwyr ddifrodi.

Ers amser maith safai tŷ bychan yn agos i Aberffrwd ger Ynysybwl, ond yr oedd hwnnw wedi ei symud er cyn fy amser i. Y tebyg yw i'r tŷ presennol gael ei lyncu gan y tŷ gwreiddiol. Bu hen fenyw fyw unwaith yn y tŷ bychan ac, yn ôl yr hanes, arferai hi, sef yr olaf i fyw yno, eistedd gyda'i nodwyddau a'i hosanau allan ar y garreg a safai ar gyfer marchogion Aberffrwd. Mae'r garreg, fel yr hen fenyw, wedi diflannu yn awr.

Tynnwyd y Creunant i lawr bellach. Lle bach tawel ar lannau'r Clydach ydoedd, ychydig i fyny'r afon o Ynysybwl. Ar ymyl yr afon yr oedd gardd fach daclus a ffynnon fach loyw yn pistyllu o'r llawr ar waelod yr ardd. Yr oedd yn lle delfrydol i blant. Bu Peter Hughes fyw yma amser maith yn ôl; cadwai'r tŷ a'r ardd yn drefnus. Meddai Meudwy Glan Elai amdano:-

"Peter Hughes sy'n maeddu'r pant
Mewn tato o ardd y Creunant.
'Does yma neb fel Peter Hughes,
Yn gwybod uwso winwin
Na neb i'w gael mewn gwlad na thre'
Sydd fel efe am gennin."

Ond mae'r Creunant a'i ardd, a'r ffynnon i gyd wedi diflannu. Tybiwn yn aml pa sawl cenhedlaeth a welwyd gan y Creunant yn mynd heibio, megis y mae'r afon yn llifo lawr heibio iddo? Llawer un, bid siŵr. Sut bynnag daeth y gofwy arno! Nid oes neb ar ôl i glywed murmur peraidd y Clydach wrth iddi olchi talcen y tŷ, yn ymsiglo rhwng ceulan a pherth. Ni chlywir bellach lais gwraig a phlant wrth iddynt gludo'r piser i'w dodi dan bistyll yr ardd. Gwir, fe gwympodd yr hen dŷ ond fe erys y nant - Y Groywnant, a ddaw i lawr o'r Dduallt trwy gae Drysiog i ymdrochi i'r Clydach y tu ol i'r tŷ syrthiedig. Dyna drueni bod yr hen dai yma'n cael eu colli yn y modd hwn.

Ty'n y coed yw'r murddun nesaf. Safai uwchben y Llechwen ar lethr cae yn ymyl y coed, o fewn clyw murmur hyfryd y Clydach – llecyn swynol i fyw ynddo. Yma nid oedd dim cyffro na llid ag eithrio ystormydd yr hydref a'r gaeaf. Cysgodid y lle gan ochr serth Ffynnon-dwym a rhwystrid gwyntoedd y gorllewin gan uchder Foelydduallt. Yr oedd y coed o'i amgylch yn amddiffynfa iddo ac yn gysgodle i liaws o adar. Ie! – yr oedd Ty'n y coed yn dŷ dymunol i fyw ynddo gynt, ond yn awr erys yn furddun.

Yr ydym yn awr wrth Gwm Clydach, a oedd gynt yn bentref cyfan ond bellach yn bentwr o gerrig. Mae'r hen dai o flaen Tŷcoch, Tŷ-draw a Thŷ-canol wedi mynd i gyd a hefyd yr hen Bandy. Bu Cwm Clydach unwaith yn gymuned digon adnabyddus, yn fwy adnabyddus a phoblog nag Ynysybwl, nes i dai'r plwyf gael eu codi ar dir y Mynachdy. Deuai'r hen drigolion i Dai'r Plwyf ac nid i'r Cwm. Cofiaf am Catws Wiliam Ifans yn trigo mewn un o'r hen dai yn y Cwm. Cafodd y tŷ hwnnw lawer o gynnwrf tra yr oedd hi yno. Nid oedd Catws bob amser yn "ben llathen", a phryd deuai pwl arni, byddai'n lled anodd ei thrin i'w chymdogion. Crwydrai yn fynych wrth ei hunan ar ganol nos a'r cymdogion yn chwilio amdani. Y drws nesaf iddi yr oedd Barbara Hughes yn byw. Gwraig fawr â golwg gerwin arni oedd Barbara. Yr oedd plant y gymdogaeth i gyd yn ei hofni. Buasai'n beth da petawn i wedi manteisio ar y cyfle o dynnu ei llun. Trueni na fyddai rhywun wedi gwneud hyn er mwyn i'r oesoedd i ddod weld mor rhyfedd oedd cymeriadau fel hi yn eu hymddangosiad. Buasai yn dda gennyf weld llun o Barbara Hughes yn ei boned enfawr, yn ffurfio math o dwnel dros ei hwyneb. Rhaid ei bod yn mesur ryw lathen o'i gwegil i'w phig! Yn y twnel hwn gwelid trwyn mawr, cryf a dau lygad du treiddgar, yn gwreichioni gan lid a digofaint, oherwydd fod Catws Wiliam Ifans wedi ei dilorni, neu hwyrach fod John, mab Morgan, wedi curo'r drws a hithau'n yfed te. Yr oedd ei gwedd annymunol yn peri i chwi feddwl am gwmwl du, trwm, yn barod i'w dorri ac i'w arllwys ar bawb yn ddi-wahaniaeth. Yr oedd ei chnawd tywyll, melyn a'i golwg, chwerw a llidiog a'i bonet anferth dros y cwbl yn rhoi iddi drem faleisus a rhyfedd, gymaint ag i chwi feddwl bod gwraig Asiaidd o'ch blaen mewn pais fer. Gan ei bod yn fenyw mor enfawr ac mor grwm ei hosgo, ymddangosai fel camel mewn becwn gwlanen tra yr oedd ei thraed anferth cymaint â boncyffion derw. Ni chofiaf weld traed mor hir, mor llydan neu mor dew â rhai Barbara. Hefyd yr oedd ganddi farf fel dyn ac nid cywennen ifanc mohoni ychwaith! Nid oedd neb o lanciau yn ei dydd wedi magu digon o galondid i ofyn iddi ei briodi, am fod y syniad o'i bod yn gorfod eillio, a'i bod yn gwisgo esgidiau o'r fath faint eithriadol a'i bod yn meddu ar gryfder gwrywaidd a'i hymarweddiad sarrug, yn ddigon i ddiarfogi unrhyw ŵr ifanc! Aeth amser heibio a gadawyd Barbara fel llong fawr ar y tywod, yn hen ferch erwin ei thymer, hyll ei gwedd, yn ddychryn i blant ac yn destun sbort i gryddion

Ynysybwl. Nid oedd dim i foddhau'r rhain nag ysgogi ffrae rhwng Catws a Barbara a'u gwylio wrthi'n ymgecru y tu allan i'w tai. Ond yr oedd yr hen wragedd yn gweld ffolineb hyn cyn hir oherwydd er gwaethaf eu golwg rhyfedd a'u tymherau drwg, gorweddai cryn dynerwch dan y gerwinder allanol hwnnw. Mae cof cynnes gennyf am y pic ar y maen melys a dderbyniwn ganddynt yn blentyn. Nid oes ond darnau o hen furiau isel eu tai ar eu hôl! Mae'r rhod nyddu'n ddistaw, mae sŵn peiriannau gwehyddu wedi peidio ag aflonyddu ar y glust ac mae'r hen bentref yn prysur falurio'n llwch dan gysgod y coed afalau sy'n taenu eu canghennau dros weddillion yr hen dai.

Mae Tŷ-Draw gerllaw, hen sypyn llwyd, adfeiliedig mewn llecyn clyd a thawel yn cynnwys cae neu waun â gardd bert. Yma bu fyw Ifan Morgan, tad-cu Miss Annie Williams, y gantores enwog o Lundain. Hen ŵr tal, garw ei wedd, syml ei arferion oedd Ifan. Byddai hogiau drwg y pentref yn tynnu ei goes. Credai ef nad oedd neb yn y wlad i'w gymharu â Siôn, mab Morgan, o ran gwybodaeth, onestrwydd a geirwiredd. Byddai ef a Siôn yn mynd am dro ar hyd y lonydd a thrwy'r caeau, a Siôn yn ei lanw â phob math o lol. Byddai'n mynd adref wedyn neu i le bynnag i adrodd y cyfan a ddywedwyd wrtho. Pan welai fod y bobl oedd yn gwrando arno'n anfodlon i gredu'r pethau hyn, byddai'n dweud, "Mae'r peth yn wir i wala; Siôn fab Morgan wedws wrtho i, ac ni wedws e gelwdd erioed, yn siŵr." Byddai Siôn yn dal i lunio anwireddau er mwyn cael sbort am ben yr hen ŵr. Bu ef a'i wraig, Magws, fyw am flynyddoedd yn Nhŷ-Draw. Yr oedd gan fy nhad-cu bioden oedd wedi dysgu siarad ac wedi gwneud meistr ar amryw driciau drwg hefyd. Dic y gelwid ef. Byddai'n galw ar Ifan Morgan Tŷ-

Draw ac Ifan Morgan Tŷ-Canol yn gynnar yn y bore. Un bore yn Nhŷ-Draw fe gydiodd mewn cnepyn o fenyn oddi ar y ford a hedfan at do'r tŷ i'w fwyta. Rhedodd Ifan i geisio ei ddal ond yr oedd Dic allan o'i gyrraedd yn llowcio'r menyn. Gwaeddodd Ifan yn erchyll, "Dere lawr, Dic. Dere lawr, gwell iti, y lleidir brwnt. Dere lawr, gwell iti." Ond daeth Siôn, mab Morgan ato a dweud, "Mae Dic yn sicir o ddod â'r menyn i lawr eto, Ifan Morgan." "O'r gore, Siôn," ebe'r hen ŵr, gan fynd i'r tŷ i ddweud wrth ei wraig. "Magws, mae Siôn yn gwed daw Dic â'r saig menyn i lawr eto; daw fi grynta', wedws Siôn gelwdd erioed!" Disgynnodd Dic yn ei bryd ei hun a'r menyn yn saff yn ei grombil. Yna torrodd Magws adenydd yr aderyn ac fe syrthiodd yn aberth i'r gath, druan, yn fuan wedyn. Byddem ni, blant yn meddwl taw dyma'r gath y sonnid amdani yn y rhigwm:-

"Pwsi, miaw, B'le llosgaist dy flew,
B'le llosgaist dy flew?
Yn y Tŷ-draw
Wrth grasu teisen dew."

Mae'r ddau Dŷ-Canol wedi diflannu oddi ar wyneb y ddaear. Dim ond Tŷ-Coch sy ar ôl yn y Cwm - y tŷ lle y bu Morgan a Rachel Jones yn cyd-fyw mor llawen am fwy na thrugain o flynyddoedd.Tybiaf fy mod yn teimlo cusanau hen ffynnon y Tŷ-Draw yn cyffwrdd â'm boch a chlywed distylliad llonydd Ffynnon y Caban dan laswellt Coed y Cwm. Duw a'm helpo! Dychymyg yw'r cyfan! Dyma fi, ymhell o'r lle, ar lannau'r Clwyd ac Elwy, sef afonydd lawer mwy enwog na'r Clydach, ond nid mor annwyl imi nac ychwaith mor ddymunol i fardd a dderbyniodd ysbrydoliaeth gyntaf ei awen heb fod ymhell o'i glannau hi - hen Glydach hoff!. Blaen-nant-y-fedw hefyd sydd wedi adfeilio, er iddo unwaith fod yn ffermdy adnabyddus. Yn awr nid yw ond yn llety i ychen a'u lloi. Mae'r ardd, y coed, y blodau wedi eu difetha. Nid yw hen gartref Bili Tomos Hywel a'i wraig Janet yn awr ond yn

> *"Rhedyn ar lwch anrhydedd*
> *Y gwyrdd lawr a gardd y wledd."*

Safai'r hen dŷ ar y dde dipyn oddi ar y ffordd sydd yn arwain o'r Basin heibio i Gilfach-rhyd. Lle prydferth ydoedd ar ael y bryn uwchben Cwm Cynon. Y mae yr hen ywen a dyfai yn agos i'r tŷ yno o hyd, yn edrych fel gweddw bruddglwyfus, yn galaru ar ôl ei chymdeithion bore oes na ddychwelant byth i lonni'r lle. Llifa Nant-y-fedw heibio i'r tŷ, weithiau'n dawel heb fawr o ddŵr, bryd arall yn arw a chythryblus. O ymhell clywid,

> *"Sŵn y rhaeadr sy'n rhuo*
> *Dros y graig ar draws y gro;"*

A phryd arall,
> *"Yn groyw ar hyd y graean*
> *Tonnau ugeiniau a gân".*

Rhaid canu'n iach i'r hen dai adfeiliedig. Nid wyf wedi eu henwi i gyd, ond yr wyf yn troi ymaith oddi wrth eu hen furiau maluriedig gyda hiraeth a thrymder calon. Chwi, hen fythynnod fy mhlwyf, na ddifroder chwi! Arhoswch yng nghhadernid eich henaint fel gwarchodwyr y gorffennol. Gadawer i'r adar nythu rhwng eich adfeilion; caned awelon hâf a gaeaf rhwng eich gweddillion; tyfed mwsgwl gwyrddaf Natur ar eich muriau; dringed iorwg a mieri oesoedd fel caer amddiffyn o'ch cwmpas; sefwch yn eich llwydni hyd nes y cydsyrthiwch â phalasau'r wlad yn nydd dymchwelyd a difrodi pob peth gweledig.

PENNOD 19

HEN DDYWEDIADAU

Ddiddorol fyddai cael casgliad o hen ddywediadau, ymadroddion, diarhebion a phenillion unigryw i bob plwyf. Yn fynych ceir dywediadau mewn un plwyf sydd yn annealladwy i drigolion y plwyf agosaf iddo.

1. *"Ar Jarvis mae'r gofid"*. Dyma ddywediad o'r math olaf yma. Defnyddid yr ymadrodd hon pryd byddai drwgdybiaeth yn cwympo ar ryw berson a fyddai'n mynd allan o'i ffordd i osgoi bai. Ers lawer dydd, os nad yw hi mor wir heddiw, byddai lladrata defaid yn beth cyffredin ar ffermydd y mynydd-dir. Pan wnaeth rhyw ffermwr gryn ffwdan un tro, gan ddangos cyd-ymdeimlad mawr â'i gymdogion a gollasai rai o'u defaid, y dull o fynegi eu drwgdybiaeth o hwnnw fyddai dywedyd,"Ar Jarvis mae'r gofid." Dyma sut y daeth y dywediad i fod. Amser maith yn ôl yr oedd gwas yn Daearwynno o'r enw Jarvis. Un diwrnod collodd ei feistr gyllell o boced ei siaced wrth weithio ar y cae gwair. Gwyddai'r meistr lle yr oedd wedi tynnu ei got a'i thaflu ar y gwair wrth fynd i gynorthwyo'r gweision. Gwyddai'n dda taw dim ond Jarvis oedd wedi bod yn agos i'r lle a'r siaced. Wrth chwilio am y gyllell nid oedd neb yn cadw cymaint o stŵr amdani na Jarvis. Chwiliodd yn frwd amdani, gan gynnig cyd-ymdemlad eithafol â'i feistr, a hwnnw heb deimlo hanner y golled â Jarvis. Casglwyd fod y ffwdan a wnaeth Jarvis yn rhy annidwyll i fod yn eirwir. Dyna paham i'r

meistr awgrymu, "Ar Jarvis mae'r gofid". Cafwyd allan wedyn taw Jarvis oedd wedi lladrata'r gyllell! Hwyrach bod nifer o ddywediadau lliwgar a thrawiadol yn deillio'n wreiddiol o'r plwyf hwn tra mae eraill yn ddywediadau cyffredinol a fyddai'n adnabyddus mewn plwyfi eraill hefyd. Ond yn Llanwynno clywais hwn gyntaf ac amlaf. Cyfeiriaf at y dywediadau felly fel petaent yn wreiddiol o'r plwyf.

2. *"Gormod o ddŵr ar y felin."* ydyw un o'r rhain. Diau fod hwn yn hen ddywediad, wedi ei ddefnyddio ymhell cyn bod sôn am na pheiriant dyrnu nag unrhyw fath o injin. Pryd bydd rhywun yn siarad gormod - fel y bydd llawer o bobl weithiau - a siarad yn ddifeddwl hefyd – a hynny heb roi cyfle i neb arall gael gair i mewn, gan foddi pawb dan sŵn ei lais ei hun, disgrifid hwnnw yn y modd cellweirus, pigog hwn, "Gormod o ddŵr ar y felin." Hynny yw, mae gormod o sŵn gwag, gormod o wastraff amser ar gael. Mae'r rhod, neu'r olwyn, yn troi'n rhy gryf ac mae'r hyn a ddaw allan o'r felin yn anghymesur â maint y dŵr a ddaw o'r nant. Nid oedd maint y sylwedd yn cyfateb i maint y sŵn! Pan luniwyd y dywediad hwn, y felin falu a'r rhod dŵr a llif ffyrnig nentydd y mynydd oedd y pethau mwyaf swnllyd yng nghefn gwlad. Un o hen ddywediadau y byd gwledig yw hwn cyn i'r "march tanllyd" ddechrau lledaenu mwg a phoeri tân rhwng y bryniau.

3. *"Dim ond ei lun".* Defnyddir y frawddeg hon i ddynodi cyflymdra. Pryd bydd rhywun yn ffoi nerth ei draed, nid oes mohono i'w weld ond "ei lun". Pan fydd ceffyl a gaiff fraw yn rhedeg i fwrdd ar garlam gwyllt, y disgrifiad gorau ohono fyddai, "Dim ond ei lun a welid." Pan fydd yr heliwr yn dilyn yr helgwn, gan groesi ceunentydd, dros gloddiau a ffosydd, ar ôl sŵn "Ymlaen â

chi!" oddi ar wefusau'r gwylwyr, "dim ond ei lun" sy'n weledig. Mae rhywfaint o ormodiaith yn y dywediad ond mae cryn athroniaeth yn perthyn iddo hefyd, ac ni fynnwn ei ddibrisio er dim. Mor aml y cawn weld dynion a chreaduriaid yn carlamu heibio fel nad oes ond eu cysgod ar ôl, ac wrth gael ein cludo gan gerbyd y rheilffordd mor gyflym, mae gwirionedd yr ymadrodd yn cael ei gadarnhau inni. Ni welir wrth fynd heibio ond llun ysgafn neu ffurf ar wrthrychau ar ôl ar y meysydd yr awn heibio iddynt. Mae llawer i ysgyfarnog wedi rhedeg dros gaeau Llanwynno heb ddim ond eu llun, dim ond eu cysgod ar ddiwrnod heulog oedd yn weladwy. Mae llawer i gadno wedi croesi o Darren-y-foel dros ochr Tyle'r Fedw a Chefndduallt, bron allan o olwg, nes bod helgwn Llanwynno, wrth ddilyn yn agos i'w sodlau, wedi peri iddo anadlu'n drwm a byrhau ei gamre. Mae'r helfa wedi dod i ben gyda bloedd o fuddugoliaeth gan yr helwyr – dichon ei bod wedi mynd yn rhy hwyr i weld hyd yn oed "llun y cŵn a'r cadno."

4. "*Breuddwydio am haf sych a marw mewn diogi*". Dyma eto frawddeg a glywais lawer gwaith ar lafar y trigolion. Pan fyddai rhywun dipyn yn araf a hwyrach yn bengam neu'n hurt iawn; neu pryd byddai rhywun wedi gadael yr amser i fynd heibio cyn cyfawni'r hyn a ddylsai. Estynnir ei ystyr i olygu rhywun sy'n disgwyl i Ragluniaeth wneud yr hyn y dylsai ef ei wneud ei hunan. Mae'n anodd egluro sail wreiddiol i'r dywediad yma. Yn sicr dynodir gormod o arafwch, diogi a disgwyl rhyfygus am i Ragluniaeth gyflawni gwaith y dyn ei hun.

5. "*Mae'r dŵr fel gwin o dan y dail,*

O Galan Gaeaf (Tachwedd yr Ail) *hyd Wyl Fair.*" (Mawrth 25 ain.)

Ni chlywais y dywediad hwn mewn un man ond ym mhlwyf Llanwynno. Clywais ef gyntaf yn cael ei ddefnyddio gan Mari, gwraig Siencyn Gelliwrgan, gwraig gall iawn. Mae yn wirionedd perffaith ac yn dangos bod hen bobl â dawn farddonol ac athronyddol. Mae hi'n ffaith bod y dŵr yn fwy oer a mwy gloyw yn y cyfnod rhwng cwymp y dail hyd adeg adfywiad Natur ar ddechrau mis Mawrth nac mewn unrhyw dymor arall o'r flwyddyn. Pryd y cuddir y ddaear dan garped o ddail a hwyrach bod trwch o eira wedi cwympo arno, mae'r eira'n toddi a gadael i'r dŵr glaw dreiddio drwy'r gogr dail nes bod y dŵr sy'n llifo o'r ffynhonnau yn y coedydd a'r llethrau yn felys, pur a gloyw.

6. *"Naw hewl a chae bach."* Ni wn i a ddefnyddid y dywediad hwn mewn lleoedd eraill ond gwn yn sicr taw dyma'r frawddeg a ddefnyddid gynt yn y plwyf pryd oedd angen glanhau'r cwterydd neu pryd oedd eisiau symud rhyw drewdod o ryw le arbennig. Os bydd rhyw ddyn, neu fenyw, neu ynteu dŷ yn yr ardal heb fod yn lân a threfnus, yn lle dweud ei bod yn sefyllfa achrydus, dywedid ei bod yn drewi "naw hewl a chae bach"- ymadrodd ddisgrifiadol iawn.

Clywir o hyd yr ymadrodd gyffredin iawn yma yng Nghwm Cynon, "naw erw drewllyd."

[Ceir y disgrifiad hwn hyd heddiw "Dyma dywydd drewllyd --Awdur]

7. *"Ni chred y gŵr moel nes y gwelo'i gyrnau."* Clywais hyn yn cael ei ddweud am ddyn nad oedd modd ei berswadio i gredu dim ond yr hyn a welai drosto ei hunan. Anelid y dywediad hwn at rywun oedd yn tueddu i gredu mwy yn ei anffaeledigrwydd ei hun nac ym marn neb arall. Mae'r frawddeg yn ddirmygus at y sawl sydd yn honni ei bod hi'n amhosibl newid eu barn a'u tyb.

8. *"Wal fry neu wal obry."* Dywedid hyn am berson na all gadw cydbwysedd priodol rhwng llawenydd a thristwch. Weithiau ceir y dyn sydd yn or-lawen, gan fyw ar yr uchderau heulog o fuddugoliaeth a phryd arall mae'n isel ei feddwl yn nyfnderau tristwch a llesgedd."

9. *"Wimwth-di-wamwth, sypyn o gramwth."* Heb amheuaeth, dim ond yn Llanwynno y clywais y dywediad hwn. Lle enwog ydoedd am flasu cramwyth a thriagl! Yr oedd y gwragedd yn hir enwog am y ddawn o wneud cramwyth. Yn wir gyda dysglaid o de braf i'w ddilyn nid oedd tamaid mwy amheuthun! Yn y ffermdai gynt arferid gwneud sypynnau mawr o'r bwyd yma i gwrdd ag archwaeth y teulu i gyd a daeth y dywediad i fod yn gyffredin. Er nad oedd fawr o ystyr iddo, apeliai at rywun oedd yn hoff o sain rhigwm.

10. *"Y garan gras."* Sef cyfeiriad at berson a thuedd ganddo i ffraeo. Pan fyddai meistr yn dweud y drefn wrth was, neu fam yn ei dweud hi'n gwynfanllyd wrth ei meibion, neu efallai fod awydd gan rywun alw person yn fewnol wrth enw drwg, yna gelwid hwnnw yn allanol fel "y garan gras." Wedi'r cyfan, ffurf ar y gair "y crychydd" ydyw "y garan" ac, fel y cyfryw, hwylus cyffelybu rhywun cecrus ac annymunol i'r aderyn mor denau, di-gig!

11. *"Giach wrth ei drwyn."* Weithiau cyfarfyddid â dyn ar y ffordd neu wrth ei waith dan dywydd oer â'i ddannedd yn curo ynghyd, yn welw ei wyneb a glas ei ddwylo dan y rhew a diferyn gloyw, sef y "snipe" neu'r giach, yn hongian wrth ben ei drwyn. Digon a ddywedwyd!

12. *"Digon yw digon o gawl o gawl cig eidion, nid oes digon i'w gael o gawl cig iâr."* Digon eglur bod y dywediad hwn yn perthyn i fyd ffermio ac yn adlewyrchu cyfnod pryd oedd bwydydd amheuthun yn brin. Cawl i frecwast, cawl

i ginio a chawl i swper oedd y drefn a hwnnw'n gawl cig. Byddai'r cyfan wedi ei ddarparu o ychen anferth, wedi ei lladd, ei halltu a'i sychu ar fferm. Er bod y bwyd yma'n ddigon blasus, diflasid arno dydd ar ôl dydd, er mor hoff o gawl fyddai. Byddai'n newid dymunol lladd iâr a'i gosod yn y crochan. Ond nid oedd gobaith cael y cawl hwnnw'n fynych. Hefyd dichon, wrth ei gael, ei fod yn rhy wan ei flas i ddigoni'r archwaeth neu bod ynddi'r un daioni ag a gaed oddi wrth y cawl cig eidion. Ond pe codai sefyllfa pan fyddai gwas yn gyndyn neu'n styfnig, byddai'n rhaid i'r meistr ddweud yr un peth drosodd a throsodd nes colli amynedd a'r diwedd fyddai dywedyd, "Digon yw digon o gawl cig eidion, nid oes digon i'w gael o gawl cig iâr."

Gallaswn fanylu eto ar y thema hon, chwedl y pregethwr, ond hwyrach fod yr hyn a roddwyd eisoes yn ddigon i ddangos fod cryn ystyr farddonol ac athronyddol yn perthyn i'r hen ddywediadau hyn. Y mae hefyd amryw hen rigymau sy'n rhan o draddodiad y plwyf. Nid oes neb a ŵyr pa mor hen ydynt na phwy oedd eu hawduron. Maent yn aros fel trysorau llenyddol oesoedd nad oedd eu diwylliant mor eang â'r oes bresennol. Cawsant eu trosglwyddo o oes i oes fel meddiant cyffredinol y plwyf neu hyd yn oed amryw blwyfi. Dyma hen rigwm amaethyddol. Ni welais byth ef mewn print, ni wn i am ei tharddiad, dim ond ei glywed ar lafar yn Llanwynno. Cân y gwartheg ydyw. Diau fod rhyw ferch neu fenyw yn ei chanu wrth yrru'r gwartheg i'r buarth i gael eu godro:-

"Prw me, prw me,
Prw 'ngwartheg i dre'
Prw Melen a Ioco,

Tegwen a Rhuddo,
Rhuddfrech a Moelfrech,
Pedair Llieinfrech;
Llieinfrech ac Eli,
A phedair Wenladi,
Ladi a Chornwen,
A phedair Wynebwen;
Nepwen a Rhwynog,
Tali Lieiniog;
Brech yn y Glyn
Dal yn dynn;
Tair lygeityn,
Tair gyffredin,
Tair caseg ddu, draw yn yr eithin,
Deuwch i gyd i lys y Brenin;
Bwla, bwla,
Saif yn flaena',
Sâf yn ôl y wraig o'r Tŷ-fry,
Fyth nis godri 'ngwartheg i!"

Diau fod y geiriau olaf wedi eu bwriadu yn her i wraig Tŷ-fry, pwy bynnag oedd hi. Mae'r gair "lliain", sef "lleian" yn digwydd deirgwaith, sydd yn awgrymu bod y geiriau yn dyddio o gyfnod mynachaidd, neu o leiaf pryd oedd dylanwad mynachaeth heb ei anghofio'n llwyr. Cysylltir "Tali Lieiniog" â'r cwcwll neu'r clogyn a wisgid am y pen a hwyrach, wedi ei lapio am y corff gan fynaich a lleianau. Felly byddai buwch lieinfrech y gân yn cyfateb i fuwch fraith ein hoes ni. *[Erys yr enw "Nun's Crescent" yn yr ystad o dai sydd ar ben Graigwen yn awr –Awdur]*

Dyma rigwm arall sy'n cyfeirio at amser pan oedd y cyflog neu'r tâl am y dydd o waith yn llai nag y mae heddiw.

"Llifio, llifio, llifio'n dynn,
Grôt yw'r hur y flwyddyn hyn;
Os byddwn byw y flwyddyn nesa'"
Ni godwn yr hur i bedair a dima."

Un arall yn awgrymu tipyn o frys a hwyrach ormod o waith yn efail gof y wlad:-

"Pedoli, pedoli, pedolwch ynghynt,
Mi fynnaf bedoli tai'n costio im bunt;
Pedol a ho'l dan y droed ôl,
Pedol yn eisiau
O dan y droed asau."

Yr oedd gwraig yn byw gynt mewn un o ffermdai'r plwyf oedd byth yn cwyno am na allai fwyta fel pobl eraill. Deuai ei gŵr a'i gweision i'w cinio a chlywed yr un hen gân a chwyn wrth y ford ganddi:-

"Dyn helpo'r corpus hyn,
Ffaelu byta, yfed na dim."

Wedi dioddef y cwynfan yma am amser maith a sylwi ei bod yn dal i fyw er nad oedd hi'n bwyta, penderfynodd y gŵr gadw gwyliadwriaeth arni. Un diwrnod aeth ef at y tŷ ychydig cyn amser bwyd a chael cip trwy dwll yn y wal. A dynalle yr oedd hi'n claddu pryd anferth o fwyd. Dychwelodd y gŵr at ei waith yn y caeau hyd amser cinio, pan ddaeth y gweithwyr i gyd mewn. Fel arfer dechreuodd gwraig y tŷ ochneidio a griddfan dros y bwyd,

"Dyn helpo'r corpus hyn,
Ffaelu byta, yfed na dim."

Yna atebodd y gŵr, ar ôl gweld beth yr oedd hi wedi ei bwyta eisoes:-

"Dau ŵy gwyn,
Cnepyn o fenyn a choes myn!"

Yr oedd hi'n gwneud yn dda drosti ei hun nes cael ei dal yn y weithred. Ni wyddys am enw'r fferm a dichon ei bod yn beth da bod enw'r wraig yn anhysbys hefyd! Dim ond yn ddiweddar y defnyddir y gair "pwdin" yn Llanwynno yn lle "poten". Cedwir y gair hyd heddiw mewn cysylltiad â berwi pys melyn, oherwydd "poten pys" y gelwir pys wedi eu berwi. Pryd byddai gwraig y tŷ yn gwneud "pwdin" yn cynnwys blawd a llaeth neu ddŵr heb gwrens na rhesins, gelwid hwnnw yn "pwdingen". Dyma hen rigwm oddi ar lafar y plwyf:-

"Hei diri, dir,
Poten yn berwi;
Shini a Sioni
Yn hela tân dani;
Eu mam yn ei phupro â phupur a fflŵr,
Ychydig o laeth a llawer o ddŵr."

Dywedodd un o hen brydyddion y tribanau:-

"Mae'r tyle hwn yn ddyfal,
A minnau'n wan fy anal,
Ym mhob o gam mi ddôf i'r lan
A 'nghariad dan fy nghesa'l."

P'un o'r rhigymwyr ydoedd, tybed? Clywais yr enw ond mae wedi mynd bellach o'm cof. Dyma bennill o waith Ifan Moses y cyntaf, tad y diweddar Ifan Moses o Hendre Rhys. Bu farw'r olaf yn ddiweddar dros ei bedwar ugain oed. Rhaid felly bod y pennill hwn wedi ei ysgrifennu lawer o flynyddoedd yn ôl. Credaf i'r prydydd ei anfon at ŵr cyntaf yr hen wraig, Mari o Gelliwrgan, er mwyn tynnu sylw at gyfeiriad codiad yr haul ar ddiwrnod byrraf y flwyddyn, sef Dydd Gŵyl Tomos,

"Y gŵr o Gelliwrgan os byddi byw a iach,
Dos fore y dydd byrraf i ddrws y Beili bach;
Os clir a fydd yr wybr,
Heb gwmwl yn un man
Rhwng dau gwar Coetgae'r Gelli,
Daw'r heulwen bur i'r lan."

Bu'r hen ŵr hwn, sef yr Ifan Moses cyntaf, yn ysgolfeistr y plwyf am gyfnod a chlywais rai o'r hen bobl yn dweud ei fod yn arfer rhoi geiriau ac ymadroddion i'r plant wrth iddynt fynd allan o'r ysgol i'w cofio a'u hadrodd fore drannoeth yn Gymraeg a Saesneg. Dyma un ohonynt:-

"Hwyad a marlad a neidir y dŵr."

Henffych well! hen rigymwyr diniwed. Erys llawer o'ch enwau'n anhysbys a hefyd lle y gorweddwch hyd ganiad yr utgorn. Adwaenem rai ohonoch wrth eich enwau ond ni chawn blannu blodyn ar eich beddau, am eu bod, fel bedd Moses, allan o'n golwg. Cysgwch, gorffwyswch ac ailgyfodwch pan ddaw toriad dydd a gwres y Dydd Olaf!

PENNOD 20

HEN GYMERIADAU

1. Yr oedd Siencyn Gelliwrgan yn ŵr adnabyddus yn ei ddydd. Mab i Wiliam Jones, Pentwyn Isaf, ydoedd a'i fam yn frodor o Fronwydd, tu draw i Ystradfellte, yn Sir Frycheiniog. Dyn mawr, tal, lluniaidd ydoedd, a ffurf cawr arno. Yn nyddiau ei ieuenctid dim ond ychydig oedd â'r gallu i gystadlu ag ef mewn "braich gwymp" (restlo) neu "frwydr ddwrn" (paffio). Un tro cafodd ef ac Ifan Gelligaled ornest fawr. Yr oedd y ddau yn wŷr cryf a chyffrous eu natur a bu dyrnu di-drugaredd rhyngddynt. Yr oedd Siencyn yn ffermwr da - yn gynnil, diwyd ac onest yn ei ffordd o ddelio, fel y llwyddodd i gasglu maint sylweddol o dda'r byd hwn. Yr oedd yn hoff o gwmni a pheint o gwrw, gan taw honno oedd ei ddiod arferol, er ei fod yn gorfod cymryd cryn lawer o frag a hopys cyn iddynt effeithio arno. Gallai ddweud gyda'r prydydd:-

"Bachgen ofer wyf, medd rhai,
'D allai'm huan ddwedyd llai,
O eisiau bawn yn gwella 'mai
A gadael tai tafarnau."

Cofiaf iddo weddio unwaith tra yr oedd dan ddylanwad y ddiod a dyma'r hyn a ddywedodd, "O Arglwydd maddau 'meiau mawr! Ond dyna, dyna, gwna

169

fel y fynnot Ti, mae gennyf ddigon o fodd i fyw tra fo'i," gan ysgwyd ei arian ym mherfedd ei boced. Yr oedd yn hoff o dribannau digrif a gwreiddiol. Ar ddyddiau cneifio yng Ngelliwrgan a Nantyrysfa, byddai'n wastad yn gofalu am roddi min ar y gwelleifiau. Ystyrrid ef gan drigolion y plwyf yn gymydog caredig, ffermwr da, cyfaill cywir a dyn onest. Ganed ef yn 1780 a bu farw yn 1859.

2. Yr oedd Thomas Griffiths, neu Twmi Ffynnondwym, hefyd yn ŵr adnabyddus yn y plwyf ac yn wir yn nodweddiadol o naws plwyf Llanwynno. Yma y ganwyd ac y magwyd ef a bu fyw am y rhan fwyaf o'i fywyd. Yr oedd ei rieni yn un o hen dylwythau'r plwyf. Bu farw ei dad, hefyd o'r enw Thomas Griffiths, ar Fehefin 10ed. 1810 a'i fam ar Chwefror 23ain. 1837. Mae'r teulu Griffiths yn enwog a pharchus yn Llanwynno ac yn Aberdâr ac yn wir trwy'r wlad i gyd. Pwy ymhlith y Methodistiaid nad oedd yn adnabod Lewis Griffiths, un o ddiaconiaid ffyddlon Bethania, Aberdâr, a'i dad, Ifan Griffiths, o'i flaen? Mae'r ddau yn eu beddau yn awr ond mae cofion melys amdanynt. Mae pawb ym myd cerddoriaeth yn adnabod Daniel Griffiths o Aberdâr, gan fod ei ddawn fel beirniad cerddorol heb ei ail. Mae enw Griffith Griffiths, Gelliwen, yn adnabyddus a pharchus iawn ymysg ffermwyr Bro a Blaenau Morgannwg. Ewythr iddynt hwy, brawd eu tad, oedd Thomas Griffiths neu Twmi Ffynnondwym, fel y gelwid ef yn unol ag arferiad Cymreig bro Llanwynno.

Yr oedd y teulu yn enwog iawn yn bennaf am eu canu. Nid anghofiodd neb a glywodd Thomas Griffiths yn canu bâs, mo'r achlysur. Yr oedd ganddo lais eithriadol. Er ei fod yn rymus, yr oedd bob amser yn beraidd, megis offeryn cerdd swynol. Lawer gwaith clywais ef yn yr hen gapel yn Llanwynno yn canu mewn hwyl fawr, yn tynnu sylw pawb. Yr oedd ei lais yn ddi-ymdrech a'i osgo mor ddi-ymhongar â baban. Yr oedd yn canu am ei fod yn teimlo'r gerddoriaeth, heb awydd i dynnu sylw ato ei hun. Ei reswm dros ganu oedd bod ei galon ar dân wrth y dôn a'r geiriau oedd wedi cymryd meddiant arno. Yr oedd y llais fel offeryn cerdd dan fysedd ysbrydoliaeth yn tywallt mewn llif o gân mor naturiol â'r fwyalchen mewn draenen wen ar noson hafaidd. Ysgydwai ei ben wrth ganu, yn fwy drwy gynhyrfiad ysbrydol nag er mwyn cadw'r amseriad yn iawn. Yn wir yr oedd yn cael ei drydanu gymaint gan y dôn ac ystyr y geiriau nes byddai ei ben yn ysgwyd fel y bydd cangen yn cael ei siglo gan chwa ogleisiol Mehefin.

Ar wahân i emynau fe ganai hen alawon Cymreig yn effeithiol iawn. Er nad oeddwn ond yn ifanc iawn, erys cainc un o'r alawon hynny yn fy nghof. Clywais ef un noson, yn eistedd yn y gadair freichiau yn Ffynnondwym ac yn canu, "Yn y gwŷdd, yn y gwŷdd." Dyna deitl y gân, ond ni chofiaf ddim oddieithr fod y swyn yn fy nghyffroi o hyd. Byddai'n dda gennyf gael gafael mewn copi o'r hen gân hon. Ond ofer fyddai imi ddymuno clywed ei chanu gan neb fel y cenid hi gan Thomas Griffiths.

Yr oedd ef yn hynod iawn hefyd am ei bwyllogrwydd tawel. Ni welais ef byth yn colli ei dymer neu'n ymgolli mewn hwyl ddrwg, ond byddai bob amser yn ddi-gyffro a di-daro. Cadwodd ei hunan dan reolaeth hyd yn oed pryd oedd Boxer wrthi gyda'i driciau drwg. Ceffyl direidus oedd Boxer ond yr oedd yn sensitif iawn o ran cael ei ogleisio. Credai fod rhywun yn mynd i'w ogleisio ar fan teimladwy bob tro y byddai bys yn cael ei bwyntio ato. Byddai'n codi ar ei draed, yn taflu, yn cnoi ac yn rhedeg i ffwrdd â'r wagen wair pe gallai. Bûm yn croesi cleddyfau gyda fe sawl tro. Ef a Tom, yr hen geffyl o

Ddaearwynno, oedd y ddau geffyl gwaethaf yn y plwyf am gicio a bod yn afreolus. Ond mae'r ddau wedi marw ers tro bellach ac yn trigo lle mae ceffylau da a drwg yn mynd. Na ddyweder drwg am y meirw, p'un ai ceffylau ydynt neu beidio. Ni pharodd drygioni Boxer i Thomas Griffiths golli ei dymer byth, ond ei hoff geffyl oedd Dragon, yr hen geffyl gwyn, neu fel y gelwid ef ganddo, "y ceffyl llwyd". Ni chredaf fod ceffylau heddiw i'w cymharu â'r hen fath, yn enwedig Dragon; gellid ei farchogaeth yn ddi-drafferth, gallai dynnu trap neu drol neu gludo pwn; yr oedd yn addas at bob math o waith. Rhaid cofio bod ffermwyr â'u bryd ar wneud arian ac ymgyfoethogi dipyn trwy'r amser.

Yr oedd Thomas Griffiths yn enwog am ei dawedogrwydd. Ni chlywid ef yn siarad yn ormodol. Eisteddai yn y cornel yn ddistaw bach, heb yngan gair ond yr hyn oedd yn briodol. Er gwaethaf hyn yr oedd yn gymdeithaswr da ac yn gyfaill ffyddlon. Ni chlywid ef yn enllibio neb erioed a'r ychydig a ddywedai am eraill oedd er clod iddynt.. Hefyd yr oedd yn gymydog cymwynasgar. Ar adeg y cynhaeaf pan gesglid y gwair yn ddiogel yn y teisi, byddai'n wastad yn anfon ei weision i helpu eraill i gywain gwair rhyw gymydog. Byddai'n arfer y cyfnod hwnnw i wragedd gweithwyr hel cnau a'u gwerthu yn Aberdâr neu Ferthyr er mwyn helpu talu'r rhent a.y.b. a byddai Thomas Griffiths bob amser yn barod iawn i roi benthyg ceffyl at y pwrpas hwn. Bu llawer helynt gyda Boxer wrth i'r gwragedd geisio dilyn y pynnau cnau ar ei gefn, ar y ffordd o Gefnpennar i Ferthyr. Ychydig o'r arferiad sydd yn parhau heddiw. Sut bynnag byddai Thomas Griffiths yn fodlon rhoi cymorth i'r cyfeiriad hwn. Cynorthwyai unrhyw un a fyddai mewn angen. Gobeithio fod ei gwsg yn un esmwyth a'i wobr yn gyflawn yn "atgyfodiad y meirw". Symudodd, tua diwedd ei oes, i Feisgyn a'r Gelliwen, ac yno y caeodd ei lygaid am byth ar olygfeydd y byd hwn.

3. Un o'r cymeriadau mwyaf rhyfedd yn y plwyf oedd Evan Thomas o Flaenllechau. Er iddo farw dros ddeugain mlynedd yn ôl, erys straeon am ei ddywediadau a'i weithredoedd yn fyw yng nghof pobl y wlad. Yr oedd yn ddyn o ddychymyg gwyllt a thymerau rhyfedd, yn hynod o wreiddiol ac annibynnol yn ei holl ffyrdd. Nid oedd yn gyffelyb i neb arall ac nid peth hwylus fyddai dod i hyd i'w fath yn unman. Yng ngrym ei fynegiant, yn ei frawddegau cryf, ei lwon a'i regfeydd, ei syniadau di-lywodraeth a hefyd ei ddull o orliwio popeth a ddywedai, yr oedd yn eithriadol, hyd yn oed ym mro Blaenlechau.

Dywedir ei fod ar adeg y cynhaeaf gwair â'r tywydd yn wlyb, yn ymddiddan â'r gwydr tywydd , a ddangosai arwydd tywydd braf o hyd, ond y gwir oedd taw glaw oedd piau hi ddydd ar ôl dydd. Felly, gan hongian y gwydr tywydd y tu allan byddai'n dweud, "Wel, dere maes y diawl, dyna, credi di 'nawr!" Dro arall yr oedd ef a'r gweision yn prysur baratoi i gasglu'r gwair yn ddiogel. Yr oedd y gwair yn sych ac yn barod i'w gynaeafu. Yn sydyn ymddangosodd cymylau tywyll ag arwyddion sicr o storm daranau. Yn fuan dechreuodd y mellt fflachio a'r taranau ruo, a sŵn glaw yn disgyn ar ochr y mynydd dros y dyffryn. Neidiodd Evan Thomas i fyny a chydio mewn coflaid o'r gwair sych, gan herio'r Hollalluog gyda'r geiriau hyn:- "Er dy waetha di fi fynna hwn yn sych ta beth," ac i ffwrdd ag ef i'r bont a groesai'r nant rhwng y tŷ a'r cae. Yn anffodus llithrodd a chwympo a'r gwair dros y bont i'r dŵr. Ar hynny gwaeddodd â'i holl nerth , " lwo, lwo, ar f'enid i, - wyt ti'n rhy galed i fi."

Gellid galw ar gof lawer o bethau amdano sydd, ar y wyneb, yn lled rhyfygus, ond, rywfodd, ar leferydd Evan Thomas ei hun, nid oeddynt yn swnio felly. Er na ellir cyfiawnhau arfer brawddegau haerllug a di-gywilydd, rywfodd maddeuwyd i Evan Thomas a phriodolwyd hwy i hynodrwydd ei gymeriad a thueddiad gwyllt, afreolus ei ddychymyg. Nid oedd yn ddyn drwg ei feddwl a heb fod yn llai crefyddol na llawer a arferai iaith fwy diwylliedig nag ef. Dyn tyner a charedig ydoedd, a than y wyneb yr oedd stôr o deimlad da a chydymdeimlad na wyddai pobl ddim amdanynt. Un o hen Gymry annibynnol, dychmygol, unplyg y mynydd-dir ydoedd. Dichon ei fod yn tueddu i watwar aruchelder pobl y trefi, dyfodiad ffasiynau newydd, gwareiddiad modern a chynnydd mewn cymdeithas. P'un bynnag, yn y pethau hyn hwyrach ei fod yn fwy cywir ei farn na llawer.

Ar un achlysur digwyddodd fod mewn tŷ pryd ganwyd plentyn. Rhoddwyd hi ym mreichiau cryf Evan Thomas, ac yntau'n fab i wraig weddw. Wrth ei dal hi, meddai, "Mi a arhosaf i hon dyfu, a chymeraf hi yn wraig." Felly y bu i'r ferch honno ddod yn wraig i Evan Blaenllechau. Claddwyd hi yn ddiweddar mewn oedran mawr, a chyda hi aeth rhan helaeth o'r gorffennol, ei atgofion, a'i arferion Cymreig yn y rhan hon o'r plwyf. Evan Thomas oedd perchen tir Blaenllechau, lle enwog yn awr am lo, ffwrneisi a'i boblogaeth fawr. Ond yn amser Evan nid oedd yno ond dau neu dri o dai, a defaid yn addurno'r llethrau creigiog. Ni allaf farnu p'un ai er gwell neu er gwaeth y mae hi ar drigolion yr ardal oddi ar gyfnod Evan Blaenllechau, ond tueddaf i feddwl yn bersonol y buasai'n well gennyf fyw gyda'r defaid a gwylltineb y bryniau a nodweddai ei amser ef na goddef glo, ffwrneisi, llwch, duwch a stŵr yr oes bresennol.

4. Brawd i EvanThomas oedd Robert Evans o'r Mynachdy. Yr oedd y naill wedi cymryd enw Cristnogol ei dad a'r llall ei lysenw. Yr oedd Robert ac Evan yn debyg iawn mewn llawer o ffyrdd, ond bod gan Robert ychydig bach mwy o ledneisrwydd, oherwydd efallai ei fod wedi gweld tipyn bach mwy o'r byd ac oherwydd ei swydd anrhydeddus yn y Mynachdy fel prif ffermwr y plwyf yr amser hwnnw. Ond gallai fod yn ddigon arw ar brydiau ac yn fynych â meddwl ganddo am ei hunan. Amser maith yn ôl arferid cynnal oedfa yn Ynysybwl un noson yn yr wythnos. Un tro disgwylid Jordan, un o bregethwyr y Bedyddwyr, i bregethu. Er i'r oedfa ddechrau'n hwyr, ni chyrhaeddodd Jordan hyd bron y diwedd pan oedd Siencyn Buarth-y-Capel yn gwneud y cyhoeddiadau am yr wythnos. Gan sylwi bod Jordan wedi cyrraedd o'r diwedd, awgrymodd taw efe ddylai ddod at y pulpud yn awr. Ar hyn, dyma Robert Evans, oedd yn eistedd yng nghefn y capel, yn ddigon tawel ond yn ddigon uchel i gyrraedd pob clust, yn dweud, "Na wnaiff, gâd i Dduw gael y gair olaf." Bu llithriad y tafod yn ddigon i roi terfyn ar yr oedfa a chaniatáu i bawb fynd adref yn lle cael eu cadw yno hyd ganol nos.

Robert Evans oedd perchennog y Mynachdy. Hen ŵr plaen ydoedd, yn wledig ei ffordd. Fel ei frawd, yr oedd yn eithaf hynod ei ffordd ac yn tueddu i fod yn annibynnol ei feddwl. Ar ôl ei ddyddiau, aeth y tir i ddwylo ei fab hynaf, Thomas Evans, a'i gwerthodd gynnau i'r diweddar Mr D.Williams, a adwaenir wrth yr enw, Alaw Goch.

5. Dyn tal, lluniaidd, oedd Thomas Evans, a golwg hardd a hynaws ganddo. Ymddangosai mor olygus ac urddasol ei wedd fel y byddai'n hawdd ei gymryd yn un o'r tywysogion Cymraeg. Yr oedd yn ŵr caredig hefyd fel

y byddai tlodion y plwyf a redai ato i'r Mynachdy â'u cwynion yn tystiolaethu. Os oedd modd i'w cynorthwyo byddai'n sicr o wneud hynny. Bu farw rai blynyddoedd yn ôl ac yn gorwedd gyda'i gyn-dadau ym mynwent Llanwynno.

6. Yr oedd Evan Williams Aberffrwd yntau'n enwog yn ei ddydd ac yn ysgolhaig da iawn. Am flynyddoedd bu'n un o'r gweithredwyr ar ran Mr T. Powell, y masnachwr glo. Yr oedd gan Evan Williams wybodaeth eang am lo a mwynau a cheisid ei gyngor gan lawer o foneddigion ynglŷn â suddo pwll neu agor lefel yma a thraw. Yn wir yr oedd yn dipyn o dirfesurydd. Cododd dŷ rhwng y Clydach a'r Ffrwd ac o'r tŷ hwnnw treuliodd lawer o'i amser yn pysgota a mwynhau tawelwch y wlad nes i angau orchymyn iddo roddi heibio ei bib a'i faco, ei wialen a'i rwyd a symud o Aberffrwd,

"I orwedd mewn bedd oer bant
Yng nghyfyng dir anghofiant."

7. Bydd llawer yn cofio am Margaret Williams, neu Magws Tŷ-cwrdd, fel y gelwid hi. Gweddw Richard Wiliams oedd hi a bu'n byw am lawer o flynyddoedd yn Nhŷ Capel Llanwynno. Bu farw ei gŵr o'r colera amser hir o'i blaen hi. Yr oedd y gweinidogion Methodistiaid i gyd yn ei hadnabod hi gan ei bod wedi aros yn ffyddlon fel aelod crefyddol am fwy na thrugain o flynyddoedd. Bu'n meddu ar alluoedd meddyliol cryfach na'r cyffredin a chof da. Hi oedd yn gweini ar y Parch. D. Rees o Lanfynydd pan gafodd ei fwrw i lawr gan glefyd marwol ym Mhontypridd. Mae cryn dipyn y gallaf ei ddweud amdani a'r hen gapel ar dwyn Cae'r Tŷ-cwrdd, gan ein

bod ni, blant, bob amser yn cofio amdani ynghyd â'r ysgol a'r capel. Byddai hi'n fynych yn gweddio yn yr hwyl dan ddylanwad pregeth rymus. Cefais y fraint o bregethu yn ei gwasaneth angladdol ar Ddydd Gwener , Gorffennaf 22 ain, 1870. Hen fenyw dduwiol ydoedd a ofalodd am y tŷ a'r capel yn Llanwynno pryd nad oedd pethau'n rhy llewyrchus. Am lawer o flynyddoedd yr unig aelodau oedd fy mam, fy mam-gu, Margaret, George ac Ann Davies a'r hen ŵr, Titus Jones. Cynhelid yr oedfaon yn yr hwyr. Yn nes ymlaen torrodd gwawr newydd ar waith yr Arglwydd; ar adeg marwolaeth Magws bu'r achos yn llewyrchus.

Mae'r hen gapel lle y clywid sain cân a moliant am ganrif wedi mynd heibio. Dyma'r capel lle y bu Joseph Davies, Evan Davies, Benjamin Hughes, yr hen Rhys Phylip a'r hen ŵr o Ddaearwynno yn penlinio gerbron gorsedd Gras, capel lle yr achubwyd eneidiau lawer, capel a gysegrwyd gan bregethau, gweddiau, dagrau ac ochneidiau llu o bererinion sydd wedi rhoi'r gorau i ddringo creigiau, bellach wedi ei droi yn ddau dŷ annedd. Yn lle sŵn cân gysegredig a goslef emyn a glywid gynt, clywir yn awr drwst rhediad plant a sŵn chwibanu a chwerthin bechgyn a merched sydd heb wybod am sancteiddrwydd blaenorol y lle.

Gerllaw, ar fin y ffordd , adeiladwyd capel arall. Bu George Davies fyw i osod y garreg sylfaen ac yno yn awr y mae Methodistiaid Llanwynno yn addoli Duw eu tadau. Yn yr hen gapel cynhaliwyd ysgol ddyddiol a Joseph Davies yn ysgolfeistr ar y plant am amser hir. Un o'r ysgolfeistri "hen ffasiwn" ydoedd ac yntau'n gloff a chanddo un llaw fechan ac un droed fechan. Adnabyddid ef yn gyffredinol fel "Joseff, gŵr i Ami'r gwaydd." Chwaraeid llawer o driciau ar Joseph gan fechgyn drwg yr ardal, oddi ar amser Siôn y Teilsiwr hyd fy amser i. Byddai Siôn yn chwarae triwant yn aml. Pryd byddai Joseph yn cerdded o amgylch yr ysgol yn chwilio amdano, gwaeddai, "John Morgan, where are you?" Byddai Siôn yn ateb iddo o'r pulpud, lle yr ymguddiai, trwy arllwys dŵr am ben yr athro, (o'r gwydraid o ddŵr oedd yno ar gyfer y pregethwr), er mawr ddifyrrwch i'r disgyblion eraill. "Who did that?" meddai Joseph. "Don't know, sir!" atebai Siôn, gan anfon llif arall o ddŵr i wyneb yr hen ŵr, nes ei fod wedi ei ddallu gan ddŵr a llid. Rhwymid Siôn i gefn bachgen arall (i sicrhau na fyddai'n symud), i gael ei chwipio gan Joseph. "Will you do it again?" ebe'r hen ŵr dicllon. "Not today, sir!" ebe Siôn. "Will you do it again?" Slash! Slash! Slash! "Yes, if you wish, sir!" atebai Siôn. Slash! Slash! Slash! "Will you, will you?" "Fi weda wrth fy nhad, myn diawl i," ebe Siôn, Ar hynny terfynai'r ffrwgwd gan fod Joseph wedi blino a Siôn yn dechrau rhegi. Bu farw yr hen Joseph druan yn nhloty Merthyr Tydfil. Gwnaeth lawer o ddaioni yn y plwyf ond gadawodd ef dan gwmwl oherwydd rhyw ewyllys a luniodd. Yr oedd wedi gwneud llanast o bethau yn sicr ac wedi talu amdano'n ddrud. Yn ddi-amau pe buasai wedi byw yn awr, cawsai fwy o barch yn Llanwynno nag a gafodd ac mae'n amheus a fyddai wedi cael ei anfon i orffen ei ddyddiau yn y fath le â thloty ar ôl oes o lafur yn y plwyf. Er gwaethaf y cwbl credaf fod Joseph yn un o bendefigion y nef. Yr oedd cryn ddadlau am ei achos ar y pryd. Dywedodd un amdano:-

"Joseph Davies hewl y cawl,
A gwas y diawl yn ffyddlon."

Ond meddai un arall gyda mwy o wirionedd a phriodoldeb amdano:-

"Joseph Davies, gwas y nef
Oedd ef er pob ffaeleddau;
Ni anwyd un dyn heb ei fai;
Waith pridd a chlai yw'r gorau."

Cafodd Joseph angladd barchus ym Mhontmorlais, er ei fod yn un o breswylwyr y tloty. Yr oedd amryw o bobl barchus Merthyr Tydfil yn ei angladd. Yn drist iawn nid wyf yn credu bod neb o'i gyn-ddisgyblion yno i dalu eu cymwynas olaf iddo nac i ollwng dagrau uwch ei fedd. Ond un peth a wn, yr oedd angylion y nef yno a Gabriel yn eu harwain ac ni theimla ef ei fod yn amharchus hofran uwch argel olaf Joseph. Gadewch inni wneud cyfiawnder yn awr â'i goffadwriaeth. Cwsg yn dawel, hen was yr Iôr; nid oeddit heb dy feiau! Ond pwy, wrth feddwl, all daflu carreg atat am hynny? Ie, cwsg yn esmwyth yng ngofal angylion Pontmorlais.

"Caiff Joseph rodio'n ddisgloff byth,
A'r fendith ar ei ben."

PENNOD 21

CYMERIADAU PONTYPRIDD

Y mae Pontypridd yn ffurfio rhan bwysig o blwyf Llanwynno a byddai'n annheg peidio â dweud rhywbeth am rai o gymeriadau hynod y dref hon. Byddai'n dda gennyf cael amser i ysgrifennu penodau ar bob un ohonynt – yn feirdd, yn fasnachwyr, ac yn weithwyr hen a newydd. Ond rhaid symud ymlaen a bodloni ar roi amlinelliad o un yma a thraw, megis ar antur. Gan fy mod eisoes wedi sylwi ar rai o'r beirdd, gwell fyddai eu hepgor yn awr. Daw lliaws o enwau i'm meddwl a phersonoliaeth llawer o ddynion o Bontypridd yn ymgodi yn fy nghof, yn fy nhemtio i lunio darlun o bob un a threulio pennod ar bob darlun. Dyma rai ohonynt – Thomas Morris, Thomas Evans neu Twmi'r Gof, Noah Morgan Gelliwastad, Thomas Bencarreg, Roger Jones, Bili Groesfaen, Evan o'r Lawn, Daniel ac Evan y gofaint, Siôn a Thomas Llewelyn, Rosser Richard, Thomas Williams, oedd yn fab-yng-nghyfraith i Siôn Llewelyn – oll yn arbennig am ryw nodwedd o'u cymeriad neu'i gilydd.

Hynodrwydd Rosser oedd ei deimladau brwd, ei dymherau tanbaid a'i weddiau pybyr. Un tro enillodd bunt mewn cystadleuaeth weddio! Credaf fod eraill wedi trefnu'r gystadleuaeth heb yn wybod iddo nes bod y cwbl drosodd a'i weddi ef yn cael ei farnu'n orau. Byddai ei wraig, Rachel, yn gorfoleddu wrth weddio mewn cyfarfodydd a gwelwyd hi'n llamu fel merch ifanc dan ddylanwad pregethu'r Gair. Byddai hi gymaint yn yr hwyl fel y byddai'n troi at ganu neu wylo, gan beri i'r gynulleidfa ymuno â hi. Pan oeddem ni'n blant, peth cyffredin oedd gweld Rosser yn dod am dro o Bontypridd i Ynysybwl. Arferai eistedd yn sêt fy nhad, hanner awr cyn y cyfarfod gweddi. Byddem bob amser yn edrych am y cap du a wisgai ar ei ben. Teithiodd lawer yma a thraw i weddio a thua diwedd ei oes byddai'n mynd yn fynych i Groeswen lle y ceid croeso gan Galedfryn, y prydydd. Derbyniodd ychydig am ei drafferth heblaw canmoliaeth ynglŷn ag ansawdd ei weddi. Un o aelodau eglwys Penuel ydoedd.

Un arall o aelodau ffyddlon Penuel oedd Thomas Bengarreg; dyn eitha tal ydoedd. Yr oedd yn hen iawn pan welais i ef gyntaf, ond yn llawn bywiogrwydd. Eto i gyd, yr oedd yn llawn bywyd, mor ifanc o ran ysbryd â llanc deunaw oed. Credaf ei fod dros ei ddeg-ar-bedwar-ar ugain pan ddaeth ei yrfa ddaearol i ben. Yr oedd Thomas Morris yn ei anterth cyn cyfnod Bencarreg ond yn ddiau yr oeddynt yn gorgyffwrdd â'gilydd mewn amser o ran eu bod yn bileri mawr yr aelodaeth ym Mhenuel. Yr oedd Morris yn ŵr call, yn fasnachwr medrus ac yn addolwr pybyr fel blaenor Penuel. Ystyrrid ef yn gadarn yn ei wybodaeth o'r Ysgrythurau. Priododd â gweddw Griffiths, Glyncoch, un o deuluoedd mwyaf parchus Llanwynno. Merch iddynt hwy yw Mrs Thomas, gynt o'r Lan Uchaf, ond yn awr yn byw yn y Glog, a'u mab hwy yw Mr. John Morris, gynt o'r Glyncoch, ond sydd yn awr yn byw yng Nghaerdydd.

Yr oedd Thomas Evans, neu Twmi'r Gof, yn adnabyddus iawn gynt ym Mhontypridd. Yr oedd yn bregethwr, yn fasnachwr llwyddiannus ac yn ŵr o ymddangosiad cadarn a chyhyrog iawn. Teithiodd gryn dipyn drwy Sir Forgannwg fel pregethwr. Nid oedd fawr o ddawn ganddo i bregethu ac ni wnaeth fawr o argraff ar ei wrandawyr. Sut bynnag yr oedd yn meddu ar farn gywir a llawer o synnwyr cyffredin. Edrychai ar ei orau ar gefn ei geffyl, a phryd byddai'n mynd ar ei deithiau pregethwrol ar ei geffyl du ymddangosai fel tywysog. Gwnaeth ei ysgwyddau llydan, nerthol a'i wynepryd coch iddo fod yn wrthrych sylw pawb, yn enwedig wrth farchogaeth ei geffyl du, sionc. Er ei fod wedi ymroi i bregethu am flynyddoedd lawer, nid oedd erioed yn dangos yr un brwdfrydedd dros astudio caled. Ar ôl dweud hyn, yr oedd yn eitha llwyddiannus mewn materion masnach. Dywedodd ei wraig amdano unwaith ei bod wedi dod o hyd i ffordd o helpu Thomas i gysgu heb fawr o drafferth. – "dim ond i mi", meddai, "roddi llyfr yn ei law, fe syrth i gwsg yn union." Yn ei gylch cul o weithgarwch bu'n ffyddlon, er mor gyfyngedig oedd y cylch yna. Er nad oedd yn seren o'r maintioli mwyaf, o fewn ei gyfyngiadau ei hun, credir ei fod yn adlewyrchu goleuni Haul Cyfiawnder. Pe buasai llawer ohonom yn gorfod gweithio gyda'r morthwyl a'r einion mor galed â Thomas Evans, y tebyg yw na fuasai cystal graen arnom, yn gorfforol ac ysbrydol, ag oedd ar Thomas Evans a'i geffyl du! Gorffwysed ef,

"Hyd fore ei adferiad
I'w urdd deg, ar dde ei Dad!"

Adnabyddid William Morgan Groesfaen yn well fel Bili Groes-faen. Yr oedd yn enwog fel adeiladydd. Ef a adeiladodd eglwys Ystrad Mynach a chredaf taw ef a

182

adeiladodd yr eglwys fawr â phigdwr arni sydd yng nghanol y dref (sef Eglwys Santes Catrin), er na chafodd fyw i'w gorffen. Cwympodd y gorchwyl hwn i'w fab, Wiliam. Mae'r tad a'r mab yn cyd-gysgu yn awr yng ngro'r fynwent ond saif eu gwaith hwy fel cyfres o gof-golofnau ar ffurf eglwysi a chapeli. Gŵr go ffraeth ei dafod oedd yr hen ŵr; byddai ei ddywediadau yn fywiog a chyrhaeddgar. Cofiaf am Ddewi Haran a minnau yn mynd heibio i ddrws y banc un diwrnod pan oedd Bili yn dod allan. Wrth weld dau fardd yn mynd heibio iddo, meddai yn lled ysmala:-

"Dyma hen lanc
Yn fawr ei wanc
Yn troi maes trwy ddrws y Banc!"

Ac i ffwrdd ag ef heb wneud rhagor o sylw ohonom. Yr oedd Bili yn lled gul yn ei feddyliau crefyddol, yn enwedig wrth fynychu'r cyfarfodydd cyfeillach. Ei hoff destun, a ddyfynnir yn fynych, oedd:- "Na symudwch y terfyn a osododd y tadau." Peth hynod iawn arall am Bili Groes-faen oedd y ffaith na fu erioed un dant yn ei enau, er y gallasai gnoi cystal â neb oedd ganddo'r dannedd cryfaf. Ni chafodd ei ddannedd ddod trwy'r cig sydd yn perthyn i safnau dyn yn gyffredin. Magodd deulu lluosog ac y mae llawer ohonynt a'u plant yn cael eu parchu ym Mhontypridd a'r ardal o gwmpas.

Dau frawd oedd Siôn Llewelyn a Thomas Llewelyn ac yr oedd y ddau yn aelodau ffyddlon ym Mhenuel. Y cof cyntaf sydd gennyf am Thomas oedd ei weld yn llwytho glo o Bwllhywel i Bontypridd mewn cert a dynnwyd gan Fanny, hen gaseg denau, fawr, esgyrnog, y byddai Daniel Jones, Cloth Hall, yn ei marchogaeth wrth hela'r cadno a'r ysgyfarnog. Yr oedd dyddiau hela Fanny drosodd erbyn ei bod dan ofal Thomas Llewelyn ond yr oedd tynnu cert dros fryn Graigwen yn gofyn am lai o gyflymdra ac egni na charlamu dros gaeau Llanwynno, Llanfabon ac Eglwysilan. Cadwai Thomas Llewelyn Dŷ'r Capel, yn ymyl hen gapel Penuel, yn hir cyn codi'r Penuel presennol. Yr oedd Nannah, ei wraig, yn fenyw ddeallus, yn arbennig o ran ei gwybodaeth am achau a hanes teuluoedd y plwyfi cyfagos. Ond yr hyn a synnai ni blant oedd maint aruthrol ei thrwyn hi, gan fod natur wedi bod yn hael iawn wrthi gyda'r rhan yma o'i chorff. Bu fyw'n amser hir ar ôl ei gŵr. Magodd Siôn Llewelyn deulu lluosog, y mae rhai ohonynt, a'u disgynyddion, yn parhau i fod yn drigolion parchus yn y dref.

Dichon y dylwn grybwyll enw Bili'r Teilsiwr. Un o wŷr Llanwynno yn sicr ydoedd a dreuliodd y rhan fwyaf o'i fywyd ym Mhontypridd. Un rhyfedd oedd Bili. Gwariodd fwy o arian ar gwrw na rhyw ddwsin o ddynion. Byddai'n codi yn fore gyda'r bwriad o fynd allan i yfed a dod adref droeon am ei brydau bwyd fel dyn wrth ei waith dyddiol. Talodd am ei gwrw, ac nid cyfanswm bychan oedd hwn, bob chwe mis. Wrth wrando ar Bili'n adrodd ei straeon dros ei beint, buasai unrhyw berson dieithr i'r ardal yn credu ei fod yn estron, neu o leiaf, yn siarad iaith estron, gan mor hynod ei leferydd. Byddai pob gair a ddywedai yn cael ei flaenori gan yr ymadrodd, "ebe fi, ebe fe," nes bod stori fer yn mynd yn aruthrol o hir a chymhleth, heb na synnwyr na sylwedd. Clywais ef yn adrodd stori am sut yr oedd yn cysgu mewn gwely dieithr, lle poenwyd ef yn fawr gan chwain. Cymerodd yn agos i hanner dydd i adrodd yr helynt, a honno wedi ei gwychu gan ambell i bennill ar y pwnc, tebyg i :-

"Wel, o bob lle anniddig
Ebe fi, ebe fe),
I orwedd ynddo'n unig,
(Ebe fi, ebe fe, ebe fi);
Hwn yw'r gwaelaf – mwy na'r chwain,
(Ebe fi, ebe fe),
Mae'n llawn o ddrain cythreulig,
(Ebe fi, ebe fe, ebe fi)."

Un peth oedd yn nodweddiadol amdano oedd ei barch at y Sabath. Ni byddai byth yn mynd allan i ddiota ar y dydd hwnnw. Yn hytrach, eisteddai gartref neu mynychai oedfa gyhoeddus yn ei wisg drefnus. Anghofiaf y ddwy bennill a ysgrifennwyd yn feddargraff iddo gan Gwilym Eilian a Brynfab, y ddau yn gyd-fuddugol yn Eisteddfod Pontypridd a gynhaliwyd yn 1871. Buasai'n dda gennyf roi amlinelliad o amryw o gymeriadau eraill a aeth o'n blaen o Bontypridd. Rywbryd eto hwyrach.

Peidier â digio wrthyf am sôn am rai o fasnachwyr y dref. Dyna John Griffiths o Heol y Felin a gychwynnodd mewn ffordd fach, fach, fel yr Afon Hafren, mewn llygedyn; ond fe aeth ymlaen, fel yr afon honno, nes mynd yn un o fasnachwyr y dref, yn ymddeol yn hir cyn iddo farw, ar ôl gwneud ffortiwn dda. Ei feibion yw George Griffiths, perchen gwaith y Gelli, a William Griffiths. Yr oedd John yn arbennig am ei ddiwydrwydd, ei ymroddiad di-flino, ei graffter, ei arferion cyson a'i ofal am ei fusnes. Dan ysbryd y diwydrwydd tawel a'r llafur parhaus yna yn Heol y Felin trwy'r blynyddoedd, gwnaeth John bwrs hir, enw da a safle iddo ei hun ymysg masnachwyr y dref. Yr oedd yn perthyn i achos y Bedyddwyr; bu'n ffyddlon yn yr hen Garmel ac wedyn yng nghapel Tabernacl. Yn awr mae "wedi rhoddi ei dabernacl hwn heibio", a'n gobaith yw ei fod wedi cael "tŷ, nid o waith llaw, tragwyddol yn y nefoedd."

Ym mhen uchaf Heol y Felin yr oedd masnachwr arall go gyffelyb i John Griffiths ac yn berthynas iddo hefyd, gan fod yn Fedyddiwr selog fel yntau, sef Mr Aaron Cule. Dechreuodd ef ar y llawr a thyfu yn dderwen fawr! Nid oedd ei fusnes ar y dechrau ond yn fach, na'i fasnachdy ond cul a chyfyng, ond ar y sail hon adeiladwyd masnachdy llydan a hardd, cyffelyb i siop fawr Llundain. Yn wir tyfodd y fusnes fach hon nes iddi lanw'r adeilad presennol â nwyddau. Mae'r teulu Cule yn ddawnus a pharchus. Yr oedd Evan Cule, tad Aaron a Moses, yn ddyn o ddoniau mawr a chanddo feddwl chwim. Fel y soniwyd eisoes, yr oedd Moses yn hoff o'r awen pan gâi gyfle, ond ni chlywais byth fod Aaron wedi cymryd at grefft lenyddol. Ei awen ef oedd masnach; mae ei englynion ef yn sypynnau o aur ac mae ganddo doreth o'r rhain. Mae wedi ymddeol bellach ac wedi trosglwyddo ei fusnes i'w feibion. Mae yn treulio noson ei ddyddiau yn mwynhau ffrwyth ei lafur, yn cyfrannu at les ei gyd-drefolion drwy gymryd rhan flaenllaw yng ngweithgareddau'r gwahanol bwyllgorau yn ei swydd fel gwarcheidwad a swyddog ffyddlon. Un o wŷr Tabernacl ydoedd, fel ei frawd-yng-nghyfraith. [*Safle Amgueddfa Pontypridd yn awr – Awdur*]

Y mae Tabernacl yn rhoi cysgod i amryw ddynion cyfoethog y dref a hwythau i gyd wedi elwa ar weinidogaeth y dyn dysgedig hwnnw, Dr Roberts. Mae eraill wedi dewis dychwelyd i Garmel a ail-adeiladwyd mewn llecyn hardd yn ymyl Heol Graigwen, rhwng dwy fynwent lle mae nifer enfawr o gyn-drigolion yn gorwedd, yn cynnwys Siencyn Buarth-y-Capel, ei wraig, Catws a lliaws arall.

Credaf fod John Crockett yn rhedeg ei fusnes ei hun o hyd yn y siop yn ymyl y bont dros yr afon Rhondda. Mae yn fasnachwr craff. Dyn bychan ydyw ond yn hirben ac yn chwim ei symudiadau. Mae wedi codi siop newydd yn awr ac mae hefyd yn fasnachwr glo. Gyda'i holl weithgarwch mae'n cadw'n brysur iawn. Yn wir, a barnu wrth y pefriad yn ei lygad a'i sioncrwydd, nid yw y math o berson a all fod yn dawel a di-waith. Mae busnes wedi ei feddiannu ac mae wrth ei fodd yn ei drin. Ar ben hynny, nid yw'r aur a'r arian y mae'n eu hennill trwy ei fusnes yn peri gofid iddo. Un o'r Bedyddwyr ydyw, yn llawn sêl am y gred mewn bedydd eneidiau. O ran enw mae Crockett mor Seisnig ag unrhyw enw Seisnig arall ddaw i feddwl ond Cymro ydyw sydd gymaint yn frwd ag yw'n wladgar.

Gerllaw ei siop, ar droad yn Heol y Felin, saif lle masnach Griffith Evans. Y mae yntau wedi bod yn llwyddiannus fel gŵr busnes ac yn hanu o un o hen dylwythau Llanwynno – nai i Walter Nantyrysfa. Wrth edrych arno rhwydd yw casglu taw dyn diwyd, hoff o fusnes ydyw, a'i fod yn hoff o stori dda, arabedd yn ei holl agweddau, ac yn bennaf, mor hoff o'i bunt â neb yn y wlad, ar ôl llwyddo i hel digonedd ohonynt. Mae ef a'i fab yn rhedeg y fasnach gyda'i gilydd ac mae safle'r siop yn dda; saif ar y gornel yn wynebu afonydd y Rhondda a'r Tâf ac yn edrych tua'r Tumble. Un o'r Methodistiaid ydyw ac un o flaenoriaid Penuel ac, er imi ofni ei fod wedi troi'n fwy at y Saesneg, yn fy nhyb i bydd yn wir Gymro byth.

Mae pawb yn y dref yn gwybod am y "Silver Teapot" a'i pherchen, Mr Richard Rogers. Gŵr cadarn ei olwg, serchog ei wên a llawn ysbryd gwaith ydyw. Mae ei dŷ bwyta yn hwylus iawn at y farchnad. Mae gwragedd y Cwm yn barnu nad oes te i'w gael yn unman arall yn debyg i'r Tebot Arian wrth y farchnad. Y mae Mr Rogers wedi treulio'r rhan fwyaf o'i oes ym Mhontypridd, ond yn Sir Faesyfed y cafodd weld golau dydd gyntaf. Y mae ei fochau coch, ei ysgwyddau llydan a'i freichiau cryf yn tystio i awelon pur Maesyfed a'i fod wedi cael derbyn cyflenwad da o iechyd a nerth o fryniau'r Canolbarth.

Y mae Tomi Lewis wedi cefnu ar ei siop esgidiau yn Heol Tâf, lle yr oedd wedi gwneud busnes helaeth am lawer o flynyddoedd ac wedi cyfansoddi digon o englynion hefyd. Gŵr serchus a hawddgar oedd Mr Lewis, ond huno y mae nes

"Bolltiau dôr farmor ei fedd
Agora llaw trugaredd."

PENNOD 22

PWLLHYWEL A MORMONIAETH

Saif yr hen dŷ o'r enw Pwllhywel yn ymyl nant yr Henwysg Fach dipyn oddi wrth ei glan dan gysgod twyn Blaenhenwysg, â choed afalau ac eirin o'i amgylch. Mae ei wedd yn wyn a gwyngalchog, â'i do cerrig Cymreig llwyd. Gyda'i fod yn wynebu'n union i gyfeiriad y De, mae twyn Coetgae'r Hafod yn torri min gwyntoedd y gorllewin ac yn ei rwystro rhag cael cip dros ei ysgwyddau ar Gwm Rhondda tua Chymmer. Cofiaf am Bwllhywel fel lle bach, hardd a thawel y llifai'r Henwysg Fach, gan ddwyn cân dros ei thonnau hi. Weithiau deuai'r awelon o Goetcae'r Hafod, bryd arall o gyfeiriad Gellilwch, neu o fwlch y Cwm, neu ynteu o Benycoedcae. Ar dywydd stormus y gaeaf deuai o gyfeiriad "traed y meirw," tra, dipyn yn is i lawr, byddai cryfder llawn awelon o'r De-Ddwyrain yn eich cyfarch, yn chwythu'n falmaidd neu'n chwipio'n oerllyd, yn carlamu'n ddicllon neu'n dwyn neges bod eira ac iâ ar y ffordd, yn ôl yr adeg o'r flwyddyn.

Ond trwy'r cyfan llechai Pwllhywel yn dawel, fel petai'n ymguddio rhwng y twyni i chwerthin am ben sŵn dyner gwynt y De neu floedd lidiog gwynt y Gogledd. Eto gwthiodd diwydiant ei ffordd i fyny ar hyd glannau'r Henwysg a gwneud i'w genhadon dyllu'r ddaear a distrywio tangnefedd twyni a phantau Pwllhywel. Yn fuan daeth llysenw addas ar y fangre dawel hon , sef "Cwm-sgwt", lle anniben o lo, sbwriel a hagrwch.

Agorwyd glofa ddrifft rhwng Pwllhywel a Blaenhenwysg a gweithiwyd gwythien glo'r Darren Ddu oddi yma i fyny tua'r Carnau. Bu cryn weithio ar y lle nes i'r fenter ddod fel ceffyl sydd wedi torri gwynt. Gorfodwyd cefnu ar y lle, gan ei adael yn wag a hagrach o lawer nag o'r blaen. Dylsid fod wedi mynd â'r domen erchyll o sbwriel hefyd, yn lle ei adael o flaen Pwllhywel, yn garnedd ddu bygddu, sy'n sarhâd i harddwch y cwm llonydd yma.

Yn uwch i fyny a thipyn i'r Dwyrain, saif Bryngolau, preswylfa wych Mr W.Phillips, perchen tir Pwllhywel. Mae ef wedi mynd i lawer o drafferth i harddu'r lle. Heddiw nid yw Pwllhywel ond yn fach o le – bwthyn mewn cyferbyniad â'r breswylfa fawreddog newydd yn ei ymyl sy'n dwyn yr enw arwyddocaol Bryngolau; ond nid yw'r Bryngolau newydd mor gyfoethog mewn hanes, hynafiaeth ac atgofion â'r lle hŷn. Saif y tŷ newydd ychydig draw oddi wrth ei gymydog hŷn â golwg ffroenuchel arno, yn go debyg i lawer dyn a chanddo boced llawn, pen gwag, heb brofiad, yn edrych yn ddirmygus ar bererin hynaf y pentref, heb fawr o barch yn ei galon at wybodaeth ddyfnach a doethineb aeddfetach yr hen ŵr. Wrth edrych gynnau ar y ddau dŷ, gallwn bron ddychmygu Pwllhywel yn sibrwd yr hen ddihareb, "Yr ifanc a dybia, a'r hen a ŵyr"; neu hwyrach fod ei wedd yn awgrymu'r frawddeg hon imi.

O ran Pwllhywel gallwn roi pregeth i chi ar Formoniaeth neu Eglwys Saint y Dyddiau Diwethaf. Mae trigolion Llanwynno yn cysylltu Mormoniaeth â Phwllhywel, oherwydd i 'r teulu mawr oedd yn byw yno ymuno â'r sect ryfedd hon a symud i ddinas y Llyn Halen i fyw. Yr oeddynt yn deulu cryf, yn fechgyn go alluog ac ni fuasid yn disgwyl y byddai Mormoniaeth wedi cymryd gafael mor sydyn a llwyr arnynt. Fodd bynnag daeth Siôn Morgan, Edmwnt a Mari a'r holl deulu dan ei dylanwad. Felly y gwnaeth Siwan, eu mam, oedd bron yn bedwar ugain mlwydd oed. Ymaith â hi at Seion, gan obeithio'n hyderus i gwrdd eto â'i gwr, Dafydd Pwllhywel, yn Ninas y Llyn, oedd wedi marw yn y flwyddyn yr ysgubodd clefyd y colera trwy ardal Llanwynno. Mae deugain mlynedd wedi mynd heibio er pan aethant ymaith. Y mae llawer ohonynt yn byw o hyd ymysg y Saint yn yr Unol Daleithiau, ond nid ydynt wedi anfon gair at eu hen ffrindiau a'u cyfoedion yn Llanwynno. Crefydd gwael yw hwnnw sydd yn peri i ddyn anghofio gwlad a chyfeillion bore oes. Ni all fod yn grefydd os bydd yn lladd serch at eich gwlad ac yn difetha'r awydd sy'n peri i'r galon deimlo'n fynych taw, "Teg edrych tuag adref." Ond nid oes siw na miw wedi dod oddi wrth fechgyn Pwllhywel er iddynt addo ysgrifennu. Mae'n amlwg na ellir disgwyl i'r hen Siwan ysgrifennu, oblegid ei bod hi erbyn hyn wedi mynd ymhellach na Dinas y Llyn. Mae hi wedi croesi'r ffin sy'n gwahanu amser a'r di-derfyn, lle ni chlywir ragor na llef nag erfyniad cyfaill, nac ychwaith gwestiynau'r cywrain a'r chwilfrydig. Ond paham nad yw Morgan, Siôn ac Edmwnd wedi anfon atom ddisgrifiad o'r Caersalem newydd a llywodraeth Brigham Young a'i olynydd, am gartref amlwreiciaeth a bro'r teulu Smith gyda'u breuddwydion a'u gweledigaethau?

Daliaf i feddwl y dylai'r Cymro, ym mha le bynnag y bydd wedi ymgartrefu, ddweud, fel y bardd-broffwyd Iddewig am ei ddinas gynt, "Os anghofiaf di, Jerwsalem, anghofied fy neheulaw ganu;" Ond eto, mae Mormoniaeth ac Amlwreiciaeth wedi pylu min gwladgarwch, wedi lladd cyfeillgarwch a pheri i fryniau, llwyni a choed ei fro enedigol ddiflannu o'i gof fel breuddwyd y myn dyn anghofio'n llwyr amdani.

Heblaw meibion Pwllhywel, cipiodd Mormoniaeth William Davies Ben-wal; aeth yntau gyda'r fintai o alltudion i'r Jerwsalem newydd. Nid oedd dim yn ei natur, gellid meddwl, a fuasai'n peri i ddyn farnu y byddai'n troi at Formoniaeth. Yr oedd yn ddyn pwyllog, meddylgar ac yn benderfynol iawn. Yr oedd yr hyn a eilw pobl Llanwynno yn "bentan o ddyn". Pan fyddai rhywbeth wedi mynd i'w ben, nid peth hawdd oedd ei dynnu allan drachefn. Ac felly daeth y dyn cyndyn hwn dan ddylanwad y Mormoniaid, yn ŵr penboeth a welodd ddistryw'r byd i fod wrth law a thaw'r unig le i fynd am loches oedd gwlad y Saint. Mae ef wedi marw yn ddiweddar ac wedi cael bedd ymhell o wlad ei gyn-dadau, yn naear ei wlad ddewisedig, a gysegrwyd gan draed yr Indiaid Cochion. Dodwyd ef i orwedd dan ysbryd honiadau cableddus blaenoriaid Saint y Dydd Diwethaf.

Cofiaf am ddadl boeth rhwng Ann o Fuarth-y-Capel a William Ben-wal wrth y bwrdd te. Yr oedd Ann yn aelod selog gyda'r Bedyddwyr ym Mhontypridd ac yn credu oni fyddid yn ymaelodi yng Ngharmel a chael eich bedyddio gan y Parch. James Richards (er coffadwriaeth parchus) ni byddai gennych fawr o obaith gyrraedd y Nefoedd. Felly, dros amser te yn y Clotch Uchaf, aeth yn ddadl rhwng William ac Ann am y Mormoniaid a bedydd. Er bod digon o *ddŵr* yn y ddadl i wlychu'r angerdd, aeth pethau mor boeth rhyngddynt nes i Ann golli ei thymer . Yr oedd Wiliam yn dadlau'n ddigon cryf, tra yr oedd Ann yn raddol golli tir wrth golli ei thymer. Fel yr oedd y gŵr o Ben-wal yn cryfhau trwy'r amser felly gwanhau a mwy croch y byddai ei dadlau hi. Yn y diwedd, pan oedd ef yn meddwl ei fod wedi ennill y dydd a'i fod wedi peri i'r wraig ddistewi, dyma hi'n codi ei chwpanaid o de twym yn ddi-symwth ac, yn lle ei lyncu, yn ei daflu â'i holl nerth i wyneb y gŵr o Ben-wal, gan ddwyn pob dadl o'i eiddo i ben!

Yr wyf yn meddwl i'r achlysur hon rhwng Wiliam ac Ann ddigwydd ychydig cyn i'r gwragedd gyfarfod, yn unol ag arfer y plwyf, i ddathlu achlysur "Yr esgor ar blentyn", neu "Y Cyflwyno", fel y gelwid hi. Yr oedd yn arfer ers llawer dydd, i fenywod yr ardal ymgynnull ar ôl i'r fam wella o'i chyfnod o wely esgor i yfed cwpanaid o de a chynnig anrhegion i'r fam oedd wedi cyflawni'r gamp o gyflwyno mab neu ferch i'w gŵr. Peth eironig felly oedd i Wiliam Ben-wal dderbyn ei de, nid yn y man lle y dylsid ei "gyflwyno", ond i'w wyneb! Gyda bod y ddadl drosodd, anghofiwyd am y ffrwgwd wrth i bawb gymryd te a theisen a chanmol y baban am ei fod mor ddel ac mor debyg i'w dad! Cofiaf fod Wiliam Penwal wedi ymadael â'r Clotch y noson yna gyda sgrôl hir yn cynnwys enwau ei berthnasau, wedi ei ddarparu ar gyfer mynd i Ddinas y Llyn Halen. Dyna'r golwg diwethaf a gefais ohono a minnau'n fachgen ifanc ar y pryd.

Achosodd y Mormoniaid gryn gyffro yn y plwyf yn y cyfnod hwn yn bennaf oherwydd fod unrhyw beth newydd yn tynnu sylw pobl, ond hefyd am fod pobl y capeli yn sylwi fod nifer eu cynulleidfaodd yn lleihau byth. O'u rhan hwy, bu'r Mormoniaid yn gwneud ymdrech fawr i argyhoeddi pobl i ffoi rhag y llid i ddod, gan annog y sawl oedd yn mynd heibio ar y ffordd gyda'r neges yma. Dangosai amryw hogiau oedd yn mwynhau tipyn o hwyl mewn bywyd awydd i gofleidio'r crefydd newydd hwn ac yn eu plith, Ifan Cadwgan, brawd i'r prydydd, Cadwgan.

Un diwrnod cofiaf am ddianc o'r tŷ i wrando ar Ifan Cadwgan yn pregethu ar Donyrynys yng nghysgod gwrych y plaen pêl. Pan gyrhaeddais gartref rhoddwyd cweir imi. O hynny ymlaen ni allai'r Saint dynnu fawr o'm sylw fel o'r blaen! "Pulpud" Ifan oedd pen tomen o bridd a godwyd gan rywun yng nghlawdd y cae gyda chyfaill iddo wrth ei ochr. Nid wyf yn cofio yr union destun a gymerodd yn sail i'w bregeth, ond mae'n sicr gennyf taw o Lyfr y Datguddiad ydoedd. Yr oedd yn sôn am wyrthiau'r dyddiau diwethaf hyn ac yn haeru iddo fod yn dyst i wyrth a gyflawnwyd ar Siwan Pwllhywel pan gafodd saith cythraul eu bwrw allan ohoni yr un pryd. Pa fath o fenyw allai Siwan fod i ganiatáu i saith cythraul letya gyda hi, wn i ddim! Diau iddi hi a'i theulu deimlo gollyngdod mawr ar ôl cael gwared ohonynt ac nid rhyfedd i Siwan ddilyn y Saint i'w cartref newydd yn Nyffryn y Llyn Halen wedyn. Aeth Ifan ymlaen i fanylu ar yr iaith ddieithr a drosglwyddwyd i'r Saint. Byddai Ifan yn siarad fel hyn:-

"Hwffi pwffi carai mwffi,
Rhaid i'r Seintiau gael teyrnasu."

Tra yr oedd rhywun arall yn honni:-
"Piden hirit, Padan Aram,
Ni y Saint yw meibion Abram."

Ie, Ie, meddai ei gyfaill,
"We will go to California,
Rhaid yw gadael y wlad yma."
Ebe'r cyfaill,
"Ni fydd yma ond trueni,

Pan ddaw dydd yr higl-di-pigldi!"

Y tri rheswm a roddwyd am i Gadwgan a'i gyfaill gredu y distrywid y wlad hon yn fuan oedd:- (1) Anwybodaeth y bobl (2) Yr oedd y Saint wedi proffwydo hynny (3) Yr oedd Siwan Pwllhywel wedi breuddwydio deirgwaith am y peth, ac, "oherwydd hynny", meddai cyfaill Ifan,

"Rat a tat a riti titi,
Brysiwch oll i adael Cymru;
Rili tandem rato tinder,
Wales will burn down to a cinder;
Horam poram rampidaron,
Ciliwch oll i fryniau Seion."

"Amen," atseiniodd Ifan Cadwgan. Ar hynny torrodd Wiliam Llwynperdid allan i chwerthin, ac ebe Charles o Hendre Rhys,

"Y sawl a iwsio gacamwci
Fe fydd e'n siŵar o 'difaru!"

A dyna pryd daeth y cyfarfod i ben, yng nghanol miri a gwawd y bechgyn, wrth iddynt wynebu Ifan a'i gyfaill oedd â gwedd arnynt mor sobr â barnwyr. Gofynnodd Ifan i Dwm y Gof a gâi ef ei fedyddio yn yr afon. " Wn i ddim siŵar," ebe Twm, dan chwerthin. "Ifan, fab Dafydd Cadwgan isa moddi i yn afon Glydach. Na,'na'i siŵar," ac i ffwrdd ag ef i adrodd yr helynt i gyd wrth Kitty o'r Ynys. Dichon bod amryw yn byw yn Llanwynno sydd yn cofio'r cyfarfod "seintyddol" yna yn y cae wrth yr Ynys.

Aeth Wiliams, Rhydygwreiddyn, a minnau wedyn i chwarae gêm"bedyddio", a dyna lle y syrthiasom i'r afon! Y canlyniad oedd i mi gael dau gweir - un am gael gwlychiad a'r llall am redeg o'r tŷ i wrando ar y Saint yn y lle cyntaf!

PENNOD 23

TWMI BENWAL

Heblaw'r tribanwyr a'r rhigymwyr sydd eisoes wedi cael sylw yn y penodau blaenorol, ychydig ydyw'r nifer o feirdd a llenorion a fagwyd yn Llanwynno. Ystyrrid Thomas Williams, neu Twmi Benwal, i fod yn fardd a llenor lled dda yn ei ddydd. Gelwir ef hefyd wrth yr enw Gwilym Llanwynno. Mab ydoedd i Evan William ac ŵyr i Thomas William Thomas Llewelyn o'r Glyncoch. Ei fam oedd Mari, sef merch Edward Miles o Flaenhenwysg, a Bess ei wraig. Bu Twmi'n byw yn y Graigwen am tua deng mlynedd, wedi iddo symud gyda'i rieni o Benrhewl Llecha. Wedyn aethant i fyw i Benwal, ac wrth yr enw hwn y cafodd ei alw a'i adnabod am weddill ei oes. Bu ei dad yn berchen gwaith glo Darrenddu am flynyddoedd. Gŵyr y rhai sydd wedi arfer dringo dros heol Graig-yr-Hesg am dŷ lled dwt, yn edrych fel nyth yn ystlys y graig â'r darren ddanheddog y tu cefn iddo - tŷ a safai yn y coed dipyn oddi ar y ffordd yn ymyl darrenddu. Mae'r llecyn hwn wedi ei gysgodi rhag y gwyntoedd gan y coed a'i amddiffyn rhag chwaffiau'r gwynt o'r de-orllewin gan Dwyn-y-Lan o'i flaen. Mae'n ymddangos fel nyth bronfraith yn y gwrychoedd. Tŷ yn y coed, man unig a meudwyol ydyw, dan y darren. Gyda'r nos mae suad mwyn yr awelon yn gerddoriaeth o'i gwmpas, a sgrech y dylluan neu grawciad y gigfran oddi ar ddannedd y graig ei hun i dorri ar ei dawelwch. I lawr yn y dyffryn mae'r afon Tâf yn ymdroelli'n araf a mawreddog ar ôl dod allan o derfysg y Berw. Mae goleuadau tref Pontypridd, Trefforest a'r Dyffryn Tâf yn pelydru trwy ganghennau'r coed. Mae sŵn a murmur y dref yn dod i fyny gyda'r nos ar chwaon sy'n croesi llethrau Graig-yr-Hesg, yn swnio fel sibrydion pell ysbrydion yn mynd yn ôl a blaen dros y tŷ unig hwn, a hwnna'n gorwedd ynghudd yng nghanol y graig ramantus hon ar lannau'r Tâf.

Arwyddocaol iawn yw enw'r tŷ hwn, sef Bwlch-y-defaid. Codwyd ef gan dad Twmi Benwal. Yma bu farw'r tad, ac o'r tŷ hwn y priododd Twmi ei wraig. Merch ydoedd hi i Mr Jacob o Lantrisant ac yn chwaer i Mrs Cook, gweddw y diweddar Dr Cook o Bontypridd. Mae Mrs Cook yn fyw o hyd ac yn briod yr ail waith, gan wneud ei chartref newydd ymhell o'i gwlad enedigol, sef Awstralia.

Yr oedd Twmi yn fachgen lled ddawnus, a chanddo ysbryd chwaraeus, yn hoff o ddarllen, yn hoff o straeon diniwed, yn barod i ymateb gydag arabedd, hwyrach â thuedd ganddo i droi at wawdiaith, sydd yn wendid ac yn nodweddiadol o'r sawl gyda dawn anghyffredin. Yr oedd Tomi yn cael cryn ddifyrrwch wrth gwrdd â phobl werinol yr ardal ac weithiau yn manteisio ar eu hanwybodaeth a'u diniweidrwydd. Enghraifft o hyn oedd yr amser pan berswadiodd ef Ifan Morgan un tro fod y lleuad wedi aros yn yr un fan un nos oherwydd methu ohoni osgoi Mynydd Eglwysilan, neu dro arall ei bod wedi syrthio i bwll Berw'r Tâf a phe deuai Ifan gydag ef ar noson olau'r lleuad, câi weld y lleuad yn gorwedd fel darn o gaws Caerffili ar waelod y pwll. "Cato ni, 'chlywais i fath beth oddi ar fy ngeni," meddai Ifan, gan lyncu'r cyfan fel yr Ysgrythur Lân! Heblaw hyn yr oedd Twmi yn lled ansefydlog yn ei ymddygiad. Yr oedd ei anwadalwch yn codi yn ddiau o'i natur gyffrous. Byddai'n siriol ac yn bruddglwyfus bob yn ail; nid oedd byth yn fodlon ar aros yn yr un man. Byddai ganddo rhyw achos cwyn i beri iddo symud i fan arall. Byddai rhyw anesmwythdra yn nodweddu ei arhosiad ym mhob lle. Er hynny, ni wnâi hynny iddo fod yn sur a chas ei natur. Yr oedd bod yn llawen yn reddfol iddo ac ystyrrid Tomi Benwal i fod yn gwmniwr heb ei ail.

Yr oedd Twmi yn gymeriad mor fywiog ei ddychymyg nes bod y dyfodol i gyd yn fendigedig iddo, gymaint ag iddo ystyried yr adar bach a welai'n hedfan heibio yn eryrod ag esgyll euraidd. Dichon na allasai egluro, er enghraifft, paham i Morgan Moses Hendre roi'r ateb hwn i'w fam ar ôl iddo ei hysbysu hi ei fod ar fin mynd i ffwrdd i'r Amerig; - "Rhedeg ymhell at y Mynydd Gwyn," ebe Catws. "Nage, mam," meddai Morgan, "rhedeg i ffwrdd rhag y Mynydd Du!" Yr oedd Twmi mor ddiniwed a chystal cymydog â neb yn y plwyf. Pe cawsai addysg dda byddai wedi gwneud bardd da a dyn mwy cyflawn. Rhagorai mewn sylwadau doniol a chyflym. Yr oedd fel Gwyddel o ran ei atebion ffraeth. Un tro digywyddodd iddo gerdded gyda merch adref, nad oedd, yn nhyb ei fam, o gymeriad addas. Am wneud hynny, rhoddodd yr hen wraig drinfa dda iddo, "Rhag dy gwiddil, Twmi, dy fod di o neb yn cerdded gydag un o'i bath hi!" "Pwy gwiddil sy o gerdded gyda merch fach bert, mam?" "Merch bert, yn wir! Ym mh'le mae ei phertrwydd hi, Twmi?"

"O wadn ei throed hyd ei chorun, - ei phen
Mor wynned â'r lili, meddai bechgyn Graigwen!"

"Twmi, paid â'm hela i ma's o'nghof!"

"Wel, dyna beth wnaeth Ianto Grambo unwaith!"

"Beth?" ebychodd ei fam.

"Mynd ma's o'i gof; ac fe ddaeth yn ôl wedi hynny ar yr un gost – wedi iddo fynd i ma's a ffaelu mynd i mewn i unlle gwell!"

"Twmi, oddi ar wyt ti'n grotyn bach, dy hoff bleser di yw poeni dynion."

"Ia fa, mam? Wel, fi âf i boeni y ferch yna – i chi ag erill yn i galw "Y Bwtwn Bach." (Dyna lysenw'r ferch y cerddodd Twmi adref gyda hi).

"Ei phoeni hi," meddai'r hen fenyw.

"Ie," meddai Twmi, neu,

"Ni charwn y Botwn Bach!"

Dro arall daeth Twmi adref o Bontypridd yn eitha hapus. Wedi dod i'r tŷ dywedodd,

"Mam, yr oedd Ianto Williams wedi meddwi ac wedi cysgu ar ben y Graigwen heno, a phan ddetho' i heibio, yr oedd hwch y Graigwen yn lly'o wyneb, a Ianto yn mwmian wrtho'i hunan, "Gwelwch chi shwd beth yw bod yn ffrind i'r merched – cusan eto, 'merch i," meddai Ianto.

Cydiodd Twmi unwaith dan fraich un o brif gyfreithwyr ac un o brif feddygon Pontypridd, gan eu bygwth i beidio â galw'r heddlu. "Pam?"meddent. "Am eich bod yn gyffelyb i ladron pen ffordd," ebe Twmi, "eich arian neu'ch bywyd!"

Yr oedd un o gyfeillion Twmi newydd briodi ac wedi gofyn i Twmi ysgrifennu pennill addas i'r achlysur. Yn fuan trôdd y briodas allan i fod yn anhapus iawn a dychwelodd y cyfaill adref i aelwyd ei rieni gan addo na fyddai'n gadael yr aelwyd drachefn, gan deimlo ei fod wedi aberthu ei hapusrwydd ei hun wrth wneud cartref newydd. Un noson gosododd Twmi bapur ar ddrws y tŷ â'r geiriau hyn arno,-

"O when I think of what I ar
And what I used to was
I find I've flung myself away
Without sufficient cos."

Dywedodd unwaith wrth rywun oedd wedi galw am arian yn ddyledus iddo,

"Tri pheth anodd yn Llanwynno
Anodd iawn i neb eu dal,
Canddo'r Hafod heb fytheuaid,
Aur a meddwl Twm Benwal!"

Dywedir iddo unwaith dynnu amryw ddynion ynghŷd at y Darren Ddu ac yn eu plith Siôn Llwynmelyn a Rachel Rhys, i weld "panasen" oedd, yn ôl y sôn, yn pwyso tua chan pwys. Wrth gyrraedd y lofa dangoswyd iddynt bwn asen o lo. Y mae'n debyg fod ganddo ef neu un o'i gyfeillion asen i gludo glo i'w werthu ym Mhontypridd. Dyna'r "banasen!"

Bu Twmi'n gweithio yn Ffrainc am gyfnod ac mae'r llythyron a ysgrifennodd oddi yno at rai o'i gyfeillion ar gael o hyd. Yr wyf yn cynnwys y llythyr yma (gyda pheth newid arni), am ei bod mor ddoniol ac mor nodweddiadol o ddigrifwch Twmi.

"ANNWYL GYFAILL,

Caret wybod pa fath wlad yw Ffrainc. Wel, gwlad yn llifeirio nid o laeth a mêl, ond o ddwfr y cwteri mwyaf drewllyd a redodd dros biswal erioed. Digon o bob peth i'w gael yma, yn enwedig o chwain. Y maent yn hynod am eu maintioli. Y maent yn lladd llawer ohonynt yn y gwestai, ac yn eu taflu allan nes llanw'r cwteri! Yr oeddwn yn arfer meddwl am Dwyn-y Glog yn gnepyn o beth, nes y gwelais un o chwain Ffrainc!

Bolgwn cythreulig ydynt yma, hynny yw, y dynion wyf yn feddwl yn awr, nid y chwain! Ni wna bwyta hanner tunnell o falwod ond awchu eu blas i lyncu tunnell o frogaod bob dydd i frecwast! Y mae yma amryw o fechgyn o Gymru, ac yn eu plith un o sir Aberteifi, ac y mae yn un o'r creaduriaid rhyfeddaf a welais erioed, - am gnoi dybaco, am gael yr hunllef, ac am absenoldeb meddwl. Y mae yn lletya yn yr un tŷ â fi. Y mae bron yn tynnu fy stymog pan mae'n rhoi swmp torth chwech Dafydd Miles o dybaco yn ei safn bob nos wrth fyned i'r gwely! Daw hunllef iddo bob nos yn peri iddo weiddi fod Pontygwrdrwg (sef "Pont-ar-fynach heddiw") wedi syrthio ar fys ei droed a'i "anafu yn enbeidus iawn." Y mae mor absennol ei feddwl fel yr aeth rhyw fore i ferwi wy a gosod ei wats i ferwi yn y sosban a chadwodd yr wy yn ei law am hanner awr! Ac wrth fyned i gysgu rhyw noson, yn lle tynnu ei ddillad oddi amdano a'u gosod ar gefn y gader, gosododd hwynt yn y gwely a thaflodd ei hun dros gefn y gadair i hongian. O! ni welais y fath feddal-wy o ddyn er pan wrthodais laeth fy mam!

Pa bryd y deuaf yn ôl i Gymru nis gwn i, ond ni fyddaf yma yn hir iawn; y mae y chwain, y malwod, iaith y wlad, bechgyn sir Aberteifi, bron yn tynnu 'nghalon i o 'nghorff! Cofia fi at yr hen Graigwen a gwed wrth Dafydd Bwllhywel am ddysgu Ffrangeg i Shwan os yw am gadw gwaith i'w thafod.

Cofion o wlad y brogaod,
PENWAL

O.N. Mae bachgen sir Aberteifi wedi cael anhap; yn lle rhoi danheddiad dan olwyn y wagen rhoddodd ei fraich! Y mae yn awr yn yr ysbyty a'i fraich yn llaprau mân, ac yn swrddanu am fynd yn ôl i Bontygwrdrwg. Rhaid imi ofalu amdano – Duw dalo am y fath lipraneiddiwch! P."

Y mae o'm blaen i'n awr yn ei lawysgrifen ei hun, debygwn, amryw ganeuon a gyfansoddodd Twmi ar wahanol achlysuron, megis, "Cân i'r gledrffordd fawr rhwng Le Havre a Paris yn Ffrainc", yn Gymraeg a Saesneg; Cân o glod i Daniel Lewis am agoryd gwaith glo yng nghymdogaeth Gelligaer er llesoli yr ardal"; "May"; "Yn y byd gorthrymder a gewch"; "Y Wawr," (cân fuddugol yn un o Eisteddfodau y Groeswen, 1844); "Y Boreu"; Anerchiad i Gymreigyddion y Maen Chwyf, pan ddychwelais yn ôl o'r America." Mae'r gân olaf hon yn cyfeirio at y Gymdeithas Gymraeg ym Mhontypridd, a'r enw hwnnw ganddynt oherwydd nôd tir hysbys y cylch barddol o feini sigl a saif uwchben y dref. Yn y gân hon mynega ei serch a hiraeth ei enaid am ei hen gartref, a chyfeillion a golygfeydd bore oes. Er gwaethaf ei anwadalwch i gyd, yr oedd ysbryd Twmi fel nodwydd cwmpawd yn cyfeirio'n wastad at yr un pwynt! Yr oedd yn wlatgar ei fron; ymserchai yn iaith ei wlad, swn y delyn, a beirdd ac awen Cymru. Dyma fel y dywed yn ei Anerchiad wrth y Maen Chwyf:-

"Gadewais estroniaid wŷr llon ym mhob lle,
Fel gwnaeth yr afradlon dychwelais i dre',
Mae tiroedd Columbia yn uchel eu bri,
Ond Cymru fynyddig sydd annwyl gen' i.
Mae'n hoff gan bob Cymro weld tiroedd ei wlad,
A gwenau cyfeillion heb un rhith o frad;

Ond telyn y bryniau mor beraidd ei thant,
A wneiff y gŵr gweddus mor hapus â sant;
A glân Gymreigyddion wŷr llon ym mhob lle,
A cheinion aeg siriol beirdd campus y De,
Wna lonni'r pererin wrth ddod tua thre',
'Nôl teithio dros foroedd ar aden y gwynt,
O dir y Gorllewin i ofyn eich hynt,
A chadw rhyw gofion o'r hen amser gynt."

Y mae hyn oll yn dlws, tyner a naturiol ddigon. Diau fod y llinellau yn adlewyrchu ei deimladau wedi iddo gyrraedd adref ym Mhontypridd, neu ar ei daith o'r gorllewin pell. Hwyrach eu bod yn briodol i'r achlysur y cawsant eu cyfansoddi ar eu cyfer, ond yn sicr nid ydynt yn cynnwys y grym, yr ysgafnder na'r ffesni a ddisgwylid gan Twmi. Mae'r pennill dilynol a ysgrifennwyd dan y rhai uchod yn fwy nodweddiadol o'i ddawn. Dyma fe:-

"Myfi ddymunais lawer gwaith
Pan oeddwn bell o dre',
Ac yn flinedig ar fy nhaith,
Am gael fy newis le;
A chael mwyniant cusan llap
Gan feinir hardd ei llun,
A phrofi blas y cosyn cnap
Yn fy enwog wlad fy hun."

Mae'r ymadroddion "cusan llap" ("cusan hyglyw") a "cosyn cnap" (telpyn o gaws") yn adnabyddus yn nhafodiaith Llanwynno. Ymhellach dywed:-

"Mae moethau da mewn gwledydd // A gwin ar ambell dro,// ond y mae pethau llawer gwell yn fy ngnedigol fro,// Dewisol fyddai dracht o faidd// ar ddamwain – ambell un,// Neu ynte glamp o fara haidd// Yn fy enwog wlad fy hun."

Gellid meddwl ei fod yn teimlo parch i'r diweddar Thomas Richards o'r Felin Fach (Cydidwg) a'i fod wedi dechrau cyfansoddi cân iddo ond methu cael amser i lunio ond un pennill, sef:-

"Gorlifed eich awen fel ffrydiau grisialaidd, //Arferwch yn llonber helaethder eich dawn,// A gweuwch yn gymen erddygan nefolaidd,// Doed ffrwyth eich myfyrdod i'r golwg yn llawn;// Sylfaenwch gofadail ar fryniau Llanwynno //, fo'n awenol i ddatgan eich clod,// Boed sôn am eich enw yn barchus gan Gymro,// A'ch gwaith yn blodeuo mewn oesoedd i ddod.//"

Gallwn ddyfynnu rhagor o benillion o waith Twmi, ond mae hyn yn ddigon i roddi cip ar ei ddoniau llenyddol, sydd wedi tewi ers pymtheg mlynedd ar hugain. Treuliodd flynyddoedd olaf ei fywyd yn Llantrisant. Byddai'n mynd o amgylch y wlad gyda bwndel o "de du da" ar ei gefn i'w werthu i bawb. Cyfansoddodd gerdd am y te, a chenid ac adroddid honno ar hyd a lled y wlad, lawer o flynyddoedd yn ôl, ond methais â'i chael yn un man. Er i Dwmi dreulio ddiwedd ei oes tu allan i'r plwyf, claddwyd ef, yn ôl ei ddymuniad, yn Llanwynno. Dywedodd un tro nad oedd dim man lle y gallai orffwys yn dawel ond yn Llanwynno, oblegid ni ddaw na gwaith glo na march tanllyd i aflonyddu neb, ac nid yw yn debyg y codir yno dref na dinas i'r trigolion sathru'r beddau neu halogi llwch y rhai sy'n preswylio ynddynt. Tra bydd amser yn parhau, clywir tonau'r emynau o Gefn Gwyngul fel pe baent yn suo cenedlaethau colledig y plwyf i gwsg dyfnach, yn ymyl yr hen eglwys.

Wel! Huned Twmi yn esmwyth ac, fel y dywedodd yn ei gân, "Yn y byd gorthrymder a gewch", bydded iddo:-

"Gorthrymder sy'n y byd,// A gofid ar bob llaw; // Doed diwedd arno i gyd// Mewn gwlad heb boen na braw// pan ddelo terfyn oes// Duw Iôr rho inni'r fraint// I fyw heb boen na loes// Mewn gwynfyd gyda'r saint."

Ni all neb orffen taith yr anialwch hwn gyda gwell dymuniadau na'r rhain o eiddo Twmi Benwal. Llecyn iawn yw mynwent Gwynno i orffwys yn ddistaw ynddi'n dragwyddol, lle ni ddaw sŵn dyn na dwndwr y byd i flino neb. Yr wyf finnau, weithiau, yn hiraethu am fod yn ei chysgod a'i thawelwch cysegredig, pan fyddaf wedi gorffen fy ngwaith ar y ddaear.

PENNOD 24

HELWYR Y GLOG

Y pennaf o'r helwyr yn diamau ydyw'r Swgeier o'r Glog. Y mae bob amser ar y blaen. Er ei fod yn awr dros ei ddeg-ar-drugain, mae'n edrych mor gryf a gwritgoch, mor llawn bywyd a brwdfrydedd dros hela ag erioed. Pan fydd yn gwrando ar ryw helynt am helfa ers lawer dydd neu ganlyn cŵn ar ôl y cadno, mae ef mor ifanc a bachgennaidd ei ysbryd ac mor iach ei wedd. Yn sicr y ffaith ei fod allan yn yr awyr agored, weithiau'n croesi twyni a phantydd ar droed neu'n marchogaeth ar ei geffyl dros fryniau a chaeau y gwahanol blwyfi lle y byddai'r cadno yn arwain yr helgwn, wedi rhoi iddo'r fath iechyd a nerth. Mae wedi canlyn llawer ysgyfarnog yn ei chylchoedd dyrys ar hyd meysydd Llanwynno. Mae ef a'i wŷr wedi codi llawer cadno o'i genel yng nghoed y Penparc, Tarren-y-foel a llawer lle arall. Yn yr un modd mae wedi ymlid llawer i gadno dros bant a thwyn o fore tan nos, nes clywir ei waedd melys fel cloch marwolaeth i'r creadur a feiddiai fwydo ar lawer gŵydd yn y plwyf.

Byddai helwyr ym mhob man yn perlesmeirio ar gael cipolwg ar yr holl gynffonau cadnawon a gasglasai yn ystod ei fywyd. Nid oedd neb yn debyg iddo am ei wybodaeth a'i farn yn ystod yr helfa. Yr oedd ganddo reddf naturiol i wybod y cyfeiriad a gymerai'r cadno, pryd i groesi ac ail-groesi'r trywydd fel ag i fod yn agos i'r cŵn pan oedd y cadno mewn golwg. Pryd bynnag y byddai ceffylau'r helwyr eraill wedi blino, ymddangosai ei geffyl yntau i fod nemor gwaeth. Byddai'n gofalu osgoi tir corslyd ac ni byddai byth yn gyrru ei geffyl yn rhy chwyrn ar dir a fyddai'n gwanhau nerth anifeiliaid a marchogion di-brofiad. Cofiaf, oddi ar ddyddiau plentyndod, am ei waedd nerthol, ei floedd orfoleddus, ei gymeradwyaeth gynhyrfus a fyddai'n cyffroi clustiau dynion a chŵn. Cydnabyddid yn gyffredinol nad oedd neb yn fwy medrus nag ef i lonni'r cŵn ac annog y dynion, y cŵn a'r ceffylau at fwy o ymdrech. Byddai'n llawenychu wrth wynebu rhwystrau a dyfalbarhau nes bod holl lafur yr helwyr yn cael ei wobrwyo gan gri orfoleddus yr helgwn. Dyweder a fynnir, mae rhywbeth eithriadol am y sŵn a ddaw oddi wrth gnud o helgwn yn cyfarth wrth wybod bod cadno wedi gadael ei ffau ac yn dewis cyflymdra ei goesau i adael pellter rhyngddo a'i elynion.

I glust heliwr nid oes na thelyn nac organ a all lanw'r awyr â sain mor beraidd â phan fydd ef yn adnabod llais pob ci. Teimla ei galon yn llamu wrth glywed sŵn gwahanol nodau cerddorol y cnud; wedyn daw bloedd yr heliwr fel math o "Amen" brwd, llesmeiriol, i ganmol gwaith y cŵn, i godi calonnau'r dilynwyr, i roi llais i'w deimladau ei hun a'r un pryd yn rhoi rhybudd i'r "pryfyn garw" y daw perygl o fwyta ŵyn a gwyddau'r plwyfolion.

Mae Tarren-y-foel wedi atseinio ganwaith i floedd y Sgweier o'r Glog; o ran hynny, felly hefyd mae bryniau a chreigiau Llanwynno am flynyddoedd lawer, heb fod neb yn barnu bod y sŵn yna'n aflafar. Pan fydd ei lais yn ddistaw ni fydd neb cystal ag ef i ddeffro'r atseiniau. Fy ngobaith i yw na fydd yn ddistaw am gyfnod eto.

Cofiaf am lawer heliwr cadarn yn y Glog. Y cyntaf oedd Rhys Edwards. Dyn lled dal, tenau a chyhyrog ydoedd, a lanwai swydd prif heliwr y Glog am flynyddoedd. Adnabyddai Rhys a'r cŵn ei gilydd yn llwyr, ac am wn i, adnabyddai holl bryfed y wlad sŵn traed y "Nimrod" hwn. Gwyddai am hanes pob un wrth ei achau, ei enw a'i nodweddion. Yr oedd Rhys yn meddu ar farn gref ar bob pwnc bron ac ni thalai i neb ddadlau'n groes iddo, yn enwedig unwaith iddo boeri bron ddysglaid o sudd dybaco o'i safn ac yna sychu ei wefusau â'i dri bys. Bu hynny'n arwydd sicr ei fod wedi cyrraedd at ei air olaf ar y mater ac y byddai'n well i'w wrthwynebydd dewi. Ys dywedai Ann, ei wraig, "Mae'r tri i fyny, - y mae ar ben." Pwy a ŵyr sawl milltir a gerddodd Rhys yr heliwr? Sawl siwrnai a wnaeth ar hyd ac ar draws plwyf Llanwynno? Buasai map o grwydriadau Rhys yn ddigon i ddrysu meddwl unrhyw ddaearyddwr. Eto i gyd, nid oedd y teithiau hir hyn ar bob tywydd, gyda sŵn beraidd yr helgwn yn ei glustiau ond yn droeon bach o wyliau, er iddynt ddod â llwyth o wynegon i'w gorff yn sicr, a hwnnw'n dryllio ei aelodau heini ac yn ei droi yn hen ŵr cyn ei amser. Serch hynny, ychydig a gafodd gymaint o fwynhâd ar fyw â Rhys. Er iddo orfod roddi heibio ddilyn yr helgwn, parhaodd i hela hyd ddiwedd ei oes. Os oedd yng nghwmni cyfaill wrth y pentan, mynnai adrodd helyntion am hela yn awr ac yn y man yn frwd ac yn awchus. Hyd yn oed pan oedd yn glaf ar ei gefn yn y gwely, carai rannu straeon am yr helfa nes i angau ei hun ei wahanu ef oddi wrth gwmni helgwn y Glog a thir ei blwyf annwyl. Eto ceidw iddo'i hun ddarn o'r tir hwnnw yn wely i orffwys ynddo lle ni thorrir ei gwsg gan sŵn helfa na rhuad creulon gwyntoedd y Mynydd Gwyngul na sengi traed yr helwyr, wrth garlamu heibio i eglwys Wynno.

Ar ôl Rhys daeth William Dafydd, neu fel y gelwid ef gan rai, Bili Dŷ Huw. Dyn tal, gwrol a chadarn ydoedd, yn hoff o hela, - bid sicr – ond yn araf yn ei symudiadau. Nid oedd digon o'r tân helwriaethus yn Bili i'w wneud ef yn "Nimrod"; yr oedd yn rhy gronedig ei emosiynau ac yn rhy ddifrifol ei wedd. Gellid meddwl ei fod yn cyflawni llofruddiaeth wrth ladd cadno ac yn cyflawni trosedd ofnadwy wrth hela'r geinach. Dyna ei holl agwedd ar feddwl. Nid oedd yn ddigon chwim. Nid oedd ei galon yn y gwaith ddigon. Yr oedd yr "arian byw" yn eisiau yng nghyfansoddiad Bili. Hwyrach ei fod yn rhy dal a thrwm ei gorff i fedru rhedeg ar ôl y cadno yn llwyddiannus. Eto ystyrrid ef yn ddyn gwir at ei air a gofalus am eiddo ei feistri. Y ffaith amdani yw ei fod yn fwy cymwys at lawer o bethau eraill na swydd heliwr. Gadawodd y maes hela yn gymharol ifanc ond terfynodd ei oes o flaen Rhys. Brodor o Donyrefail oedd Bili ond bod Rhagluniaeth wedi ei lywio i dreulio rhan o'i fywyd ymysg bryniau Llanwynno.

Dilynwyd ef gan Thomas Morgan. – Twmi, gwas y Glog. Heliwr hwylus oedd Twmi a chanddo lais digon cryf, gyda nerth i ddilyn y cŵn a hoffter at ei waith. Yr oedd tipyn o awen ganddo hefyd. Lluniodd lawer rhigwm go ddoniol ar bynciau ysgafn a chellweirus yn y plwyf. Bu'n Heliwr y Glog am amser maith ac yn ei gyfnod ef cofiaf am rai o'r helfeydd gorau a gafwyd yn y plwyf. Mae rhai wedi mynd yn destun trafod i genedlaethau i ddod. Yr oedd Twmi yn hynod am ei draed anferthol. Cofiaf am iddo frolio am eu maint. Un tro aeth sôn trwy'r lle bod llawer o gathod a chŵn mewn rhyw fan o'r plwyf wedi cael eu gwenwyno a drwgdybiwyd taw Twmi oedd yr un euog. Un bore daethpwyd o hyd i gi go werthfawr oedd wedi marw ar ochr y ffordd yr arhosai trwch o eira arni. Gwelwyd olion traed dyn yn yr eira yn ymyl corff y ci a'r casgliad fu taw perthyn i'r gwenwynwr oeddynt. Cyhuddwyd Twmi o'r drosedd. Ar unwaith aeth i'r lle ar ei union i fesur yr olion traed a chafwyd prawf ar unwaith nad Twmi oedd yn gyfrifol, gan fod ei droed ef ddwywaith hyd yr ôl droed yn yr eira. Meddai Twmi, "Yr oeddwn yn teimlo yn ddiolchgar iawn am fy hanner llath o droed." Gwraig gyntaf Twmi oedd Siened, merch i Siôn William o'r Cribyn-du, ei ail wraig oedd Margaret o'r Graig. Buont fyw am gyfnod yn Llysnant. Cwsg Twmi yn awr yn dawel ymysg hen bobl mynwent Llanwynno lle mae llawer o'i gyndadau'n gorffwys, oherwydd taw un o wŷr Llanwynno oedd ef a'i deulu oll.

Ar ôl Twmi daeth John John, neu Siôn Ben-rhiw, yn Heliwr y Glog. Cofiaf ei alwad i'r "gad" yn well nag un o'r lleill. Lawer nos bûm yn clywed llais Siôn yn dod ar yr awel yn "crynhoi'r cŵn y nos yn y blaen," chwedl pobl y plwyf. Bryd arall, gyda thoriad y wawr, clywid ei lais yn torri ar awelon y bore bach wrth alw ar Truly y Felin, Tapster yr Ynys, Frolic y Mynachdy, Windsor Nantyrysfa, Childer Ffynnon-dwym, a Lovely Buarth-y-Capel, i ddyfod allan gydag ef i'r frwydr. Yr oedd ei waeddiadau peraidd a chyfarth yr helgwn yn cyffroi pawb trwy'r lle, yn deffro'r gweision a'r morynion, yn diddanu'r plant nes yn eu golwg hwy yr oedd Siôn yn arwr mawr. Pan weithiai Siôn Lletyturner gyda Siôn Benrhiw, yr oedd hwyl ar yr hela. Mae'r blaenaf yn ei fedd ond mae John John yn fyw ac yn iach byth, yn dilyn ei ddefaid ac yn sylwi ar Natur yn ei holl brydferthwch ar lethrau hardd Cwm-ael-deg rhwng Llanfabon ac Eglwysilan.

Edward Nicholas oedd ei olynydd yn y swydd. Daeth i'r plwyf o Fro Morgannwg yn ifanc iawn. Hogyn cryf, heini ydoedd na fuasai diwrnod o hela nemor ddim effaith arno. Yr oedd mor iach ac mor hoff o'i waith ac mor ymroddedig i gyflawni ei swydd fel heliwr fel na byddai wahaniaeth ganddo gychwyn i'r helfa hanner nos cystal â hanner dydd. Nid oedd o bwys i Edward p'un ai ar y Glog neu ar Dwyn-y-Foel fyddai gyda'r cŵn, neu ynteu yn nhafarn y Colliers gyda'i beint; byddai ei waedd uchel yn siŵr o brofi ei frwdfrydedd fel olynydd teilwng i Nimrod.

Yr wyf yn berffaith sicr pe cawn gyfarfod ag Edward yn awr ac adrodd hanes rhai o'r helwriaethau fu yn Llanwynno gydag ef, byddai'n codi ar ei draed fel bachgen i weiddi yn union fel ag a glywais ganddo gannoedd o weithiau. Am wresogrwydd natur, hoffter at ei waith o ddilyn y cŵn, cwmni llawen ac annog ymlaen y ci hwn a'r ci arall, nid oes neb yn gyffelyb i Edward Nicholas. Yr oedd wedi treulio'r rhan orau o'i fywyd gyda'r helgwn yn Llanwynno ac nid yw'n debyg y bydd Paradwys yn gyflawn iddo ef heb fod cnud o gŵn â'u lleisiau melys a digon o le i weiddi gyda hwy gymaint fel y deffroir calonnau'r creigiau am filltioedd o gwmpas. Y mae Edward wrth ei fodd yn y gwaith caled o gerdded ar droed, y gweiddi mawr a'r ddalfa derfynol, y naill fel y llall.

Ond nid yw ef yn llanw swydd yr Heliwr yn awr. Llenwir hi gan Lloyd Jones, ac yntau wedi ei eni i'r gwaith. Mae'n hoff o hela ac yn llwyddiannus ynddo. Pan ddaw'r amser i ysgrifennu ei hanes fel Heliwr y Glog, diau y gellir dweud na fu ar ôl yr un ohonynt mewn gallu, ffyddlondeb a sêl.

Heblaw'r helwyr cyflogedig hyn, bu eraill yn dilyn yr helgwn er eu mwynhâd. Un ohonynt oedd William Rosser, mab i'r hen Evan Rosser, gŵr a fu'n adnabyddus am ei weddio cyhoeddus.

Dyn bach ac eitha hagr ei olwg ydoedd, yn hoff o hela, bwyta a diota. Y tebyg yw na wnaeth William unrhyw orchwyl erioed wrth fodd ei galon, ond byddai'n cerdded y byd o ben bwy'i gilydd gyda'r cŵn, gan ymhyfrydu yn eu cwmni. Yr oedd yn gerddwr da iawn a phan fyddai allan gyda hwy byddai'n plygu ei gorff yn grwm, gan ymwasgu fel pêl mor fach â phosib, fel na byddai'r gwynt yn rhwystr iddo symud ymlaen yn gyflym. Mantais arall oedd ei fod felly mor agos at y ddaear fel y clywai sŵn lleisiau'r cŵn pryd oeddynt allan o'i olwg. Gwelais ef yn gorwedd â'i glust at y ddaear, ac felly yn cael gwybod am gyfeiriad yr helfa pryd na fuasai amcan yn y byd lle'r byddai'r cŵn yn cadw.

Sut y cafodd William ddysgu am y syniadau hyn, nis gwn. Hwyrach taw wrth reddf y daeth ato. Yr oedd yn heliwr wrth groth ei fam ac er na enillodd fawr o arian, enillodd lawer nos gwsg melys a dysgodd am harddwch y byd a'i olygfeydd, sy'n fwy na llonaid tŷ o aur i'r rhai sy'n gwerthfawrogi prydferthwch y byd naturiol.

Ni bu William fyw i fod yn hen, druan, er gwaethaf ei weithgarwch yn yr awyr agored. Er bod cyfarth yr helgwn mor beraidd i'w glustiau, ni chafodd fyw i'w dilyn wedi dyddiau canol oes. Pe cawsai rywbeth i'w ddiddanu yn ei drallodau, gwaedd helgi fyddai hwnnw, y sain felysaf a glywodd erioed. Ond hunodd Wil Rosser a cholli sain pob sŵn:-

"Pan gollodd y caeau a phersain y cŵn;

Rhowch garreg i'w goffa, a hyn arni hi;
'Dyma elyn pob cadno, a chyfaill pob ci."

Anaml y gwelid helfa na fyddai Lodwig ynddi; - gŵr
mawr, cryf, llawn ysbryd yr heliwr ydoedd. Hoffai gasglu
holl helgwn Pontypridd a'u dwyn at y Glog yn barod i'w
gwaith. Brawd oedd Lodwig i Richard Evans o Bont
Rhondda ym mhlwyf Ystradyfodwg ond treuliodd y rhan
fwyaf o'i fywyd ym Mhontypridd. Cofnodir ei enw
mewn llawer o gerddi i Helgwn Llanwynno fel un o
helwyr pennaf y plwyf.

Dichon nad oedd neb yn fwy hoff o ddiwrnod hela
na'r prydydd, y diweddar Meudwy Glan Elai. Carai fyd
Natur yn fawr ac ymhyfrydai mewn rhodio dros dwyn a
dyffryn, yn mwynhau'r awyr agored a harddwch yr olygfa
gymaint â bod cri'r heliwr a sŵn y cŵn megis clychau yn
ei alw allan i deml fawr Natur, i offrymu aberthau ac
addoli yn wyneb haul llygad goleuni. Dywedir bod
Meudwy mewn Eisteddfod unwaith pryd oedd y
diweddar Ioan Emlyn yn rhoi ei feirniadaeth ac yn
cyhoeddi Meudwy Glan Elai yn fuddugol. Galwyd ef i'r
llwyfan i dderbyn y rhuban a'r tlws. Wrth i'r rhain gael eu
cyflwyno, clywyd yr helgwn yn mynd heibio, gyda phob
argoel oddi wrth floeddiadau'r helwyr fod y cadno yn
mynd ymlaen ar ei hynt ac yn ffoi am ei fywyd. Yn ddi-
symwth, anghofiodd Meudwy am y wobr, cydiodd yn ei
het a mynd i ffwrdd nerth ei draed ar ôl y cŵn. Parhaodd
yr helfa hyd y noswaith honno, pryd y trôdd yn ôl i
gasglu ei wobr yn Eisteddfod y Betws.

Cyfansoddodd nifer o gerddi bywiog yn canmol
gorchestion helgwn Llanwynno a bu llawer cyfarfod
wylofus lle bu canu arnynt. Gwelwn lawer o ddagrau'n

cwympo pan ganai ei gân fwyn i Beauty'r Lan. Cyhoeddodd gyfrol fach o farddoniaeth lawer o flynyddoedd yn ôl dan yr enw, "Perllan Gwynno." Un o feibion Byd Natur ydoedd. Mae hi'n amlwg bod y rhain oll yn ddilynwyr Natur. Yr oeddynt i gyd yn helwyr, nid oherwydd eu bod yn meddu ar deimladau cas, neu greulon neu anwar na'u bod ag awydd lladd creaduriaid, ond yn hytrach am eu bod yn caru Byd Natur. Ni allai neb gerdded dros fryniau Llanwynno a chrwydro drwy'r amrywiaeth fawr o olygfeydd, heb yfed yn helaeth o ysbryd Barddoniaeth ei hun. Er na fydd yr ysbryd hwnnw yn cael ei fynegi mewn llinellau a rhigymau, eto fe'i ceir yn yr awydd i fynd dros y twyni uchel a thrwy'r pantau isel, i syllu ar harddwch y lle a sylwi ar y cŵn yn dilyn y trywydd, ac ymddolennu ar ôl y pryfed yn ôl y reddf gref a roddwyd iddynt gan Awdur bywyd i'w hanian hwy.

PENNOD 25

EGLWYS WYNNO

Nid oes odid un o'r penodau hyn heb fod ynddi ryw gyfeiriad neu'i gilydd at eglwys Wynno. Ni ellid ceisio ysgrifennu hanes plwyf heb sôn yn fynych am yr hen Lan a'i mynwent fawr yn cynnwys ei lliaws enfawr o gyndrigolion. Yma mae'r plwyfolion yn cyd-gyfarfod ar ddiwedd eu taith ddaearol, yma y gorweddant yn dawel heb fod ymryson yn tarfu arnynt a phob gwahaniaeth a fu rhyngddynt wedi ei lwyr ddileu. Yma mae perthnasau ac anwyliaid y plwyf yn cyd-orwedd, lle ni chlywir mo sŵn gofidiau'r byd. I'r lle hwn y daw'r byw i edrych ar ôl beddau'r meirw, i addurno'r meini coffa â llythrennau teg, ac i addurno'r beddau â blodau taclus. Yma y deuant droeon i'r Gwasanaeth Dwyfol a chrwydro ymysg y beddau i sylwi ar lwch marwolion yr oesoedd yn y plwyf, gan feddwl am ychydig am yr amser sy'n brysur ddod pan ddygir hwythau at eu tadau i huno'n ddi-gyffro. Yma cânt hwy huno hun dawel, ar ôl peidio â gofalu am helyntion y bywyd hwn, gan ddisgwyl llwyr brynedigaeth y corff.

Soniais eisoes am dafarndy Eglwys Wynno, sef y Brynffynnon, ac iddo gael ei adeiladu gan Job Morgan. Nid oedd ers tro'n ôl ond y tŷ hwn a thŷ Tomos Morgan yn agos i'r eglwys. Anodd iawn fyddai cael lle mwy unig nag Eglwys Wynno. Nid oedd ond tŷ bychan Nani wrth yr eglwys (a alwyd wedyn yn Dŷ Tomos Morgan) a hefyd Brynffynnon, o fewn milltir i'r Llan. Lle unig, pruddglwyfus ydoedd a byw ymysg y meirw oedd biau hi i'r ychydig o breswylwyr a drigai yno. Sŵn marwolaeth oedd ar bob peth. Sut bynnag cafodd popeth tro newydd ar ei fyd pan gododd Job dafarndy Brynffynnon. Yn ddiweddarach codwyd tafarndy arall yno o'r enw Brynsychnant. Felly, o'r tri thŷ gerllaw'r eglwys, yr oedd dau'n dafarndai! Yn fynych pan fyddai'r tywydd yn wlyb a stormus ar ddydd angladd, yr oedd yn braf cael lle i droi i mewn iddynt fel Brynffynnon a Brynsychnant er mwyn ymdwymo. Erbyn hyn mae Brynsychnant wedi ei droi'n dŷ coffi a gall y rhai sy'n dewis te neu goffi yn hytrach na chwrw a gwirodydd alw yno a chael yr hyn a fynnant.

Y mae hen dŷ Tomos Morgan wedi ei dynnu i lawr. Y mae bob amser wedi edrych fel tŷ wedi mynd ar ei waeth ac wedi cludo ar ei gefn lwyth anferth o wellt i gynhesu ei hen breswylwyr. Y mae Tomos Morgan a Mari yn gorffwys yn awr yn eu "tŷ o hir gartref" yn y fynwent gyfagos. Penderfynodd Mr Williams, y Glog, ei bod yn bryd i'r hen dŷ gael gwared o'i faich drwm o goed, clai a gwellt a'r diwedd fu ei dynnu i lawr er mwyn rhoi lle i dŷ newydd, cryno a thaclus i Tomos Morgan, yr ieuengaf.

Nid yw'r hen Brynffynnon gwreiddiol yn aros mwyach ac mae popeth yma'n newydd ond yr eglwys ei hun. Yn lle'r adeilad bach gwreiddiol â'i furiau gwyn, yn ymgysgodi dan Darren yr eglwys, â'i arwydd ar ei dalcen, a oedd dipyn yn rhy uchel i'w chyrraedd o'r llawr, codwyd gwesty newydd, yn deilwng i un mewn unrhyw un o strydoedd Caerdydd. Y mae Mr Jenkins, sy'n olynydd teilwng i'w dad, wedi gwneud gwelliannau mawr ar y lle. Nid anturiaeth fach oedd codi tŷ mawr yn y fath le ac mae wedi cael ei adeiladu'n odidog. Gadawodd Edward, y saer maen, a Tomos Hughes goffadwriaeth dda amdanynt eu hunain yn eu gwaith crefft gwych. Mae'n dŷ helaeth a chanddo ystafelloedd helaeth wedi eu dodrefnu'n addas. Byddai'n bleser arbennig i bobl y trefi a'r cymoedd aros am wythnos yn y gwesty braf hwn. Caent fwynhau awyr bur Cefn Gwyngul a chael gwledda ar olygfeydd prydferth y wlad o'i amgylch. Yn wir barnwn ei fod yn brofiad mwy moethus na mynd hyd yn oed i Lanwrtyd na Llandrindod Wells. Byddai hwn yn lle addas i gynnal Eisteddfod. Cofiaf am Eisteddfod fawr yn cael ei chynnal yn yr ystafell hir a godwyd wrth hen dafarn y Brynffynnon. Cynhaliwyd hi ar ddiwedd y flwyddyn 1868 neu ar ddechrau'r flwyddyn 1869. Y diweddar David Edwards Ysw., o Gilfach-glyd, oedd y llywydd a'r diweddar fardd talentog Meudwy Glan Elai oedd y beirniad llenyddol. Mr Mills o Bontypridd oedd y beirniad cerddorol. Yn yr Eisteddfod hon enillodd Dafydd Morgan ar yr englyn, "Y Gloch," a barnwn i y bydd yn aros byth yn fy nghof oblegid myfi a'i darllenodd yn yr Eisteddfod yn absenoldeb Dafydd. Dyma'r fath o gerdd ydoedd:-

"Offeryn seiniol a pharod-yw'r gloch
I'r glust traetha'i phennod;
Ding, ding, dewch, mae'n amser dod,
Yw iaith ddifyr ei thafod."

Dafydd Morgannwg a enillodd y wobr am yr englynion gorau i Eglwys Wynno yn yr un Eisteddfod. Enillais y wobr am y traethawd gorau ar "Ddosbarthiad athronyddol o wahanol enwau Plwyf Llanwynno." Dyma'r tro cyntaf imi ennill y gadair. Cyhoeddodd y llywydd taw dyma'r brif wobr ac y câi enillydd y wobr yr anrhydedd o eistedd yng nghadair y llywydd hyd ddiwedd yr Eisteddfod. Cafwyd yno Eisteddfod lewyrchus.

Cynhaliwyd Eisteddfod yma ymhell cyn honno, yn amser Job Morgan. Ymysg y beirdd a fynychai'r lle yr adeg honno oedd y diweddar Alaw Goch. Yn awr, wedi codi gwesty mor hwylus a chyfleus ger Ffynnon ac Eglwys Wynno, dylid cael Eisteddfodau anrhydeddus yma yn y dyfodol agos. Bydd yn dda gennyf ddod i gymryd rhan ynddynt.

Yn awr rhaid cymryd y darllenydd yn ôl amser maith i adrodd am ddigwyddiad rhyfedd o gylch Eglwys Wynno a gymerodd le hwyrach gant a hanner neu hyd yn oed ddau gan mlynedd yn ôl. Nid oes neb wedi cadw cofnod manwl o hanes y plwyf! Mae traddodiad y plwyf wedi cadw'n fyw lawer o bethau yr wyf wrthi'n eu gosod ar gyfer cenedlaethau i ddod. Peth gresynus yw bod offeiriaid y plwyf neu rai o'r trigolion heb wneud nodyn neu gyfeiriad mewn rhai o'r cofrestrau am yr helynt y soniaf amdani'n awr, ynghyd â digwyddiadau hynod eraill yn y plwyf. Y ffaith amdani yw ni ddeuthum erioed ar draws nodyn ysgrifenedig yn unman am yr helynt hon.

Mae traddodiad yn dywedyd i gloch yr eglwys, llestri'r Cymun Bendigaid, lliain bwrdd yr allor a chlustog y pulpud gael eu lladrata. Mae llawer o'r hen blwyfolion yn adrodd am ladrad cloch yr eglwys. Un nos tynnwyd y gloch i lawr a'i chuddio ar y mynydd ger blaen y Ffrwd. Gelwir y fan hon yn Ffos y Gloch hyd heddiw. Ni allai'r lladron ei dwyn ymaith y nos honno, felly claddasant hi yn nhir mawnog y mynydd, gan aros am amser mwy cyfleus i'w chludo ymaith. Ymhen hir a hwyr daeth y lladron i nôl y gloch o'i gwely mawnog, a'i gosod mewn sled (neu "car" fel ag a ddywedid) a ddygwyd at y pwrpas a chychwyn dan fantell y tywyllwch. Pan oeddynt yn croesi'r Clydach wrth y rhyd a elwir Cwm Clydach, siglwyd y sled yn simsan, gan beri i dafod y gloch daro tonc uchel yng nghanol yr afon. Bu hynny'n ddigon i fygwth dwyn y lladron i'r ddalfa. Yn fore drannoeth taenwyd y fath sôn am donc y gloch yng nghanol yr afon fel y cychwynwyd i ddal y lladron gan blismyn y plwyf. Ymaith â hwy trwy'r cwm i Aberpennar, heibio i Gefnpennar, dros Fynydd Merthyr i Gwmcanaid ac yno, o'r diwedd, daliasant i fyny â'r lladron gyda'r gloch yn y sled. Gelwir y lle hwnnw byth yn Rhyd-y-car, a Rhyd-y-gloch y gelwir y rhyd lle y clywyd tonciad y gloch yn afon Clydach yn nhywyllwch y nos honno.

Mae hi'n amlwg bod y digwyddiad hwn wedi gwneud argraff ddofn ar feddyliau trigolion y plwyf oblegid adroddai'r hen bobl am yr helynt yn frwd nes trosglwyddo'r traddodiad o genhedlaeth i genhedlaeth. Er nad oedd neb wedi ei hysgrifennu mewn llyfr, eto ysgrifennwyd hi ar dudalennau traddodiad llafar, ar dystiolaeth ystyr y tri enw lle yna. Y mae dwy gloch yng nghlochdy Eglwys Wynno ond pa un ai ar ôl neu cyn y digwyddiad hwn, nis gwn. Dim ond un o'r clychau a ladratwyd ac nid oes sôn am gloch arall yn cael ei dwyn. Nid yw traddodiad yn adrodd dim am y llestri Cymun, lliain bwrdd yr allor a'r glustog yn cael eu hadfer byth. Hanes go hynod yw hi, yn wir!

Ni chlywais erioed am helynt lladrad cloch eglwys. Yn yr hen amser ystryrrid cloch i fod yn beth cysegredig iawn a hefyd meddylid amdani fel offeryn effeithiol am gadw Satan draw a'i rwystro rhag ymosod ar aelodau'r eglwys. Yr adeg honno bu tref Merthyr yn lled enwog am ddrygioni, oblegid ei bod yn cynyddu gymaint mewn cyfoeth a phoblogaeth. Nid oedd ar lawer o bobl ofn y gloch a honnai beri i Satan grynu. Eto i gyd, fe gawsant hwythau fraw pan gydiodd dynion Llanwynno yn eu gwarrau yn Rhyd-y-car! Mae'n debyg bod safle unig yr eglwys yn y mynydd-dir anghysbell hwn, heb na thŷ na thwlc yn agos iddi, ag eithrio tŷ bychan y clochydd, yn ddigon o symbyliad i ladron gario allan eu gweithredoedd drwg gyda'r nos.

Diau fod cryn nifer o feddau wedi cael eu hagor a'u hanrheithio gynt. Nid rhyfedd hyn ychwaith o gofio bod yr arfer o gladdu'r meirw mewn gwisgoedd drud â modrwyon gwerthfawr yn ormod o demtasiwn i lawer. Ymddengys i mi yn beth rhyfygus ac ynfyd i addurno corff marw, ag yntau'n cael ei osod i'w falurio yng ngro'r fynwent, dan wisg modrwyon, clustdlysau a gemau. Mae'r arfer hon wedi bod yn achos aflonyddu ar lwch y meirw yn aml a'r cartref hwnnw na ddylid tarfu ar ei dangnefedd wedi cael ei halogi gan ddwylo a thraed ysbeilwyr beddau.

Ymddengys fod y fferm nesaf i'r eglwys yn hen iawn a chanddi gysylltiad agos â'r eglwys. Ei henw yw Daearwynno.

[Mae'r safle hwn yn Ganolfan Weithgareddau Awyr Agored bellach- Awdur].

Paham yr enw Daearwynno, tybed? Ai yma y bu fyw Gwynno fel rhyw fath o feudwy? Ai gadael y lle a wnaeth er mwyn i dlodion y plwyf a'r eglwys gael cymorth? Rhaid taw isel oedd poblogaeth y plwyf pryd codwyd yr eglwys a Daearwynno ac am flynyddoedd wedyn. Nid oedd Pontypridd wedi dechrau ymrithio. Nid oedd neb wedi darogan codiad tref mor swmpus ag Aberpennar. Nid oedd Ynysfeurig neu Aderdare Junction (Abercynon heddiw) ond yn cynnwys un neu ddau o dai. Nid oedd ond poblogaeth denau yng Nghwm Rhondda o'r Aber (sef Y Porth heddiw) i Flaenllechau. Er bod y plwyf yn fawr ni allsai cyfanswm y boblogaeth hyd y ganrif hon fod yn niferus. Nid oes yn fy meddiant fap cynnar o'r plwyf na dim cofnod yn dyddio o'r cyfnod cyn y flwyddyn 1838. Cynhwysai'r plwyf yr adeg honno 13,013 o erwau. Peth hynod yw nodi bod ffyrdd cyhoeddus y plwyf yn cuddio 84 o erwau o dir ac afonydd y plwyf yn cuddio 123 o erwau. Poblogaeth bresennol y plwyf (sef yn 1887) yw 18,653, ar ôl cynyddu rhyw 7,230 mewn deng mlynedd. Yn ystod fy ymweliad diwethaf â'm hen gartref cefais gip ar gofrestrau'r eglwys i olrhain enwau rhai o'r teuluoedd hynaf a mwyaf adnabyddus. Ymysg yr hynaf mae teulu'r Howeliaid. Gellid eu holrhain yn ôl i ddiwedd y bymthegfed ganrif. Pe buasai'r llyfrau'n estyn at ddyddiad pellach, diau y gallaswn ddilyn olion y teulu yn gynt. Dyma rai a godais o'r cofrestr.

1731 Evanius, filius(mab) Richard Howell, baptised

1739 Ann, daughter of Morgan Howell, baptised

1742 Evan David Howell was buried

1797 William Thomas Howell and Jennet John were married

Y rhai olaf hyn oedd fy nhad-cu a'm mam-gu, ochr fy nhad. Wedi priodi, aethant i fyw i'r Cwtch (Wattstown heddiw), ac yno, yn ôl y cofrestrau, bedyddiwyd llawer o'r plant. Cawsant ddeuddeg o blant i fendithio'r uniad. Claddwyd yr hynaf, Tomos Howel, ers llawer o flynyddoedd a'i ail fab, William Thomas, ers ychydig fisoedd yn ôl yn Abercwmboi, yn 86 blwydd oed. O'r deuddeg dim ond tri sydd yn byw o hyd, sef John Thomas, fy nhad i, Evan Thomas ynghyd â Jane Evans, eu chwaer, o Felin Gaeach ym mhlwyf Llanfabon. Er bod y plant wedi eu geni o'r uń rhieni, dewisodd rhai ohonynt alw eu hunain yn Howell a'r lleill yn Thomas. Howell yw'r enw priodol a chywir mewn gwirionedd.

Ni ddeuthum o hyd i unrhyw fardd oedd yn frodor o'r plwyf yn y cofnodion ar wahân i feirdd enwog y tribannau y cyfeiriwyd atynt eisoes. Ond rhaid bod englynwyr yn byw yn y plwyf, oherwydd cawn enghreifftiau o englynion go uchel eu safon yma a thraw ar furiau'r eglwys ac ar y cerrig beddau, rhai ohonynt wedi eu cyfansoddi ers mwy na chan mlynedd yn ôl. Dyma goffadwriaeth a godais oddi ar faen glas ar fur gogleddol yr eglwys oddi mewn:-

"Thomas, son of Morgan Thomas, who died 7th. of March, 1759. Aged 17"

"Gwêl i'enctyd hyfryd dan hon-yn gorwedd
Mewn gerwin lwch eigion;
Dod law trwy fraw ar dy fron,
Ystyria mewn naws dirion.

Dyma ddrych, edrych pob oedran-ryw ddydd
A ddaw i'r un gyfran;
Rhag ing nid oes angor gyngan
Dwys rhodd ond Duw Iesu'n rhan.

Mae'r byd a'r bywyd ar ball,- bron ddarfod
Ar derfyn tra diball;
Dewis dy ran gyfran gall
Dirion mewn bywyd arall."

Pwy yw'r prydydd, tybed? Ysgrifennwyd yr englynion yn nheyrnasiad Siôr yr Ail yn yr un flwyddyn ag i'r Amgueddfa Brydeinig gael ei hagor. Saith mlynedd cyn hyn pasiwyd y Bil gan y llywodraeth i orchymyn dilyn y Calendr Gregori yn lle'r un Julian.

Un flwyddyn-ar-ddeg cyn i'r bardd ysgrifennu'r penillion hyn, dioddefodd Prydain fawr newyn trwm. Yr oedd Edward Evan, bardd Ton-coch, yn ei anterth y pryd hwnnw. Bu Brenin Siôr yr Ail farw ymhen blwyddyn ar ôl i'r bardd englynu ar ôl plant Morgan Thomas. Bu farw'r Frenhines Caroline, priod y Brenin Siôr yn yr un flwyddyn ag y bu farw ein harwr lleol ni, Guto Nyth Brân, sef 1737.

Yn y dyddiau hynny ychydig o ddiddordeb a gymerai trigolion Llanwynno, megis y rhan fwyaf o blwyfi, mewn dim a ddigwyddodd y tu allan i'r plwyf. Ychydig a wyddent am William Pitt a'i yrfa a sut y daeth wedyn yn Arglwydd Chatham. Nid oes sôn am unrhyw fardd yn Llanwynno oedd wedi canu triban neu englyn i goffhâu'r Cadfridog Wolfe a laddwyd wrth ennill Brwydr Quebec yn yr un flwyddyn ag i'r bardd gael ei ysbrydoli i ganu marwnad i blant Morgan Thomas yn 1759. Er imi ddatgan na ddeuthum o hyd i enw un bardd oedd yn frodor o'r plwyf, teg yw dweud fod gan y mynaich awydd am yr Awen. Yr oedd y mynaich yn meddu ar ddawn cyfansoddi cerdd; yn wir hwy oedd prif ddysgawdwyr y wlad. Yr oeddynt yn wyddonwyr, yn athronwyr yn ogystal â diwinyddion. Yr oedd Tudur Aled yn un o feirdd pennaf ei gyfnod a mynach ydoedd. Yr oedd Guto'r Glyn yn perthyn i urdd fynachaidd ac yr oedd Llawdden yn offeiriad Pabyddol. Yr oedd y plwyfi lle y sylfaenwyd mynachdai ar y blaen mewn gwybodaeth yn eitha fynych. Meddylid bod pob plwyf a gynhwysai fynachdy yn enwog am ei lenyddiaeth, ei ddysgeidiaeth a'i ofergoeliaeth. Y mae ysbrydion y wlad a bwganod y cymoedd a'r llefydd anghysbell wedi aros gyda ni oddi ar gyfnod y mynaich. Yr oedd bodolaeth y pethau hyn yn achos helpu'r mynaich i ddylanwadu ar feddyliau'r werin. Meistr effeithiol yw ofn, ac o bob ofn, ofn ysbryd a chythraul yw'r mwyaf gormesol a chaethiwus. Sut bynnag am hynny, credir yn gyffredin fod yr awen wedi trigo yn Llanwynno oddi ar amser y mynaich a'u bod hwy wedi ei chefnogi a'i meithrin mewn llawer o ffyrdd. Dyna farn traddodiad llafar y wlad, ac, at ei gilydd, y mae sail gwirionedd i ddraddodiadau'r wlad. Y mae llawer o linellau barddonol ar lafar y werin nad oed modd cyfrif amdanynt ond trwy eu priodoli i fynaich y plwyf. Maent yn rhy gaboledig i fod yn waith dynion cyffredin, ac yn rhy lleol o ran deunydd i fod yn eiddo neb ond preswylwyr y plwyf. Diau fod llawer o drioedd, diarhebion, cynganeddion a rhigymau ar gof a chadw wedi aros ar lafar gwlad oddi ar y cyfnod pan breswyliai mynaich ym Mynachdy. Dyma ychydig ohonynt:-

> *"Tân a glaw, pen Twyn-y-glog,*
> *Rôf yn ol i'r Fanhalog."*

Dyma i chi gyfeiriad at storm o felt a tharanau yn agosáu at y Glog o Fanheulog a Chefn Gwyngul:-

> *"Dacw'r tŷ a dacw'r to*
> *A dacw efail Wil y go',*
> *Dacw rod y Felin fawr*
> *Yn malu ŷd y plwyf yn awr.*

Mil pum cant a saith-deg-saith
Gwisgasom gynta'r gwcwll fraith,
A chedwir mwy ddydd Duw yn lân,
Tra gwŷr y plwy' mewn capiau gwlân."

Yr oedd yr hen ŵr a adroddodd y llinellau hyn wrthyf yn agos i naw deg mlwydd oed a minnau'n ddim ond bachgen ar y pryd. Y mae dau gyfeiriad digon ddiddorol yma – un yn cyfeirio at y ddeddf a basiwyd yn nheyrnasiad y Frenhines Elisabeth Gyntaf yn 1577, yn gorfodi pawb i wisgo capiau gwlân ar y Sabath a'r cyfeiriad at y gair "cwcwll". Rhaid bod y gair hwn yn atgof o gyfnod y mynaich, canys enw ar benwisg mynach ydyw. Paham y gorfodwyd dynion i wisgo hetiau gwlân ar y Sul, nis gwn yn sicr.

[A oedd hon yn arwydd o wneud ymdrech ar y Sul i gadw pob meddwl o ysbrydion drwg i ffwrdd, tybed? – Awdur]

PENNOD 26

HEN WEITHFEYDD

Mae'r plwyf wedi bod yn hynod am ei weithfeydd ers amser maith. Yr oedd gan y Rhufeiniaid eu ffwrneisiau toddi ym Mhontygwaith yn Nyffryn y Rhondda Fach. Yn yr oes ddirywiedig hon gelwir y lle Tylorstown. Pwy ar y ddaear a roddodd iddo'r enw hwn? Cofiaf amdano'n lle tawel, glân, yn cael ei aflonyddu yn unig gan stormydd y gaeaf a'r gwanwyn. Yr adeg honno bu'r afon Rhondda Fach mor loyw â chrisial, yn llawn o bysgod braf. Arferai'r pysgotwr enwog Isaac Walton bysgota yno, gan fwynhau ei hawyrgylch dangnefeddol, y dŵr disglair a'r brithyll tew.

Yr oedd y ffordd fawr o Lanwynno i Ystradyfodwg yn croesi'r afon ger Pontygwaith lle y safai Tafarndy Pontygwaith. Yna daeth y rheilffordd a chodwyd llawer o dai taclus a chabanau. Felly dechreuwyd terfysgu ar lonyddwch y dyffryn, y dŵr a'r mwynhâd o weld y brithyllod yn y pyllau grisialaidd. Heddiw mae'r afon wedi colli ei lliw naturiol ac wedi ymdrwsio yn ei gwisg ddu; glo yw ei graean hi a'i physgod wedi mynd allan o'n golwg.

Mae'r hen Bontygwaith wedi tyfu'n dref yn awr, tref a fedyddiwyd wrth yr enw Tylorstown. Gallesid yn sicr ddyfeisio enw Cymraeg yn lle'r enw dieithr yma i'r dref newydd hon. Pa ysfa sydd yn peri i ddynion yng nghanol ardal gwbl Gymraeg â'r cymoedd a'r mynydd-dir

Cymraeg yn gefndir iddo fabwysiadu enw hollol Saesneg arno? A oes awydd arnynt newid enwau'r clogwyni a'r ceulennydd, y coed a'r caeau, y creigiau a'r nentydd ar hyd ymylon gwyllt y Rhondda? A oes awydd arnynt gymell Natur i siarad iaith yr alltud ar hyd llechweddau'r Cwm yma, sef o darddle'r Rhondda hyd at lygad y storm dros Gefn Gwyngul? A gaiff y nentydd a ffynhonnau'r dyffryn hwn eu gorfodi i siarad Saesneg a'u troi fel y pentrefi sydd wedi cefnu ar eu hiaith gynhenid o feddiannu'r enw Blaenllechau a'i newid i Ferndale, o feddiannu'r enw Pontygwaith i'r enw Tylorstown? Nid oes dim elfen farddonol ynddo, dim swyn na synnwyr. Eto i gyd, mae'r enw hynafol Pontygwaith yn eich llonni gyda'i sain Gymraeg ac yn datgelu ei ystyr hanesyddol, gywir.

Yma felly y cafodd y Rhufeiniaid godi eu ffwrneisiau a thoddi eu haearn. Er gwaethaf presenoldeb y Rhufeiniaid gyda'u hiaith Ladin, eu cloddio, eu hadeiladu a'u gweithfeydd smeltio dros gyfnod hir, cadwodd y dyffryn ei iaith ei hun. Aeth y Rhufeiniaid yn ôl i'w gwlad ei hun, aeth y Lladin yn iaith farw, syrthiodd y ffwrneisiau smeltio yn garneddau a chollwyd pob peth ond olion llafur a medr y Rhufeinwyr. Naddo; cadwyd yr iaith Gymraeg. Serch eu hiaith rymus a'u doniau amlwg, methodd y Rhufeiniaid â gosod enw newydd ar y lle. Cadwyd coffadwriaeth amdanynt a'u gwaith haearn yn yr enw lle, Pontygwaith. Bu Saeson a Chymry'n cyd-weithio yma am ganrifoedd wedyn. Codwyd ffwrneisiau a thoddi'r haearn a gludwyd wedyn ar gefn asyn i Gaerdydd, Pontypŵl, a llefydd eraill. Ni wnaeth hyn oll ddim byd i newid enw'r lle; arhosodd fel Pontygwaith. Pan grwydrodd Isaac Walton ar hyd glannau'r afon Rhondda ramantaidd, Pontygwaith oedd enw'r lle o hyd.

Pan godwyd y tafarndy fel tŷ hanner ffordd rhwng Llanwynno ac Ysradyfodwg, naturiol oedd ei alw'n Dafarndy Pontygwaith. Pan gafodd coed Craig Cynllwyn Dŷ, Craig Penrhewl a Llechau eu torri lawr bum gwaith ar y tro, adnabu'r torrwyr coed y lle fel Pontygwaith. Yna daw rhywun dieithr ac yn ei hurtrwydd a'i farbareiddiwch i newid yr enw ac felly distrywio yn ddi-symwth holl naws hudolus, hanes a hynafiaeth yr holl ganrifoedd. Nid digon ganddo oedd dodi ei draed yn yr afon a chymysgu ei dŵr gloyw; rhaid iddo roi sen ar iaith fy ngwlad trwy ail-fedyddio'r lle ag enw dwl, - lle a gawsai ei gysegru gan yr iaith Gymraeg am fyrdd o oesoedd! Tylorstown! Ych-a-fi! Dyna uchafbwynt rhyfyg a chabledd. Yr wyf yn gwrth-dystio yn erbyn yr enw yma ac yn gwrthod troi fy nhafod i seinio'r enw dieithr hwn. Chwi feirdd, gwladgarwyr a Chymreigwyr cywir, gwadwch yr enw, poerwch arno, ond peidiwch â'i ynganu. Paham y mae'n rhaid i Saeson a Chymry gwan eu gliniau lysenwi ein tai a'n tiroedd?

Trown ein hwynebau yn ôl ac awn gyda glannau'r afon Rhondda fach heb aros yn unman nes cyrraedd Ynys-hir. Saif Ynys-hir yr ochr draw i'r afon ym mhlwyf Ystradyfodwg. Er bod yr afon yn ein gwahanu, yr ydym yn clywed llediaith Saesneg yma eto. Yn enw'r annwyl, beth sy'n bod ar ddynion? Gellid meddwl ei bod yn amhosibl gwneud camsynied ynghylch yr enw "Ynys-hir." Ond mae'n ffasiwn yn awr ei seinio fel "Ynyshire" neu "Ynyshigher". A glywodd rhywun fwy o lol? Mae'n bryd sefydlu cymdeithas yn yr ardaloedd hyn i sicrhau cadw'r enwau Cymraeg a dysgu i ddynion sut i'w llefaru yn berseiniol fel gwir Gymry.

Gerllaw saif hen le enwog a elwid gynt wrth yr enw Cymraeg, "Maendy". Sut bynnag y mae tafodau'r oes hon fel petaent wedi lleihau ac ni fedrant ond dweud "Maindy". Agorwch eich safnau! Trowch eich tafodau! Mynnwch dipyn o falchder Cymraeg, a siaradwch yn groyw lond eich safn o air, "Y MAENDY".

Dyma ni yn Y Porth; nage, nid Y Porth, medd iaith fursennaidd y dyddiau diwethaf hyn, ond "Porthe", (i odli gyda'r gair Saesneg, "forth"). Mae ei ynganu felly yn y dull hir, Seisnig yn anghywir, i ddweud y lleiaf. Dyna i chi esiampl o lygru iaith a gwlad ein cyndadau a chefnu ar eiriau'r bardd o broffwyd o'r bryniau,

"Mae'n iaith dda, mae'n iaith i ddod
I'r nefoedd ar fy nhafod."

Safwn am foment ger preswylfa'r meddyg enwog hwnnw, Henry Naunton Davies Ysw., Cymro glân, hoff o'r iaith a'i llenyddiaeth a'r meddyg mwyaf profiadol yn y wlad. Yr oedd bri mawr arno drwy'r wlad. Petai rhyw berthynas imi yn eisiau ymgynghoriad am ryw gystudd a bod hawl gennyf roi cyngor iddo, buaswn yn sibrwd enw Dr Davies Cymmer o flaen holl feddygon y deyrnas. Yr oedd ei dŷ yn ymyl Ponty-y-cymmer, heb fod ymhell o gartref y diweddar fardd dawnus, Meudwy Glan Elai. Yn wir yr oedd Dr Davies yn hoff iawn o gwmni'r bardd hwn. Y mae wedi cael blas ar englyn, cerdd neu stori bert o eiddo'r Meudwy ac nid oes neb yn fwy awyddus i weld ei weithiau'n cael eu hargraffu nag ef. Gadawn ni'r Porth a mynd heibio i Bwll Llwyncelyn, dros Waun Nyth-Brán, at waith yr Hafod, ger Tarren-y-Pistyll. Ychydig o breswylwyr Cwm George a ŵyr taw yn y lle hwn y gwnaethpwyd picellau miniog y Siartyddion pan gyfodasant yng Nghasnewydd yn y flwyddyn 1836. Yr oedd lefel lo yn rhywle o dan Darren-y-pistyll ac yn yr efail a berthynai i'r lefel honno y gweithiwyd llawer o'r offer rhyfel y bwriadodd y Siartyddion eu defnyddio i godi dychryn a dinistr ar eu gwthwynebwyr. Math o fforch dri dant oedd yr erfyn a wnaed wrth Bwll yr Hafod. Lled anaddas i'r pwrpas hwn o ran eu llun oedd y picffyrch hyn, ys gwn i.

Mae Ynys yr Hafod wedi cadw ei Chymraeg. Yr ydych chwi, wŷr yr Hafod (sef Trehafod bellach) yn haeddu canmoliaeth am osgoi arfer llediaith Saesneg yn eich ardal. Cofiwch fod pulpud Twm Ifan Prys heb fod ymhell wrthych ond i chwi edrych i gyfeiriad copa'r Werfa Ddu, tua Mynydd Gelliwion ymysg coed y Coetgae, ac yno gwelwch y pulpud y cyhoeddodd Twm Ifan Prys rai o'i broffwydoliaethau hynod ohono. Wedi mynd trwy'r Gyfeillion, rhaid sefyll i edrych i lawr ar Ferw'r Rhondda. Bu hwn yn bwll o ddŵr enwog yn y Rhondda. Syrthiai'r dŵr o graig i graig; yn y dyfnderau brwydrai'r tonnau â'i gilydd yn eu brys i ddianc o'u carchardy cul. Wedi eu rhwystro ar eu hynt gynddeiriog, dyma hwy'n troi ac ymdroi, yn chwerwi a llidio, nes bod yr ewyn cyn wynned â llaeth. Yr oedd gwedd go hudolus ar bwll Berw'r Rhondda ers llawer dydd. Y pryd hwnnw deuai'r eogiaid i fyny'r afon Rhondda a chlywais fod perchnogion y tir, y Morganiaid o'r Hafod, yn gosod cewyll yn y pwll er mwyn dal yr eogiaid. Nid gwaith rhwydd i eog oedd mynd trwy'r Berw, gan wynebu llid y rhaeadr i lamu dros y creigiau, ond llwyddent yn eu cais yn amlach na pheidio. Trefnid y cewyll yn y fath fodd fel y delid yr eog pan syrthiai'n ôl dros ymyl y graig ac aros yno nes cael ei godi allan. Dywedir i lawer o ddynion, wrth fynd heibio yn y bore bach cyn bod perchnogion y cewyll wedi troi yn eu gwelyau, gymryd trueni wrth yr eogiaid a'u codi o'r cewyll a'u cludo adref i'w gosod yn y crochan. Gwell fyddai iddynt ferwi ar y tân nag ymdroi mewn cewyll yn y pwll! Heddiw ni welir eog yn unman. Ni welwyd yr un gan neb ers blynyddoedd a'r tebyg yw na welir yr un nes bod y pyllau glo wedi cael eu difetha a bod y melinau hwythau rhwng y Rhondda a'r môr wedi eu chwalu.

[Mae'r eogiaid wedi dychwelyd i afonydd y plwyf erbyn hyn – Awdur]

Arferai pwll y Berw fod yn fwy nag y mae yn awr. Glo sydd yn llanw gwely'r eogiaid bellach ac yn tagu'r tonnau ar lawr y Berw. Sathrwyd naws y Berw gan droed faterol masnach. Distawyd cân y Berw, sef cân a gafodd ei geni pan ollyngwyd drysau'r Rhondda a rhuthrodd y dŵr a orchuddiai'r llethrau tua Chaerdydd. Eisteddodd duwies y fasnach lo ar geulan y Berw i olchi ei thraed yn ei ddyfroedd a'u halogi nes eu troi'n ddu. Hyd heddiw nid yw'r Berw wedi ymloywi eto. Mae glofa'r Great Western yn sefyll yn y fan hon. Gelwid y lle yn Bwll Calvert ar y dechrau ond aeth o'i feddiant i ddwylo Cwmni'r Great Western. Cynhyrchir glo ager yma. Hyfryd yw clywed fod y gwaith pwysig hwn yn tyfu i fod yn un o'r gweithfeydd mwyaf llewyrchus yn y wlad. Os gwir y gair, caiff y perchnogion ad-daliad iawn am eu llafur a'r arian a fuddsoddwyd. Dywedir fod y cyfrandaliadau yn codi'n gyflym. Mae'r gwaith dan ofal person sydd wedi codi o res y gweithwyr at safle anrhydeddus. Ni rydd dim fwy o fwynhâd imi na gweld dyn yn ei ddyrchafu ei hun trwy ei deilyngdod gwirioneddol ei hun a'i fedr personol yntau. Gellir bod yn sicr o hyn; pryd y gwelir dyn yn gadael heibio ei fandrel er mwyn ymgymryd â swydd gyfrifol ac yn ei lanw er boddhâd y perchnogion, er lles y gweithwyr ac i'w glod ei hun, yna mae rhywbeth mwy nag enw, ymddangosiad, parablu, ymffrost, a hunan-dyb wrth wraidd dyrchafiad y dyn hwnnw. Mae Mr Thomas Williams, rheolwr gwaith y Great Western yn ddyn galluog dros ben, sydd wedi dringo yn raddol dros ffyn ysgol profiad nes cyrraedd safle uchel a chyfrifol. Mae'r fath ddyn yn rhoi urddas i'r gweithiwr, yn drysor i'r meistr ac yn anrhydedd i'w deulu a'i gyfeillion. Deheurwydd, doethineb, dyfnder meddwl, synnwyr cyffredin iach a barn gywir sy'n nodweddu Mr Williams. Pan ychwanegir at y rhinweddau hyn wybodaeth helaeth a phofiad eang, nid yw'n rhyfedd ei fod wedi rhagori fel goruchwyliwr y Great Western.

Trown i fyny yn awr i fynd heibio i Droedyrhiwtrwyn i Gwm Pwll Hywel neu, i defnyddio yr enw a osodwyd arno gynnau, "Cwm-sgwt". Agorwyd y lle gan Eos Rhondda - dyn galluog iawn eto. Gweithiwyd y glo i gyd allan erbyn hyn, mae'n debyg. Mae'r ddrifft yn segur a'r lefel yn wag. Gerllaw'r gwaith hwn gynt yr oedd hen dŷ a elwid Ty'n-y-graig. Yma bu Morgan o Flaenhenwysg a'i deulu'n byw. I fod yn hollol gywir, yma bu fyw Modryb Bess o Flaenhenwysg, ei gŵr Edward, a'u plant, Morgan Miles Gellifynaches, Dafydd ac Edward Miles, oedd yn un o ysgolfeistri cyntaf Pontypridd, a Chatws, gwraig gyntaf Siôn Llewelyn, ynghyd â Mari a Sioned, chwiorydd iddynt. Maent oll wedi eu claddu ers amser maith. Yn drist iawn mae ffynnon rymus Ty'n-y-graig wedi cael ei chladdu dan domen enfawr o sbwriel yn weddill o waith Pwll Hywel. Er ei chladdu, ni ddifethwyd y ffynnon ddŵr. Er gwaethaf y pentwr yn gorwedd arni, mae hi'n ymwthio allan yn rhywle, gan furmur canu cerdd ei hatgyfodiad fel y cyfunir hi â nant yr Henwysg. Megis y nant hon, daw

Modryb Bess a'i theulu allan yn holliach a di-lychwin gyda theulu glân y rhai atgyfodedig.

Dyma Flaenhenwysg, hen gartref Siôn William a Nanna, ei wraig. Cofiaf am gael fy nal yn llaw Dafydd, eu mab, bob cam o gapel y Fanheulog ar Ddydd Sul i gael cinio gyda hwy. Yr oeddwn yn ifanc iawn y pryd hwnnw, heb fod erioed wedi rhodio allan o olwg mwg simnai fy nghartref. Dyna'r ymweliad cyntaf i Flaenhenwysg. Ymfudodd Dafydd i Awstralia wedyn ac yno cafodd ei gladdu ymhlith dieithriaid amryw flynyddoedd yn ôl. Eto i gyd cynrychiolir teulu Siôn a Nanna gan Edward Williams a'i deulu mawr a pharchus yn y Cribyn-dŷ.

Ni wn i am well esiampl o Gymro gwladaidd nag Edward; yr oedd yn llawn ysmaldod a chellweirwch bob amser. Hwyrach bod rhai o'i straeon yn lled aflednais ac amrwd ond nid ydynt byth heb ryw fin arnynt ac ystyr go dda iddynt. Nid yw yn arfer iaith urddasol wrth adrodd ei stori ond mae'n eiddo geiriau hardd. Mae'r dull hwn o siarad yn tanlinellu ei gymeriad a'i fagwriaeth wledig yn gliriach a mwy pendant ac yn ei nodweddu fel person. Peth diflas fyddai cael llond y plwyf o ddynion fel Edward Williams, ond braint ac anrhydedd yw gweld a chlywed un o'i fath. Cofiaf glywed Benjamin Huws yn gwneud sylw unwaith am yr hen Hywel o'r Bwllfa, y gallesid bod yn sicr na feddyliai'r Creawdwr mawr am greu mwy nag un cyffelyb iddo erioed. Ac wrth weld ei wallt anniben, ei olwg aflêr, un llygad croes a math o hugan wen amdano, gyda chi defaid hir-flewog wrth ei sodlau, rhaid cytuno â Ben Huws fod un Hywel o'r Bwllfa yn llond digon! Ni ddywedaf fod un Edward Cribyn-dŷ yn ddigon, ond byddai cael llawer ohonynt yn gwneud cymeriad anghyffredin yn rhy gyffredin.

Y mae Benjamin Huws yn gorwedd ym meddrod ei dadau wrth Eglwys Wynno. Daeth yr Huwsiaid i'r plwyf rai canrifoedd yn ôl o Iwerddon. Maent yn aros yn deulu llewyrchus a pharchus yn y plwyf. Turnwyr coed oeddynt i ddechrau; Llety Turner yw enw eu cartref cyntaf hyd heddiw. Seiri coed ydynt ers blynyddoedd lawer, y naill genhedlaeth ar ôl y llall. Gweithiodd Gruffudd Huws lawer ar hyd a lled y plwyf a'i fab Benni ar ei ôl. Un o blant y Diwygiad Crefyddol oedd Benni. Dechreuodd y mudiad arbennig hwnnw ddylanwadu'n fawr ar Dde Cymru ryw ddeng mlynedd-ar-hugain yn ôl. Pan gyrhaeddodd blwyf Llanwynno, ychydig iawn o aelodau oedd yn perthyn i gapel Bethel y Fanheulog; yn wir yr oedd yr aelodaeth yn rhy wan bron i gadw'r achos i fyw. Benni Huws oedd y cyntaf i'w dderbyn yn aelod newydd ar ddechrau'r Diwygiad. Ysgub blaen-ffrwyth doreithiog ydoedd! Parhaodd yn aelod ffyddlon hyd ei farwolaeth ychydig o flynyddoedd yn ôl. Yr oedd dawn arbennig ganddo i offrymu gweddi yn gyhoeddus. Yn wir pe buasai wedi cael hyfforddiant cynnar, buasai ei gyfraniad at y gymuned Gristnogol yn sylweddol. Fel yr oedd, dangosodd lawer o allu a gwreiddioldeb wrth gyfrannu at addoliad. Fel saer y plwyf, syrthiodd ei fantell ar ysgwyddau ei fab, Tomos, a etifeddodd ddoniau saerniol ei dad i raddau helaeth. Ond aeth y fantell Fethodistaidd i rywun arall, oblegid dychwelodd Tomos i Lan y Plwyf – hen Eglwys fendigedig ei dadau.

PENNOD 27

PISTYLLOEDD A FFYNHONNAU

Lawer gwaith clywais bobl gynt yn ymffrostio bod plwyf Llanwynno wedi ei fendithio'n fwy helaeth na bron unrhyw blwyf arall â dŵr pur a rhinweddol a'i fod ar gael i ddyn ac anifail ei fwynhau.

"Yr elfen denau ysblennydd,
Lyfndeg, sy'n rhedeg yn rhydd."

Yn wir yr oedd ffynhonnau'r plwyf mor aml, cryf a glân fel na allasai'r hen drigolion lai na'u hedmygu'n fawr. Ond mor wahanol mae pethau heddiw! Mae amryw o'r ffynhonnau gloyw a welwyd yn byrlymu o ochrau'r twyni neu o demlau carreg, neu ynteu o'r coedwigoedd pur oedd yn nodeddiadol o'r plwyf, wedi llwyr ddiflannu'n awr, wedi sychu a mynd yn hesb yng ngwres yr haul, yn union fel ag a wnaeth yr afon Kedron yn yr Ysgrythur Lân. Ffynhonnau Llanwynno yn sychu, meddech chi? Ie, yn wir, yn sychu'n gyflym o gwr bwy'i gilydd yn y plwyf! Un noson yr oeddwn yn rhodio yn yr ysbryd trwy'r plwyf, yn croesi o le i le, o fryncyn i fryncyn, o bant i bant, wrth fy mhen fy hun. Yr oedd yr haul wedi rhoi ei gusan olaf i ben Twyn-y-glog, Moelydduallt a Thwynyddisgwylfa, ac wedi ymsuddo dros y gorwel,

"Ymwyra cysgodion mawrion – yr hwyr
Dros yr Haul wyneblon;
Yr awel deg a'r loyw don, - obry
Gyweiria'i wely yn y gorwelion.

Ac wedyn i gwsg hudol – â yr haul
Drwy ei fawr-wres dyddiol,
A sodda drwy y nos hudol, - heb ddig
Yn farweiddiedig i'w hun freuddwydiol."

Yr oedd awyr yr hwyr yn siglo brigau'r coed yn fwyn yn ymyl Eglwys Wynno a chanai'r afon Clydach ei hwyrgerdd beraidd yn y pant. Yr oedd yr awyr mor "Gymreig" ei naws, mor dyner ac eto mor hudolaidd, hyd yn oed yn nefolaidd, i lawr yn y cwm tywyll, islaw llety tawel y meirw. Ie, byth-ganed y Pistyll Golau ei hen gerdd Gymrieg yn y fro islaw. Tybed a fydd ef yn distewi pan fydd y dŵr wedi ei lyfu gan dân y Dydd Olaf? Ond cefais gymaint o flas ar lonyddwch yr hwyrddydd hwn a minnau'n sylwi ar y nos yn prysur dynnu ei llenni am fy mhen ac am ben y gornel hon o'r ddaear, pan, yn ddisymwth, tybiais imi glywed sŵn lleisiau heb fod ymhell oddi wrthyf. Pwy allasai fod yno? Tybiais imi adnabod y lleisiau. Eto, i ddweud y gwir, perthynent i wŷr a gwragedd a fu farw amser maith yn ôl.

Yr hyn a glywais y noson honno ar fy nhaith yn yr ysbryd oedd ymddiddan rhwng ysbrydion yr hen gymeriadau gynt. Clywais Guto Nyth Brân yn dweud, "Pan wibiwn ar ôl y defaid ar hyd y llethrau o ben Mynydd Gwyngul i lawr gyd yr Hafod a'r Graigwen, yr oedd y ffynhonnau mor aml â'r sêr, ac mor loyw, nid oedd pall ar lawer ohonynt ddyddiau gwres ac oerni, haf a gaeaf – prinder dŵr yn wir, fe red dŵr ochr yr Hafod tra bo gwlith a glaw i'w cael."

"Ho," ebe Ifan Blaenllechau, "Eisiau dŵr yng nghanol y ffynhonnau a'r brwyn, pwy ddwedws shwd beth? Beth yw y rheswm fod Blaenllechau a Daearwynno a llawer lle yn y plwyf yn gorfod gaeafu'r da ar wair mân. O, gormod o ddŵr! Gormod o ddŵr! Tir mawn a dŵr, gwaun ar ol gwaun, a dŵr hyd fy syrnau. Pw! Pw! 'd oes dim shwd beth yn bod ag eisiau dŵr, lle mae traed y gweision wedi bod am flynyddoedd yn siwc siac!"

"Na," meddai Williams o'r Glog, "ddim tra bo Twyn-y-glog a'r pistyll dan y tŷ, mae oco ddigon o ddŵr i'r wlad – y dŵr oera', gora' yn y byd hefyd."

"Twt, twt," ebe Walter Nantyrysfa, "mae digon o ddŵr yng nghloddiau'r Waun fawr i foddi holl ddefaid Daearwynno 'a phallws rhai o ffynhonnau'r Mynydd-bach erioed. Ddim ond cronni dŵr Nantyrysfa gellir hwylio llong ar hyd y lle – twt – digon o ddŵr, 'tai pob peth mor ddigonol â'r dŵr, fe fyddai rhai o'ni yn lled gyfoethog."

"Ond," meddai Morgan Tŷ-draw, "dyna'r gŵyn, medden' nhw. Mae'n anodd gen i gredu fod ffynhonnau yr hen blwyf yn sychu ; fi welais ffynnon y lan yn tarddu mor rhefus â dyn am ei ganol, ac mae ffynnon yr Hafod yn ddigon cryf i droi melin."

"Oty, oty," ebe Ifan Moses, "a beth am ffynnon Coetgae Hendre Rhys; mae wedi tarddu er dyddiau Adda, ac wedi disychedu anifeiliaid Coetgae'r Hafod oes ar ôl oes heb leihau ac os bydd rhywun yn amau hyn, mae'n gwneud cam-gymeriad mawr.

Beth wetwch chwi, Rhys ac Als?

"Digon o ddŵr welais i," ebe Rhys, "a gormod lawer gwaith; pan oedd Ffrwd yn torri dros ei glennydd, ac yn dod i'r siop i ddifetha petha!"

"Ie," meddai Als, "a mynd â mochyn yr Ynys gyda'r llif, a dwy wyad i finnau, i lawr hyd bwll y ceffyla, yno y ceso i afael arnyn nhw yn ymnofio ar wyneb y dŵr, er fod y ddwy wedi marw, yr oedd y dŵr wedi taro ymennydd y ddwy, mae digon o ddŵr yn y Ffrwd ar ôl y glaw."

"Gormod o ddŵr welais i yn wastad," ebe Lewis o'r Fforest. "Petase'r llaeth a'r hufen a'r cwrw mor ddigonol yn Llanwynno â'r dŵr, buasai yn dda gennyf; y mae y rhai sy'n sôn am ddiffyg dŵr yn Llanwynno yn debyg i rai sydd â gormod o ddŵr ar eu 'mennydd. Oes, oes, digon o ddŵr, gwareder ni!"

"Y boncath gwirion," ebe Bili Rhydygweiddyn, "wyddot ti ddim fod pethau yn newid yn y plwyf? Wyddot ti ddim fod y glo yn cael ei weithio a bod y ffynhonnau yn cael eu tynnu i lawr i'r gwacter yn y ddaear?"

"Gwn i, yn enw dyn," ebe Jaci Gelli-lwch, "'es llawer dydd; mae'r Darren-ddu wedi agos sychu tir Gelli-lwch es blynyddoedd, a'r un modd gwnaiff y gweithiau glo newydd â'r tiroedd eraill; bydd y plwyf cyn hir yn sychlyd a diwerth o ran y ffynhonnau sydd wedi byrlymu ar ei wyneb am filoedd o oesoedd – a bydd yn rhaid codi gweithfeydd dŵr yn fuan."

Yn y fan hon cododd awel gref i siglo'r coed tra ymddangosai'r hen ywen fel petai ar fin symud trwy'r fynwent fel elor-gerbyd. Rhuai'r Pistyll Golau'n fwy swnllyd nag o'r blaen wrth neidio dros ymyl y Darren. Ysgrechodd y dylluan ei "gwdi-hw" annaearol o'i chuddfan. Dechreuodd cŵn Daearwynno gyfarth a chŵn Nantyrysfa yn eu hateb yn ôl. Treiddiodd y sŵn i lawr trwy'r cwm fel gwaedd dychrynllyd o ryw fyd dieithr a minnau'n parhau ar fy hynt yn chwilio am ffynhonnau'r plwyf.

Mae'r ffynnon sydd yn tarddu rhwng ffermdai'r Lan a Phenrhiwceibr wedi byrlymu'n beraidd ac yn bur am oesoedd; yn edrych mor siriol ei wedd, fe roddai'n rhad i bwy bynnag a ddeuai ati am gynhaliaeth. Eto bellach mae wedi syrthio i gyflwr truenus, fel boneddiges a fu'n fawr ei chyfoeth a'i hurddas wedi disgyn i'r llwch heb ddim! Mor dlawd ydyw fel na all hi wylo deigryn er cof am a fu gynt na'r newid sydd wedi ei goddiweddyd.

Dyna Ffynnon Pentwyn Isaf drachefn. Cofiaf am ei gweld hi, haf a gaeaf, yn llifo'n gryf ac yn loyw. Nid oedd na phrydydd na phroffwyd a fuasai'n meddwl darogan ei thrai. Ond yn awr mae ei grym wedi darfod ac ymsuddo i'w gro. Fel pererin, wedi blino ar ddringo i fyny, mae'n teimlo ei bod yn haws rhoi i fyny. Yn fuan bydd y gwely a wlychwyd â'i dŵr gwerthfawr am oesoedd di-rif wedi sychu a bydd Ffynnon Pen-twyn yn ymguddio byth o olwg dyn ac anifail.

Mae ffynnon – hwyrach y fwyaf grymus yn y plwyf - yn tarddu ar lethrau Ffynnondwym. Mae'r fferm ei hun yn dwyn ei enw wrth y ffynnon. Mae'n codi yn ymyl y glawty newydd; mae'n rhuthro allan mewn llif i lawr y glyn, yn fendith i ddyn ac anifail. Dychmygaf fy hun yn awr yn plygu i godi llawaid o'i dŵr pur, oer, at fy ngwefusau! Ai sychu fydd hon? Ai treulio fyddi di, yr hen forwyn ffyddlon, sydd wedi rhoi dy wasanaeth yn rhad a di-ffwdan am filoedd o flynyddoedd? Ofnaf fod y pwll glo'n ddigon gwancus i'th lyncu di mewn un llwnc cyfan, y glwth du, gormesol!

Mae Ffynnon y March ar ochr y ffordd o Ynysybwl i Ffynnondwym. Mae'n tarddu allan o brisglwyn bach o goed, dan ael yr Hendre Ganol. Yng ngwres yr haf mae cyn oered â'r iâ ac yn oerni'r gaeaf mae mor gynnes fel nad yw byth yn rhewi. Mae hen draddodiad ynghylch y ffynnon hon fod ceffyl oedd yn perthyn i Ffynnondwym nad yfai ddŵr o unrhyw ffynnon arall a phryd bynnag yr eid â'r ceffyl i ffwrdd i ffair neu farchnad, nid yfai ddiferyn o ddŵr nes dychwelyd. Wrth ddod adref, byddai'n mynd ar ei union at y prisglwyn coed wrth y tŷ. Dyna paham y mae'r ffynnon yn dwyn yr enw Ffynnon y March.

Ffynnon hysbys arall yw Ffynnon Illtud sydd yn rhuthro allan o gysgod Craig Buarth-y-Capel, heb fethu haf na gaeaf. Mae ei tharddle mewn llwyn gwern lle mae'r tir yn fawnog a gwlyb. Cofiaf fy nhad yn mynd â fi yno pan nad oeddwn ond yn dair blwydd oed i ddal fy nhroed dan ei phistyll oer oherwydd imi sigo fy migwrn. Dyna oedd fy mhrofiad cyntaf o boen. Yr oedd y dŵr mor oer a minnau'n gorfod dal fy nhroed dano, fel y daeth Ffynnon Illtud a phoen yn gyfystyr imi. Er gwaethaf hyn, llonnwyd fy ysbryd gan y ffynnon fil o weithiau wedi'r profiad hwn. Yn aml pan oeddwn yn teimlo'n lluddedig, byddai yfed drafft o ddŵr Ffynnon Illtud gan fy mam yn ddigon i adnewyddu'r corff i gyd. I'r ffynnon yma y rhoddais gynnig ar gyfansoddi cerdd am y tro cyntaf erioed. Thema wych oedd biau hi hefyd - ffynnon Illtud â'i phistyll gloyw yn y llwyn gwern, yn neidio allan o ganol Craig Buarth-y-capel i ruthro lwrw ei ben i'r afonig a elwir Ffrwd. Ychydig a wyddwn am yr Awen yr adeg honno ond dyma fel y cenais:-

"Dwfr pur yn y ddalfa,
Dwfr pur yn y rhedfa,

Ond ar ôl iddi gyrraedd Ffrwd
Aiff yn gythral o gymysgfa!"

Yr wyf wedi cyfansoddi cryn dipyn oddi ar hynny ac wedi gwella o ran safon barddoni! Mae llawer o'm cerddi wedi mynd yn anghof gennyf. P'run bynnag, mae'r llinellau cyntaf a luniais erioed dan y gollen fawr yng ngwern Ffynnon Illtud wedi gadael eu hargraff eglur ar fy nghof. Cynigiaf hwy nid fel arwydd o athrylith gynnar, ond fel atgofion sydd wedi aros gyda mi i ddangos ymdrech egwan i ysgogi diddordeb mewn llenydda. Tydi, hen Ffynnon Illtud annwyl, paid â sychu byth! Na fydded i'r gwythienni glo effeithio arnat! Parha di i lifo nes daw fflam fawr y Dydd Diwethaf i'th yfed yn hesb i dragwyddoldeb.

Yn uwch i fyny yng Nghwm-Ffrwd ceir Ffynnon y Fanheulog sydd hithau'n llifo i'r Ffrwd. Mae hi cryn dipyn o bellter o'r fferm ond mae ei dŵr fel y gwin gorau, yn llifo o galon y Coedcae. Mae'n rhedeg allan dros bistyll hir, pren, a disgyn ar wely o gorsennau a dail wedi eu pentyrru yn y Berw Ffynhonnau yno. Yna i ffwrdd â hwy i gyd trwy'r coed i ymuno â'r afonig. O! mor llonydd mae popeth yma. Mor fwynaidd y tardda'r dŵr o'r Coetcae yn y Fanheulog. Nid oes na thrwst na gwaedd; dim ond rhyw furmur melys a fyddai'n cynhyrfu calon angel. Felly y daw hi allan o gysgod drain a chyll. Ychydig o waith dyn a welir yma; gwaith Duw a welir ar bob llaw - gwaith Natur lân, ddi-gymysg. Trueni bod yn rhaid i ddyn darfu ar heddwch lle fel hwn. Ofnaf y dydd pryd y clywaf fod dŵr Ffynnon y Fanheulog wedi cilio a bod llais o'r dyfnderau wedi ei galw hi i ymddangos yng ngwlad ddu y glo yn lle ymloywi yn awyr las Mynydd Gwyngul.

Yn uwch i fyny eto ac ar gopa'r bryn saif Llwynperdid – y tŷ a losgwyd gan y fflamau erchyll yr haf diwethaf. Yn ei ymyl y mae pistyll cryf yn dod allan o'r mynydd, oblegid saif y tŷ a'r ffynnon ar ben y bryncyn. Mae'n ffrwd gref wrth iddi lifo dros y Coetcae i ymuno â nant Cynin yn Llysnant. Nid oes arwydd eto fod y pyllau glo yn sugno nerth Ffynnon Llwynperdid.

Yr ydym yn camu dros y cwm cul at ymyl hen blasty'r Glog ac awn yn syth at y ffynnon sydd yn rhuthro allan o ochr ddwyreiniol y Twyn. Dyma Ffynnon y ffynhonnau yn Llanwynno. Daw allan dan lethr y bryn mor rymus â rhaeadr, gan ymferwi'n wyn, ac yna fe lifa dros ei gwely carreg, yn gwreichioni a serennu'n ddigon i ddenu blodau purach na ni, blant y llawr, i yfed ohoni. Pan oeddwn mewn twymyn drwm rai blynyddoedd yn ôl, hiraethais am ei dyfroedd fel yr hiraethodd y brenin Dafydd gynt am ddyfroedd Ffynnon Bethlehem. Dygwyd y dŵr i dorri fy syched mawr ac mae ei flas peraidd yn aros ar fy ngwefusau o hyd! O! Byddai'n bechod arswydus i atal llif y ffynnon sanctaidd hon. Byddai'n golled aruthrol os peidiai hi â dawnsio ar ei hynt trwy agennau'r hen Dwyn! Collid dŵr seraffiaid. Ie, collid darn o farddoniaeth na allai neb ond Duw ei hun ei chyfansoddi. Ac eto mae lle i ofni na fydd hi'n para'n hir. Mae glo yn cael ei weithio yn y dyffryn islaw a than y ddaear o gwmpas. Prin y gellir disgwyl i wyrth gael ei chyflawni, hyd yn oed er mwyn cadw Ffynnon y Glog rhag mynd yn aberth i'r glowyr. Fodd bynnag byddai'n well gen i pe collid llawer o ynysoedd cyfan na cholli'r ffynnon hon. Nid wyf yn dymuno niwed i fasnach a diwydiant; rhaid eu cael a'u cadw. Nid wyf am ddilorni'r rhai sydd yn mentro eu harian er mwyn chwilio am lo. Dymunaf lwyddiant iddynt a hefyd i'r glowyr dewr sydd yn mentro i ddyfnderau mawr i gyrchu'r glo. Ond rhaid cyfaddef taw trwy eu hanturiaethau hwy difrodant fy ngwlad annwyl! Terfysgant y lleoedd tawel, y corneli arbennig a hudolaidd. Sychant ffynhonnau bendithiol fy ieuenctid. Dyna wir destun wylofain a galar imi.

PENNOD 28

FFYNHONNAU ETO

Ni fûm yn enwi ond ychydig o ffynhonnau adnabyddus y plwyf. Yr oeddynt fel sêr – yn loyw, yn brydferth ac yn ddefnyddiol, yn byrlymu ac yn ymloywi dros wyneb lydan y plwyf. Wrth eu henwau amrywiol yr oeddynt mor gyfarwydd â'r bryniau. Yr oeddynt mor agos atom nes eu hadnabod fel trigolion yr ardal.

Dyma rai ohonynt – Ffynnon Cae-Cwar, Gelli-lwch, yn ymguddio yn y glaswellt ar fin y coed, mor wylaidd a swil, a'i dŵr cyn oered â'r iâ ar gopa'r Alpau.

Dyna Ffynnon y Bwtri (sef y Llaethdy) yn nhŷ Gelli-lwch. Am flynyddoedd buasai'n tarddu mewn distawrwydd dwys heb neb yn ei chlywed yn byrlymu o'r ddaear. Ac eto deuai i fyny yn lled rymus i fod yn gynhaliaeth ddŵr i breswylwyr Gelli-lwch am amser hir. Sut bynnag, ar ôl rhoddi ei gwasanaeth yn rhad ac am ddim am gymaint o amser, bu'n rhaid ffoi o'i hen gartref ac ymatal rhag dangos ei hwyneb wylaidd yn nhywyllwch y Bwtri byth mwy. Cafodd ei halltudio ers meityn ond, fel pob peth da, nid yw'n bosibl iddi fynd yn gwbl anadferadwy.

Pa le mae tarddle Ffynnon Gellidawel ger Berw'r Tâf? Yr oedd yr hen drigolion yn credu'n fawr yn ei rhinweddau iachusol. Cofiaf, yn fachgen, yr hen Ifan Rosser a'r hen Sali yn cael ymddiddan yn ei chylch. Rhywbeth tebyg i hyn fu'r ymgom.

"Wel, Rosser, b'le mae'r daith heddi'?"

"I Ffynnon Gellidawel i olchi'r llygaid, os oes rhaid i fi 'wed fy musnes."

"Nag oes ddim rhaid, ond nid oes ar ddyn onest eisiau gwybod busnes."

"'Wn i ddim oes ar ddyn onest eisiau gwybod busnes pawb," ebe Rosser, ac i ffwrdd ag ef yn eitha dig i barhau ei siwrnai at y ffynnon i olchi ei lygaid. Wrth fynd yn ôl aeth yn siarad eto rhwng yr hen wr a'r hen wraig, ac meddai Sali,

"Wyt ti'n credu fod rhinwedd yn y dŵr yna fwy na dŵr rhyw ffynnon arall, Rosser?"

"Nid credu, ond gwybod trwy brofiad fod 'na, a phwy bynnag a wedo na, fe ddywed gelwydd," ebe Rosser. Yr oedd y tân yn cynnau yn y sgwrs eto!

"Ho, wel," meddai Sali, "beth yw'r achos, meddi di, fod y dŵr hwn yn well na rhyw ddŵr arall?"

"O, wedi'i fendithio yn helaethach, bid siŵr; neu efallai fod rhyw angel yn rhoddi effaith dda ynddo fel yn y llyn hwnnw ym Methesda gynt, beth wyddot ti a finnau?"

"Pw, pw, ni chreda'i ddim fod Duw wedi gwneud rhagor rhwng dŵr a dŵr," ebe Sali.

"Efallai na chredi di ddim; ni chredi ddim efallai fod Duw wedi gwneud gwahaniaeth rhwng dyn a dyn, er dy fod di yn torri cerrig wrth y llath, a finnau yn awr yn ŵr bonheddig, a'r plwyf tu cefn i mi?"

Ac ymaith â Rosser i gyfeiriad Pontypridd tra seiniai morthwyl Sali, "Cnoc, cnoc," ar y cerrig. Ond pa le mae'r ffynnon honno yn awr? A ydyw hi hyd yn hyn yn codi yn ei dull hynafol rhwng glaswellt a brwyn i ymgolli yn yr afon Tâf, megis y mae Amser ei hunan yn ymgolli yn y Tragwyddol pell?

Dyna Ffynnon y Cefn hefyd a lifai gynt yn gryf fel petai ysbryd dan-ddaearol Graig-yr-Hesg wedi cael ei orchymyn i weithio'r pwmp er mwyn dod â digonedd o ddŵr pur ar gyfer dynion ac anifeiliaid y Cefn. Cofiaf am un o forynion y Cefn yn cael dychryn mawr iawn ger y ffynnon un tro. Rhedodd yn ôl i'r tŷ a galw ar Mr Williams, y meistr ar y pryd, neu Dwmi o'r Cefn, fel yr adnabyddid ef. "Dewch waff, waff, at y ffynnon," ebe'r forwyn, " y mae yno neidr fawr a dau gorn ar ei phen, dewch gynta' gallwch chi."

"Beth sydd arnat ti, ferch; wyt ti wedi ffoli? Pwy welws neidr â chyrn ganddi?"

Aeth Twmi at y ffynnon, ac yno yr oedd neidr fawr, ac ar yr olwg gyntaf ymddangosai fel un â dau gorn ganddi; ond wedi edrych arni yn fwy manwl, gwelodd ei bod wedi llyncu llyffant mawr a hwnnw wedi aros yn ei gwddf â'i ddwy droed allan o'i safn yn lled debyg i ddau gorn. Yr oedd y neidr wedi cymryd gormod o damaid! Ni wn i ai felly y codwyd y ddihareb a glywais yn fynych yn y plwyf gynt, "Gwell ti paid â llyncu llyffant."

Ffynnon braf iawn arall yw Ffynnon Nicholas yng Nghoed y Parc. Tarddiad cryf eto sydd i hon a chredaf taw yn ymyl Tŷ Twyn y Basin, (sef Abercynon), y daw allan i dorri syched peiriannau Rheilffordd y "Taff Vale." Gŵyr pob heliwr a saethwr am y ffynnon ac os bydd cyffylog yn yr ardal byddwch yn sicr o'i gael ger Ffynnon Nicholas; neu, fel y gelwid hi gynt gan rai o'r hen drigolion, "Llygad y Cyffylogod."

Dyna hefyd Ffynnon Tŷ-Draw wrth Gwmclydach. Yma y deuai Evan Morgan a Magws i dynnu dŵr, gan gredu nad oedd dim o'i fath wedi dod trwy grystyn y ddaear, gan mor bur ydoedd. Yn anffodus iawn, erbyn hyn mae hi wedi darfod. Bu codi'r Bont Newydd yn ddigon i roi pen arni, a'i tharddle "nid edwyn mwy ohoni". Serch hynny mae Ffynnon y Caban yn llifo o hyd yng nghoed cyll y Cwm heddiw fel erioed. Mae'n llesg ond mae'n bur a chyson fel Natur ei hun. Yfai llawer o digolion Cwmclydach ohoni er nad yw ond yn diferynnu bellach.

Mae Ffynnon Dyllgoed yn adnabyddus iawn i wŷr y mynyddoedd. Mae ei ffynhonnell ger llidiart Penrhiw, yr ochr isaf i'r heol sy'n arwain o Ynyshir i Fynydd Gwyngul wrth fynd i gyfeiriad Eglwys Wynno. Cyn gadael yr heol am y mynydd, deuir o hyd i'r ffynnon rymus hon. Rhuthra allan o grombil y ddaear, o gronfa ddŵr dan-ddaearol Mynydd Gwyngul, i redeg trwy'r caeau i afon y Rhondda Fach. Nid yn aml y gwelir y fath darddiad gloyw, cryf o dwll crwn yn y ddaear. Nid oes na thŷ na thwlc yn ei hymyl, dim ond Penrhiw yn ymlochesu yn y coed dipyn yn is i lawr yr heol. Caiff ei enw oddi wrth y ffynnon – Rhiw Ffynnon Dyllgoed. Ar wahân i ambell deithiwr yn croesi'r geulan ar y rhiw ac eistedd yno i dorri ei syched a bwrw ei flinder, ni cheir ond llwyni, glaswellt a brwyn ag ambell i ymweliad gan adar o goed Pen-rhiw a chornicylliaid o Fynydd Gwyngul. Llifo o hyd y mae'r hen ffynnon trwy frwyn, glaswellt a mieri ac, fel Amser ei hun, heb aros dim. Llifed hi byth! O, mor annwyl, mor ddymunol, mor rhamantaidd! Pa awdl neu bryddest a luniwyd erioed sy'n gyffelyb i hon? Duw ei hun sydd biau hon. Eistedded y prydyddion i'w darllen a'i hastudio a chydnabod eu ffaeleddau eu hunain. O, rai bychain! Lluniwch ffynnon os medrwch, ac wedyn bydd hawl gennych i ymffrostio!

Anodd iawn yw mynd heibio i'r ffynnon hon heb sôn am Dwmi Penrhiw. Adnabyddai pawb ef a'r hen gaseg a arweiniai wrth y tennyn. Ni welais ffrwyn erioed ganddo yn ei law, dim ond rhaff ar ben yr hen gaseg. Gwelid Twmi yn tynnu wrth ben y coler a'r hen gaseg yn tynnu'n ôl o'r braidd, nes oedd gweld y ddau yn mynd ar eu hynt braidd o'u hanfodd fel hyn yn destun chwerthin i bawb a'u gwyliai. Dim ond dwywaith y cofiaf weld Twmi ar gefn y gaseg erioed, sef un tro pan lithrodd yr hen gaseg i'r clawdd ar ben Mynydd Buarth-y-Capel a thro arall pan gwympodd Twmi i bwll o ddŵr mawn. Bu tipyn o helynt yno! Yr oedd Twmi yn gwisgo siaced gron, â phara ynddi, a llodrau o rib golau newydd gael eu golchi amdano. Wrth gwympo, torrodd bresys Twmi. Dyna olwg ryfedd arno'n mynd tua'r efail, yn dal ei drowsus i fyny ag un llaw a thynnu'r hen gaseg ar ei ôl â'r llaw arall, a phibell fer, ddu rhwng ei ddannedd heb nemor dybaco na thân ynddi nes iddo ddod at ei hoff gyfaill, Wil y Gof. Gadawyd i Wil roi cymorth iddo atgyweirio'r llodrau, y bibell, yn ogystal â thraed yr hen gaseg! Bu fyw Twmi ym Mhen-rhiw am amser maith. Hwyrach nid oedd dim byd yn well ganddo na mynd â'r hen gaseg i efail Ynysybwl i gael sgwrs a chyd-gyfeillach gyda Wil. Amheus gen i a welodd Twmi erioed rywbeth rhyfeddol am Ffynnon Dyllgoed! Na, y gwir yw ni welodd ynddi ddim mwy o harddwch nag mewn unrhyw beth arall. Nid yw'n debyg i sŵn a murmur ei llif gloyw gyffroi ei fron erioed, er iddo fyw yn ei hymyl am gyhyd o amser yn ddigon tawel a diniwed. Ie, dal i lifo mae'r ffynnon ond gorwedd y mae Twmi yn ninas y meirw lle y gobeithiaf ei fod wedi dod i adnabod rhinweddau ffynnon well na'r Dyllgoed – y ffynnon sy'n golchi tŷ Dafydd yn lân a phreswylwyr Jerwsalem o'u beiau brwnt, "yn wyn fel yr eira yn Salmon", fel y dywed y Salmydd.

Peth rhyfedd iawn na fuasai sôn yn y plwyf am ffynnon sanctaidd gan fod mynaich yno, a lle bynnag y byddai mynachdy a mynaich, yn fynych iawn ceid ffynnon sanctaidd megis Ffynnon Fair neu Ffynnon y Forwyn Fair Fendigaid.

Dyna Ffynnon Fair (neu Ffynnon y Forwyn Fair Fendigaid, fel y gelwir hi) ar lechwedd Pen-Rhys yn wynebu Cwm Ystrad, sef y Rhondda Fawr. Gwelir y ffynnon heddiw, er bod y mynachlog a beddau'r mynaich wedi hir ddiflannu. Y mae Ffynnon Gwenfrewi yn Nhreffynnon, yn hysbys iawn o hyd. Ger Llanelwy, yn wir nepell o'r lle yr wyf yn ysgrifennu yn awr, y mae hen eglwys a elwid gynt yn Gapel Eglwys Mair. Mae wedi syrthio'n furddun erbyn hyn ond mae ei ffynnon yn rymus ac yn adnabyddus iawn o hyd fel Ffynnon Fair. Y mae'n syndod felly nad oes yr un ffynnon o'r fath wedi cael sôn amdani yn Llanwynno. Yr oedd y mynaich yn ddynion doeth a gwybodus ac yn deall Natur a llawer o'i chyfrinion. Ni byddai'n hir o amser cyn iddynt ddarganfod dŵr iachus yma a thraw ar hyd y wlad. Gwyddent am effaith mwynoedd ar ddŵr ac ar y sawl a'i yfai ac felly priodolent effeithiau iachusol y dŵr i fendith a nodded y Forwyn Fendigaid. Yna galwent y ffynnon wrth ei henw a byddai pob Ffynnon Fair yn gysegredig. Ond pa le mae Ffynnon Fair Llanwynno? Onid oedd Ffynnon Sanctaidd yn y plwyf? Credaf fod ffynnon yma ar un adeg ond bod yr enw a'r traddodiad amdani wedi mynd ar goll, fel sydd yn digwydd ambell waith. Efallai bod teimlad cryf, gwrth-Babyddol wedi tyfu yn y plwyf a bod ymgais lwyddiannus i wneud i ffwrdd ag unrhyw duedd i gadw'n fyw y grefydd Babyddol. Hyn fyddai'n esbonio paham y collodd Ffynnon y Forwyn Fair ei henw a bod ei lleoliad wedi mynd i angof, hyd yn oed ar dafod leferydd.

[Eto i gyd, rhaid cofio bod fferm o'r enw "Gellifynaches" uwchben y Graigwen, mae'n wir, ond nid oes olion ffynnon yn y cylch – Awdur]

Y mae ffynnon gref iawn wrth y mynachdy hyd heddiw. Mae'n tarddu ar gwr y cae a elwir y Fanheulog ac mae'n rhedeg ar hyd war y Cwm i bistyll lled fawr ar ymyl bellaf y mynachdy. Mae hi'n rymus a disglair ac weithiau yr oeddem yn tueddu i feddwl taw hon oedd y Ffynnon Sanctaidd gan mai yma yr ymolchai'r mynaich yn nyddiau eu gwynfyd yn y plwyf. Fodd bynnag, ar ôl sylwi a meddwl dros y mater hwn, deuthum i'r casgliad nad hon oedd y ffynnon sanctaidd, er gwaethaf y ffaith fod y dŵr ynddi wedi ei gysegru yn nhyb y mynaich. Mwy na thebyg taw Ffynnon Gwynno ger eglwys y plwyf oedd y Ffynnon Sanctaidd. Mae'n tarddu dan darren yr eglwys ac, os cofiaf yn iawn, priodolid rhinweddau rhyfeddol iddi. Dylid cofio i Babyddion wneud arfer o godi eu heglwysi ger ffynhonnau a phistylloedd a ddaeth wedyn yn gysegredig. Yn yr achos hon ni alwyd y ffynnon yma ar ôl enw Y Forwyn Fair ond fe'i cysegrwyd i goffáu noddwr y plwyf, Sant Gwynno, a Ffynnon Gwynno y gelwir hi byth wedyn. Ffynhonnell ddi-stŵr sydd iddi o lecyn islaw tir yr eglwys a'i ddŵr mor bur a chlir ag unryw ddŵr yn y wlad. Dylai cwrw Llanwynno fod yn bur os cynhyrchir ef o ddŵr ffynnon yr hen sant Gwynno! Nid am ei fod ef, druan, wedi bod yn gyfrifol am ei rhinweddau. Bu'r ffynnon honno, fel y dywedodd y bardd, yn ffrwyth gwaith Duw ei hun.

"Gwin a groywyd gan Grewr – yw'r Ffynnon,
A gorffennol wlybwr;
Bron haf, ddi-brin i yfwr,
Ystên Duw i estyn dŵr."

PENNOD 29

YR HEN GAPEL

Mae'r ddau dŷ ar y twyn ychydig uwchlaw capel newydd Methodistaidd Calfinaidd Fanheulog ym mhlwyf Llanwynno yn cadw rhyw naws gysegredig. Y rheswm am hyn yw taw'r ddau dŷ hynny a gynhwysai'r capel gwreiddiol. Dyma'r lle addoliad i lawer o genedlaethau yn y plwyf; dyma deml a thŷ gweddi na chysegrwyd gan yr un esgob ac nad addurnwyd gan yr un adeiladwr enwog. Yn wir, nid addurnwyd ef gan neb oddieithr tipyn o wyngalch ar ei furiau unwaith y flwyddyn, tipyn o baent dulas ar ei gonglau ac yn awr ac yn y man dipyn o fortar ar ei do o feini llwyd i gadw'r lle yn ddiddos. Yr oedd ei furiau tu fewn yn foel heb ddim ond cloc o flaen y pulpud a rhes o hoelion hir o ben bwy'i gilydd ar hyd y muriau ochr a mur y cefn fel man i'r dynion hongian eu hetiau. Yr oedd y muriau tu fewn, fel y tu allan, wedi eu gwyngalchu. Yr oedd rhes o seddau ar hyd mur y cefn, o dalcen i dalcen, yn wynebu'r pulpud, rhes arall ar hyd y mur dwyreiniol hyd at risiau'r pulpud ac o ochr arall y pulpud hyd at ddrws y pen arall, hyd ymyl y tân. Mewn gair, gosodwyd y seddau yn gadarn â'u cefnau yn erbyn y muriau, y"sêt fawr" yn y canol ynghŷd â dwy sedd fach, un bob ochr i'r "sêt fawr". Adnabyddid y seddau, nid wrth y rhif, ond yn ôl enwau'r teuluoedd yn y plwyf, tebyg i "Sêt y Mynachdy", "Sêt y Glog", "Sêt y Fanheulog", a.y.b. Yr oedd hefyd mainc â breichiau a chefn iddi fel y gellid eistedd gefn wrth gefn. Yr oedd hon ar y pen dwyreiniol, gyferbyn â'r drws. Yna yr oedd mainc arall, lled hir ar ganol y llawr gyferbyn â'r "sêt fawr" a dwy arall wyneb yn wyneb â'u pennau yn ymyl y pentan. Hefyd yr oedd mainc sefydlog o gwmpas y "set fawr" a'r tu allan iddi a byddai'r rhai a eisteddai yno'n gorfod bod â'u cefnau at y "sêt fawr" a'r pulpud. Yr oedd hwn yn lle hwylus i'r sawl nad oeddynt am sylwi ar wyneb y pregethwr; ond i'r sawl oedd am wrando'n gyfforddus, yr oedd yn dipyn o burdan poenus. Yr oedd tair ffenest ar un ochr o'r capel, a'r pulpud yn union o flaen y ffenestr ganol. Yn wir, arffed y ffenestr oedd sedd y pulpud. Yr oedd y pulpud felly yn union ar ganol y capel, yn wynebu'r mur gogleddol gyda'i res o seddau a'r cloc a gyflwynwyd i'r capel yn fy nghofiant i wedi ei osod (yn briodol iawn) i wynebu'r pulpud ar y mur plaen, gwyngalchog. Yng nghefn y capel gwelid llech faen yn y mur yn hysbysu i'r capel gael ei adeiladu yn y flwyddyn 1786. Codwyd ef ar draul yr aelodau a'u cyfeillion, ac er nad oedd yn arbennig o hardd ei olwg, cafwyd arwyddion bod ysbryd Duw wedi ymweld â'i bobl yno ac wedi eu bendithio ag addurn mwy prydferth o lawer na phensaerniaeth raenus a muriau gwych,- sef sancteiddrwydd eneidiau. Bu brwdfrydedd a chryn hwyl ar grefydd yn oedfaon y capel hwn. Cafwyd "ysbryd y peth byw" yn ymsymud ynddo'n fynych. Clywyd llais cân a gorfoledd gannoedd o weithiau rhwng muriau hen gapel Fanheulog. Bu amryw o gewri'r weinidogaeth yn pregethu yma, yn cyhoeddi maddeuant pechodau yn rhinwedd gwaed Iesu Grist. Bu Duw gyda hwy, yn eu hatgyfnerthu a'u galluogi i wneud y lle yn "dŷ i Dduw ac yn borth i'r nefoedd." Achubwyd llawer o eneidiau yma! Y mae lliaws o bererinion yn gorffwys mewn Paradwys heno a gychwynnodd ar eu taith ysbrydol yn hen gapel di-addurn Llanwynno. Y mae enwau llawer ohonynt wedi eu colli yn y byd hwn ond maent yn ddiogel yn Llyfr y Bywyd!

O, chwi bererinion ysbrydol Llanwynno, a argyhoeddwyd, a feithrinwyd ac a borthwyd yn yr hen gapel hwn, nes i chwi ymgryfhau i ddilyn ôl traed eich Gwaredwr; chwi a brofodd "fod yr Arglwydd yn dirion" ac a deimlodd wlith a glaw ysbrydol yn disgyn ar eich eneidiau. Llawenychasoch ynddo megis rhai sydd wedi derbyn gwobr werthfawr a chanasoch yn eich dull gwladaidd, selog. Dyrchafasoch eich lleisiau, heb wybod llawer am reolau cerddoriaeth a barddoniaeth ond bod yn ufudd i ddeddfau uwch. Pryd y byddai eich ysbryd yn toddi dan ddylanwad Ysbryd y Gwirionedd, canech nid unwaith, nid ddwywaith, nid deirgwaith, ond ganwaith eiriau'r hen emyn, "Mi ganaf am waed yr Oen," nes gwneud i furiau a tho'r hen gapel siglo gan atsain rymus ei geiriau,

"Mi gana' am waed yr Oen,
Er maint fy mhoen a'm pla;
'Does genny'n wyneb calon ddu,
Ond Iesu'r Meddyg da;
Fy mlino gês gan hon
A'i throeon chwerwon chwith,
Fy unig sail i am y wlad
Yw'r cariad bery byth!"

Do! Do! Canasoch lawer ac o'r braidd y mae'r atsain wedi distewi yng nghraig Cae Tŷ Cwrdd. Hoffwn fod wedi cael rhestr o'ch enwau i'w cynnwys yma. Buaswn wrth fy modd yn eu cofnodi bob un o'r amser pan sylfaenwyd y capel hyd amser ymadawiad pererinion diwethaf capel Llanwynno. Yn anffodus nid yw'r fath restr yn fy meddiant. Beth bynnag, mae'r enwau i gyd wedi eu cofnodi yn Llyfr yr Oen! Ac os byth y cyrhaeddaf y wlad nefolaidd honno, deuaf atoch i siglo llaw â phawb ohonoch, i siarad am yr amseroedd llawen gynt a dysgu enwau pererinion fy hen blwyf a fu "ar eu traed a'u dwylo yn ceisio dringo i fyny fry."

Erbyn heddiw mae'r hen gapel wedi ei droi yn ddau dŷ annedd. Rhywfodd ni allaf feddwl amdanynt ond fel capel. Trueni na allesid ei gadw fel yr oedd, gyda'r hen gadair-bulpud yn ôl yn ei le fel yr oedd gant ac un o flynyddoedd yn ôl ac am flynyddoedd wedyn. Ond waeth imi heb siarad fel hyn. Trowyd y deml a fu yn dai annedd. Saif y capel newydd ar ddarn o dir oedd yn perthyn unwaith i'r capel. Lleolir y "Tŷ Newydd" yn y fan lle buasai gardd Richard Williams a Magws. Bydded i'r capel newydd ddwyn ei ffwyth ysbrydol gymaint ag oedd yr ardd yn ei wneud pan gasglai Magws ei chnwd amywiol bob blwyddyn am amser maith!

Bu i un o gewri'r Diwygiad Methodistaidd, Hywel Harris, bregethu yn Llanwynno cyn i'r capel gael ei godi. Cynhaliwyd y cyfarfodydd yn Rhydygwreiddyn, Pwllhelyg, a Thŷ-tan-wal ger y Mynachdy. Yn un o'r ffermydd hyn pregethodd Hywel Harris yn rymus iawn a'r anfarwol Jones, yntau o Langan. Yn ôl y gylchgrawn, "Methodistiaeth Cymru" yn y flwyddyn 1774, arferai'r aelodau gyfarfod mewn tŷ a elwid Tŷ-tan-wal a chael arwyddion o bresenoldeb Duw yn eu mysg "pryd y torrent allan ar rai achlysuron i foliannu Duw â llef uchel." Yn ôl yr hanes pregethodd John Evans o Gil-y-cwm yno un tro gan gymryd fel testun Llyfr y Proffwyd Esra, Pennod 3, adnod 13:- *"Canys y bobl oedd yn bloeddio â bloedd fawr a'r sŵn a glywid ymhell."* Yn yr oedfa hon yr oedd rhai yn llewygu gan ofn, rhai'n wylo a rhai'n gorfoleddu. Pan ddeuai'r gynulleidfa ynghŷd yn Nhŷ-tan-wal dywedir bod rhif y sawl oedd yn mynychu'r cyfarfodydd rhwng 30 a 45 o bobl. Mae'n amlwg bod pobl Llanwynno yr adeg honno yn rhai brwd eu teimladau crefyddol. Byddai'n ddiddorol gwybod enwau'r rhai oedd yn llewygu, wylo a gorfoleddu, ond nid yw'r hanesydd wedi coffáu enw neb. Fel y dywedais, gresyn nad oes rhestr gennyf o'r hen drigolion hyn ond cofiaf rai ohonynt ac maent yng nghof llawer o bobl eraill hefyd.

Yr oedd Siened Tomos Howel, a fu farw dros ddeg mlynedd-ar-hugain yn ôl yn rhywun y cofir am ei sêl grefyddol a'i ffyddlondeb. Hen wraig a chanddi synnwyr cyffredin cryf ydoedd, yn un o'r rheiny na cheid ei chludo ymaith gan eu teimladau, ond byddai hithau'n codi i hwyl ac yn gorfoleddu ar brydiau. Ar ei haelwyd ei hun, yn y ffordd y byddai'n darllen pennod o'r Beibl wrth ei hunan a thrwy'r gweddiau y byddai'n eu hoffrymu hwyr a bore, yr oedd ei hysbryd selog yn fwyaf tanbaid. Un o wir saint Llanwynno oedd Siened. Yr oedd Griffiths, Glyncoch, ac Evans, Daearwynno, yn enwog am eu sêl a'u duwioldeb ond yr oeddynt wedi "croesi'r afon" cyn fy amser i. Yr oeddynt ymhlith y Methodistiaid na chymerasant y Cymun Bendigaid ond yn Eglwys y Plwyf. Am flynyddoedd ar ôl i'r capel gael ei godi, byddai'r "aelodau" yn mynychu Eglwys Wynno bob mis i dderbyn y Cymun wrth ddwylo'r offeiriad.

Cofiaf hefyd am Ifan Rhys a'i weddio mwyn, ei lais swynol a'i ddywediadau tyner; yr oedd yn ganwr melys iawn ac yn fynych iawn cyhoeddai'r emyn hwn i'w ganu:-

"Chwythed yr awel denau, lem,
Dros fryn Caersalem newydd.
A boed fy nghalon i mewn hwyl
I gadw gŵyl i'r Arglwydd."

Droeon yr oedd yn mynychu'r cyfarfod misol yn y Pîl dros yr eglwys. Cynhelid cyfarfod cyntaf y flwyddyn yno bob amser oddi ar pan sefydlwyd ef gan Jones, Llangan, mewn parch at yr hen William Thomas o'r Pîl. Pwyswyd arno i siarad yn y cyfarfod misol a chafodd anogaeth daer gan bawb oedd yn bresennol. Sut bynnag yr oedd Ifan o'r farn fod digon o siarad wedi bod yno eisoes a hwnnw o safon uchel hefyd, ac nid oedd yn teimlo'r awydd i siarad ychwaneg. Ond mynnodd y cadeirydd iddo siarad rhywbeth. "Dewch, dewch," meddai, "frawd o Lanwynno, gwedwch rywbeth, tai fe ddim ond un gair – gwedwch." Cododd Ifan ar ei draed a dywedodd, *"Amen,"* gydag angerdd fawr, ac eisteddodd! Rhoddodd lawer o fwynhâd iddo feddwl nad oedd neb wedi blino ar araith y brawd o Lanwynno yn y Pîl. Ond mae Ifan Rhys wedi mynd i "gymanfa'r rhai cyntaf-anedig" ers llawer dydd.

Un arall y cofir yn dda amdano ynglŷn â'r hen gapel oedd Joseph Davies, hen ysgolfeistr y lle, yn weddiwr grymus yn gyhoeddus a darllenwr trawiadol. Dichon ei fod tipyn o flaen ei oes yn y plwyf ac, oherwydd hynny, ei fod wedi methu â chael y gwerthfawrogiad y dylai fod wedi ei gael. Cofiaf ef yn eistedd dan y pulpud un tro. Pryd bynnag y byddai'r pregethwr yn mynd yn ei hwyl wrth gyhoeddi ei genadwri, byddai dwy ffrwd fawr o ddagrau'n llifo dros ei ruddiau. Fel y byddai angerdd y pregethwr yn cynyddu ac ymateb y gwrandawyr yn cynhesu, byddai Joseph yn gwegian y naill ochr i'r llall, fel petai ei ysbryd ar ymddryllio. Mae cof gennyf, yn blentyn bach, am weld Joseph yn wylo dan bregeth Edward Matthews o Ewenni. Meddyliais ar y pryd na welais erioed ddagrau mor rhyfeddol o enfawr; yr oeddynt fel pys mawr. Rhaid bod Mr Matthews wedi pregethu'n hynod o rymus ar yr achlysur hon. Yr oedd Joseph ers tipyn wedi bod yn siglo fel cangen yn y gwynt ac wedi beiddio codi ar ei draed i edrych dros fin y pulpud i lygad y pregethwr oedd yn cyrraedd at uchafbwynt yn ei ddehongliad. Dyma fe'n awr yn darlunio dau fôr yn cyd-gyfarfod. Mae'n disgrifio'r olygfa fel hyn:- *"Mae llong yn digwydd agosáu at y man rhyfedd hwn lle y cyferfydd dau fôr, lle mae popeth yn chwyrndro. Ie, dacw'r tonnau enfawr fel mynyddoedd mawr yn treiglo i gwrdd â'i gilydd a'r tarth a llwch y môr yn codi o'r agennau erchyll tra mae'r sŵn fel petai bydoedd yn ymddryllio. Ie, dacw'r dyfnder ofnadwy yn ymagor fel tragwyddoldeb a'r llong yn disgyn oddi ar frigau cynhyrfus un o'r tonnau tymhestlog, i ddiflannu i'w waelodion troellog, allan o olwg, allan o gyrraedd pob cymorth, allan o olwg hyd yn oed gobaith ei hun. Nage! Mae rhyw allu dirgel yn taflu'r llong allan o ferw chwyrn y ddau fôr nes iddi ddisgyn ar ei gwaelod yn dawel a diogel mewn dŵr llonydd lle nid oes na storm na rhyferthwy. Yr enaid sy'n cael ei dynnu o'r corff ydyw, y marw yn cael ei yrru gan gynnwrf marwolaeth – saif yn y man lle mae'r ddau fôr yn cyfarfod. Mae yn suddo! I lawr ag ef! Naddo! Bendigedig! Oddi tanat mae'r breichiau tragwyddol! Codwyd y llong dros agennau erchyll y man cyfarfod. Aeth y dyfroedd yn dawel. Cyrhaeddwyd y porthladd dymunol!"*

Nid oes cof gennyf am ragor a ddywedwyd ond cofiaf am floedd Joseph! O'r nefoedd annwyl, dyna floedd i chi!

A dyna ddagrau! Pan ddaeth y llong allan i'r lle tawel, tybiais fod Joseph wedi ei ddyrchafu o'r lle y safai. Teimlodd fod ei enaid yn codi uwchben y tonnau, sef uwchben y dymestl, uwchben pob perygl, at y graig a saif yn gadarn ar y Dydd Olaf. Wrth floeddio'r geiriau gorfoleddus hyn, "Haleliwia, haleliwia, Diolch fo i Dduw," cafodd Joseph afael ar linellau'r emyn,

"Dyna'r graig sydd yn y moroedd,
Craig gadarnaf fu erioed,
Ceidw hon rhag pob ton
Ofnau ffwrdd o dan fy mron."

Cafodd Magws Williams afael ar thema'r un emyn, gan ddyrchafu ei llais yn orfoleddus. Cyn iddi hithau ddistewi, dyma Mrs Davies, Tŷnewydd, yn dechrau gorfoleddu ar ben arall y sedd. Yn olaf oll, cynheuwyd ysbryd George Davies, a ebychodd un floedd uchel – yr uchaf a glywais erioed ganddo, "DIOLCH BYTH!" Ar hynny tybiais fod y Chwarel a Choed y Glynnog o'r tu allan yn ateb y floedd, gan ddal ati i atseinio. Mae'r sain yn aros yn fy nghlustiau o hyd.

Un arall yn rhestr y pererinion oedd Evan Davies Pen-rhys. Ychydig o ddawn mewn rhwyddineb ymadrodd oedd ganddo a'i weddiau bob amser yn gryno. Serch hynny, yr oedd fel talp o aur pur a'i ffydd yn deillio o'i galon, yn llawn onestrwydd. Er nad oedd y gallu ganddo i dywallt ei galon yn llithrig, sef yn ddigon huawdl i gyffroi cynulleidfa, eto llwyddodd i argyhoeddi pawb ei fod yn ymddiddan â'i Dad ac nad oedd eisiau arno ymddiheuro am ddim na gofyn am ddim ond yr hyn a deimlai'n wirioneddol. Teithiodd ddwywaith yr wythnos dros Fynydd Gwyngul am flynyddoedd lawer o Ben-rhys gerllaw Ystradyfodwg bob cam i gapel Llanwynno. Bu farw tua dwy flynedd ar bymtheg yn ôl. Ar ôl dioddef cystudd hir, bu ei laniad i'r wlad lle nid oes poen, yn feddal.

Er mor rhyfedd ydoedd o ran personoliaeth, mae Titus Jones yn haeddu cael ei grybwyll fel aelod o'r teulu ffydd hwn. Bu fyw yn Llanwynno am flynyddoedd. Mae cof da gennyf am yr achlysur pryd y dododd ei dŷ ar dân trwy osod tân o dan sypyn o goed a gwellt er mwyn ceisio rhoi darlun o uffern i'r plant oedd dan ei ofal. Un o'r pregethwyr rhyfeddaf a esgynnodd i'r pulpud erioed ydoedd. Aferai ddweud pethau digrif iawn. Clywais ef wrth bregethu ar destun y pechod o ysmygu dybaco yn dweud fel hyn, "Pe buasai Duw wedi bwriadu i ti fod yn smociwr, buasai wedi gosod corn simnai yn dy gorun di." A phryd arall meddai, "Y mae'r diafol yn debyg iawn i geiliacwydd y Felin – os ffowch chwi rhagddo fe'ch dilyn ac fe'ch cura, ond os trowch yn ôl tuag ato, fe ffy yn ddigon llipyn, yr hen furgyn llwfr!" Dyrchafodd ei lais ar y frawddeg olaf ac ni bu llais mwy aflafar gan neb erioed. Math o denor gwichlyd ydoedd. Pryd bynnag y gwaeddai, ac fe waeddai'n fynych, yr oedd yr effaith yn annymunol iawn i'r clustiau. Bu'n ddigon ffôl i gymryd gwraig yn ei hen oedran a thrôdd y briodas allan yn fethiant. Yr oedd wedi cyhoeddi ei fod ar fin priodi yn y Cyfarfod Misol yng nghanol gwenu a chwerthin dros y lle gan bawb. Ceisiodd y cadeirydd, Y Parch. David Roberts o'r Bontfaen, ei berswadio i gymryd pwyll ac aros yn ddi-briod, gan roddi rhesymau cryf dros hynny. Atebodd yr hen Titus, gan apelio at y cyfarfod ac achosi chwerthin mawr, "A welwch chwi! Mae ef, (sef David Roberts), wedi cael pedair gwraig ac yn awr mae'n anfodlon imi gael un!" Yr oedd hyn yn ffaith; yr oedd Mr Roberts yn briod â'i bedwaredd wraig ar y pryd, a'i weddw bellach yn briod â'r hen Batriarch, Mr Evans o Donyrefail, sydd yn nesáu yn gyflym at ei gant oed! – yr hyn sydd yn profi'r egwyddor, "Nid yw byth yn rhy hwyr!" Er gwaethaf ei holl aflerwch a'i hynodrwydd, yr oedd Titus yn ŵr Duw. Cafwyd arwyddion lawer fod y Nef wedi bendithio ei bregethau anghonfensiynol i fod yn foddion i achub pechaduriaid. Cododd Mr Matthews arian tuag at ei gynhaliaeth yn niwedd ei oes, gan fod rhai dynion di-egwyddor wedi cael benthyg arian ganddo heb iddo yntau gael derbyneb ganddynt, a thrwy hynny, collodd bron y cwbl oedd yn eiddo iddo a therfynodd ei oes yn Nhloty'r Undeb!

Yr wyf eisoes wedi crybwyll enwau Rachel Jones o'r Cwm, George Davies ac Ann. Tawel, ffyddlon a duwiol fu hanes bywyd Rachel o'r Cwm, trwyddi draw. Merch i'r hen Rhys Philip ydoedd. Yr oedd ef yn hen dad-cu imi. Yr oedd wedi ymuno i "ganu gyda'r saint yr ochr draw" cyn imi gael fy ngeni, ond mae ei enw da, ei ddywediadau, ei sêl a'i dduwioldeb yn hysbys trwy'r plwyf hyd heddiw. Bu George Davies a'i wraig yn brif golofnau'r "achos" am flynyddoedd lawer. Yr oedd ganddynt lawer o bethau da'r byd hwn a gwnaethant ddefnydd ohono i gynnal achos y Gwaredwr yn y plwyf. Bu Mr Davies farw mewn oedran mawr. Yr oedd troi ei gefn ar yr hen gapel yn waith anodd iddo gan ei fod wedi treulio ei fywyd yno yn addoli Duw. Fodd bynnag, cyfrannodd yn sylweddol at dreuliau'r capel newydd a bu fyw i weld ei gwblhau. Yna tynnodd ei draed i'w wely ac ymadawodd â'r byd hwn mewn tangnefedd.

Ac yn awr trôf i'r neilltu i dynnu fy het a phlygu yn wylaidd er mwyn mynegi fy serch, fy mharch a'm cariad